本译丛获教育部人文社科重点研究基地项目"本土媒体全球化发展历程及问题研究"、"新媒体使用及其影响研究"和教育部"多媒体时代记者型主持人培养模式创新实验区"资助

当代电视研究前沿译丛 编委会

编委会成员（排名不分先后）

高晓红（中国传媒大学）

陆　地（北京大学）

孟　建（复旦大学）

周小普（中国人民大学）

石长顺（华中科技大学）

张　卓（武汉大学）

王瀚东（武汉大学）

Social TV:

How Marketers Can Reach and Engage Audiences by Connecting Television to Web, Social Media, and Mobile　Mike Proulx & Stacey Shepatin　(2nd Edition)

·当代电视研究前沿译丛·

总主编　王瀚东　张　卓

Social TV:
How Marketers Can Reach and Engage Audiences by Connecting Television to Web, Social Media, and Mobile　Mike Proulx & Stacey Shepatin (2nd Edition)

社交电视
——运营商如何通过电视关联网络、社交媒体及手机来吸引并留住观众（第2版）

[美]麦克·普罗克斯（Mike Proulx）
[美]史黛丝·雪柏婷（Stacey Shepatin） /著

李志雄　周　韵　/译

中国·武汉

内 容 简 介

狭义的社交电视旨在描绘电视与社交媒体的融合,广义的社交电视是指现代社会中的电视。本书作者采用了广义的社交电视概念进行写作。作者以近50家公司和大量相关机构的访谈作为素材,并试图从大量具有代表性的交叉领域来解读对当今电视产生影响的最为重要的因素。本书以较大的篇幅讲述电视与社交媒体之间的融合,也探讨了使用手机和平板设备给电视收视所带来的改变,以及互联网电视体验所带来的不断增长的影响,由于各种媒介的交替使用也会给电视观众带来更具个性化的收视体验,作者甚至专门用一章研究了定址广告。

图书在版编目(CIP)数据

社交电视:运营商如何通过电视关联网络、社交媒体及手机来吸引并留住观众/(美)麦克·普罗克斯(Mike Proulx),(美)史黛丝·雪柏婷(Stacey Shepatin)著;李志雄,周韵译.—武汉:华中科技大学出版社,2020.2
(当代电视研究前沿译丛)
ISBN 978-7-5680-5725-7

Ⅰ.①社… Ⅱ.①麦… ②史… ③李… ④周… Ⅲ.①电视-传播媒介-研究 Ⅳ.①G22

中国版本图书馆CIP数据核字(2019)第288474号

湖北省版权局著作权合同登记 图字:17-2019-182号

Title:Social TV: How Marketers Can Reach and Engage Audiences by Connecting Television to the Web, Social Media, and Mobile by Mike Proulx & Stacey Shepatin, ISBN:9781118167465 Copyright © 2012 All Rights Reserved. This translation published under license. Authorized translation from the English language edition, Published by John Wiley & Sons. No part of this book may be reproduced in any form without the written permission of the original copyrights holder. 本书中文简体中文字版专有翻译出版权由 John Wiley & Sons, Inc. 公司授予华中科技大学出版社。未经许可,不得以任何手段和形式复制或抄袭本书内容。

Copies of this book sold without a Wiley sticker on the cover are unauthorized and illegal. 本书封底贴有 Wiley 防伪标签,无标签者不得销售。

社交电视——运营商如何通过电视关联网络、社交媒体及手机来吸引并留住观众
Shejiao Dianshi——Yunyingshang Ruhe
Tongguo Dianshi Guanlian Wangluo Shejiao　　　[美]麦克·普罗克斯(Mike Proulx)
Meiti ji Shouji Lai Xiyin bing Liuzhu Guanzhong　　[美]史黛丝·雪柏婷(Stacey Shepatin)　著
　　　　　　　　　　　　　　　　　　　　　　　　李志雄　周　韵　译

策划编辑:钱　坤	责任校对:曾　婷
责任编辑:唐诗灵	责任监印:周治超
封面设计:原色设计	
出版发行:华中科技大学出版社(中国·武汉)	电话:(027)81321913
武汉市东湖新技术开发区华工科技园	邮编:430223
录　　排:华中科技大学惠友文印中心	印　　刷:武汉科源印刷设计有限公司
开　　本:710mm×1000mm 1/16	印　　张:13　插页:2
字　　数:247千字	版　　次:2020年2月第1版第1次印刷
定　　价:68.00元	

本书若有印装质量问题,请向出版社营销中心调换
全国免费服务热线:400-6679-118　竭诚为您服务
版权所有　侵权必究

代 序

迈向电视研究 3.0 的新时期

如果从《电视研究》(1985)或《中国广播电视学刊》(1987)创刊之日前后推算,中国电视研究大约经历了 30 年的历程,这一历程又可以标志为两个阶段,简言之,它们研究的问题分别是:电视是什么？如何理解电视？大学本科课堂的"广播电视概论"大致反映了第一阶段,即"电视研究 1.0"的研究问题、思路与成果。而 20 世纪 90 年代以来深化、拓展的所谓电视理论的研究,则基本是围绕"理解电视"而展开的。以西方传播学研究,尤其是以文化研究与受众研究为参照,正在进行中的中国"电视研究 2.0"将电视研究拓展到政治、经济、文化、社会的各个层面,对电视规制、文本、观众的关注,对人类学、叙事学、阐释学、政治经济学方法的运用等等,逐渐成为中国电视研究的"显学"。随着新媒体的崛起,全球化与媒介融合时代的来临,我们业已开始面对着"电视研究 3.0"的阶段。随着传统电视重要性的消解,电视研究 1.0 和 2.0 时代的经典问题也将被削弱以致消解。我们不仅将面临新媒体时代、数字时代的电视新问题,在一定意义上,也将面临重新认识与理解什么是电视的问题。

就电视研究而言,"电视是什么"的问题与理解电视的方法实际上相互关联。"电视研究"(television study)≠"研究电视"(studying television),虽然从电视技术诞生之日起,就一直伴随着研究电视的存在,然而,"电视研究"成为一个在学术领域被频频提及的术语,在世界范围内是 20 世纪 80 年代以来的事情,其主要意义并非术语上的创新,而更多体现于"机构建制"层面。例如,在学科的归属上,它平行于"电影研究",从属于"传播研究",常常被界定为"社会科学"、"大众传播学"或文化研究,这样为研究电视的学者们安身立命、贴上了身份标签,找到了专业归

社交电视——运营商如何通过电视关联网络、社交媒体及手机来吸引并留住观众

宿。2000 年,第一个以"电视研究"命名的英文学术期刊开始发行。① 虽然到目前为止并没有一所大学建立"电视研究系"(department of television studies),但不可否认,这一术语的提出的确隐约表明了一个"学术领域"(academic field),甚至一个"学科"(discipline)的出现。在英美大学中,这是继"电影研究"机构化之后的又一新的学术安排,完成了从"研究电视"到"电视研究"的体制化转身。

但是体制化的电视研究同样存在问题,就如同它的研究对象电视本身既具有高度的体制化特征:一方面,它可以被理解成一个 20 世纪以来的、与遗产和文化相关的文化附加品,提供一个和疆域、语言、历史、教育等传统议题相并列的现代议题。另一方面,作为文化工业的一个分支,它表现出国家和资本联姻的特征,完全服从寻租实践,并毋庸置疑地充当其象征。因此,学术体制将不可避免地重复提出诸如"电影研究"、"电视研究"或"新媒体研究"这样的学科名称。西方学者警觉地发现,不管电视研究的学术渊源于何处,必须避免肤浅的、恒定的、一元化的研究定式,防止以一成不变的电视研究语境一如既往地面向层出不穷的新的电视文本。②

在中国,就总体水平而言,今天的电视研究仍需要在思想、理论和学术上深化,或者说需要有哲学层面的分析。刘纲纪先生在讨论什么是对艺术的哲学分析时说过,"所谓哲学的分析有两层意思:第一是指对艺术中那些和哲学所研究的各个根本问题直接相关的问题的分析。……第二是指对艺术中各个重大问题的分析上升到了哲学的高度"③。也就是说,哲学分析使审美问题的讨论上升到美学研究的高度。在美学研究的观照下考察电视研究的基本构成,将有助于发现和哲学的"各个根本问题直接相关的"电视问题。

美学研究作为哲学研究的一个分支,具有悠久的研究历史和深厚的学术积累。先秦和古希腊哲学先贤有关艺术、审美的讨论可以追溯到 2000 多年前,即使以鲍姆加登《美学》一书的出版作为标志,美学作为一门独立学科诞生亦有 200 多

---

① Critical Studies in Television: An International Journal of Television Studies, ISSN 1749—6020, Online ISSN: 1749-6039. 在中国,中央电视台编撰出版的期刊《电视研究》,创刊于 1985 年,定位是"指导性和实用性电视理论性刊物",辟有电视与法、新闻广角、电视剧论坛、文艺星空、环球新视野、管理透析、创作手记、收视纵横等栏目,显然不属于学术类电视研究期刊。

② Toby Miller, Politics and Culture, 2002:1.

③ 刘纲纪:《艺术哲学》,湖北人民出版社,1986 年版,第 6 页。

年。而与美学研究相比,电视研究是一个相对年轻甚至"语焉不详"的研究领域。20世纪40年代末开始发展壮大的广播电视业,以及由此产生的可以作为研究对象的种种电视社会现象,至今也就60多年的历史。而以电视为对象的所谓"电视研究",长期以来,或者囿于电视技术、电视运营、电视节目制作等"实务型"研究的范畴,或者围绕着电视社会影响,尤其是电视不良内容对儿童的负面效果的讨论而成为大众(通过政府、政党、团体、媒介等)的社会伦理话题。电视研究进入大学的学术殿堂之后,也并没有形成如美学研究一样清晰的学术身份。虽然在大众传播和媒介研究的机构内,电视研究作为新闻学和传播学研究的子项目获得了长期发展的一席之地,但是从属和依赖的地位使其从来没有树立起独立而深刻的学术传统。相反,以思想和批判的名义建立起的所谓"学术型"电视研究,却纷纷纳入文学、哲学、社会学、政治学、心理学、艺术学等传统人文社会科学的麾下。

在一定程度上,当代美学研究已经不再具有它黄金时代的辉煌,已经逐渐脱离纯粹的、先验的、思辨的古典美学精神,而逐渐成为对美感经验、审美心理的一种描述性科学,体现出"下行"的学术兴趣和理论趋势,在20世纪末正经历所谓后现代性的学术蜕变和理论解构。尽管如此,美学研究的种种思潮呈现和理论演变,却不断拓展了研究的外延,深化和丰富了研究的内涵。不幸的是,电视研究同美学研究相比,不仅缺失一个"古典主义"的黄金时代,而且在它即将学术成熟之际,正遭遇到后现代主义的解构风暴。原本便没有统一标识的电视研究就此走进一个分崩离析的学术年代。实际上,作为术语的"电视研究"在历史进程中呈现出不同的层面。

首先,它属于对电视技术吟唱的赞歌系列。在对现代科学技术持有乐观主义的人看来,和人类一切的科学技术发明一样,电视是20世纪上帝的最大馈赠之一,它使影像的即时呈现和远距传播成为可能,并极大地影响了人类社会的方方面面。在此认识上形成一种可称为"礼物观"指导下的电视研究。以电视技术重要发明者之一德佛莱斯特为例,他相信"广播电视所带来的这种新的休闲方式,这种备受欢迎、倍加智慧运用的娱乐、文化和教育的礼物,最终将使生活焕然一新,将对生活形成新的理解、新的态度。"[1]德佛莱斯特1942年的言论表明,在一批很

---

[1] Lee De Forest, Television: Today and Tomorrow, New York: Dial Press, 1942:356.

社交电视——运营商如何通过电视关联网络、社交媒体及手机来吸引并留住观众

早便看好电视的科技、文化、政治、商业的精英之中,不乏有人在冥思电视的社会文化地位,冥思与电视相关的诸多可能性和问题。到20世纪60年代,麦克卢汉在考察电子媒介,主要是广播电视传播现象的基础上,形成"媒介是人的延伸"的传播显学。"媒介即讯息"的理论风靡一时,麦克卢汉成为电视研究、媒介研究的"先知哲人",不过他的主要思想仍然没有脱离德佛莱斯特的基本观点,即媒介对个体和社会的影响源于新的尺度的产生,任何一种新的媒介都在人们的交往中引进一种新的尺度、模式和变化,一种新媒介的出现总是意味着人的能力获得一次新的延伸。① 但不幸的是,以麦克卢汉"媒介技术决定论"的视野,既无法形成"形而上"的古典美学形态般的研究风范,也不能像当代美学那样多元而深入地"下行"至日常生活和人的本真,开拓全面而丰富的美学命题。相反,早期的"科技赞歌"和"礼物观"深深扎根于电视研究,并成为它的痼疾或中性地说——基因,以至于当代电视研究似乎难以摆脱科学宏大叙事的空洞和技术喋喋不休的重复。麦克卢汉"决定"的那些命题和隐喻,一有风吹草动便改头换面、卷土重来。比如,一旦卫星技术开创了电视"直播新纪元","同时性"便成为电视传播的本质属性和崭新审美体验;再如,麦克卢汉关于电视延伸人的眼睛的论说,在互联网、微博时代更进一步"延伸"到了"口的延伸"。今天的电视研究已经离不开对于数字电视技术的发展及其社会互动的迷恋。电视研究正不断形成同数字化技术时代"平行"发展、变化的学术兴趣和研究趋势。对相当多的媒介专家而言,电视研究既难得"上升",也不齿"下行"。

其次,电视研究是大众媒介频繁使用的一个批评性词汇,电视研究者往往也是电视的社会批评者,主要由社会的"卫道士"群体组成,它背后支撑的动机是对电视这个"坏媒体"所带来的种种社会弊端的深刻担忧、强烈恐惧和广泛抵制。20世纪70年代左右,西方社会围绕商业电视节目大量呈现的暴力内容及其产生的负面社会效果,尤其是对儿童和青少年的恶劣影响,出现了电视研究新一轮的浪潮。总体上这是一个基于"社会问题观"的电视研究聚焦。电视对个人行为态度的呈现效果被当成社会问题来研究。电视既具有它自身的特质,也是重要的社会问题。而社会学和心理学的知识为我们研究电视提供了不少帮助,"电视研究"中

---

① 马歇尔·麦克卢汉:《理解媒介:论人的延伸》,何道宽译,商务印书馆,2000年版。

很多著名的实验和名词术语都是得益于这个大的根基。这一时期的研究继承了20世纪20年代出现的关于电影对少年儿童影响的经验主义调查方式。"社会问题观"的电视研究,一方面仍然是单一视角的、以社会影响为切入点,聚集了政治的、宗教的、教育的、民间团体的、媒体的等各界社会力量人士,因而也非纯粹意义上的电视研究甚或学术研究。另一方面,许多心理学家、社会学家、经济学家、政治学家,例如施拉姆、霍夫兰、拉扎斯菲尔德等人[①],都为理解和研究电视提供信息、数据和研究方法,使电视不再简单的是一个物体、一个话题或一个学术性的素材,而是一个研究的焦点,吸引了各个领域学者的注意力。针对各种电视现象的诸多专门性课题,或是从一种"填补空白"的需要开始,或是以斩获新的分析视角而收工。但令人遗憾的是,如果以人文学科为研究基础的批判学者把关注点转移到电视节目时,通常都是本着"补充"社会心理学早期分析的心态,而社会心理学的自身"拓展",则可能仅仅把具体细微的电视效果研究"扩大"到对更广泛的电视社会效应的关注。

  再次,电视研究的术语需要找到自己的根基。像美学研究那样,只有在方法论层面上和与学科领域基础性问题的交集中,当代电视研究才能发现新的前沿阵地,从而形成20世纪80年代以来电视研究那些颇具影响力的转折。一个有影响力的转折是与"通俗文化研究"的课题相关。流行或通俗文化研究在某种程度上是一场学术"运动",旨在打破围绕社会品位和公民模范教育目标而导致的文化科层主义。从19世纪60年代后期以来,在美国高等教育系统内,研究流行文化的表现形式,如通俗文学、喜剧、体育和流行音乐的人,都需要努力争夺自己的学术位置。归纳在流行文化之下的电视文化则在此文化科层中处在合法性的最低位置上,因此,在一些英美学者看来,去考察电视那些"低级的"、"不被欣赏的"文化形式的研究更具挑战性。从哲学意义上说,通俗文化研究运动中的学者经常觉得,比之以往那种被精心挑选、保存、教导并作为传统人文价值体现的"精英"作品,作为一种考察的对象,对电视通俗文化的偏好更有指标性,能够表达作品和观众之间一种更加"民主"的关系。作为流行文化的电视研究背后,有着某种审美"意识

[①] 施拉姆、霍夫兰、拉扎斯菲尔德在被尊奉为"传播学大师"之前,其学术头衔分别为"英语文学博士"、"实验心理学家"、"实证社会学家"。

形态"和"政治"动机:一旦把通俗流行的电视作品排除在经典之外,也就意味着把千万电视观众排除在文化的合法性之外,对最大数量的公民武断做出最低层次的知识和美学判断。① 于是,英国文化研究视野下的电视研究,带着对意识形态批判的责任感,开始更加详尽地研究电视媒介。研究的理论来源是马克思主义的社会和文化理论,以及欧洲大陆哲学的众多思潮,由此和当代美学研究形成关联。虽然马克思主义政治经济学者认为文化研究在那个时代是"远视"的,忽略了电视工业的所有权和控制问题,但是,作为文化研究的电视研究依然产生了巨大的影响,并"进口"成为当下中国电视研究的显学之一。如霍尔就电视文化意义的"编码解码"所做的理论阐释,是对接受美学、符号学、葛兰西意识形态等学说的一种创造性的理论连接。当文化研究与批判社会学结合而形成电视研究新的社会文化分析眼光时,在一些学者看来,将有助于克服文化研究的一个中心缺陷,即它有时太过依赖"自由多元主义"的幼稚概念。

最终,当我们迈向"电视研究3.0"的新时期时,电视研究仍亟待更深厚的学科积累,更宽广的理论观照,更独特的学术建树。一方面,面对层出不穷的新技术和花样翻新的"技术决定论"时,保持"形而上"的学术坚持;另一方面,当陷入理论"八股"之窠臼时,恪守"形而下"的问题意识,对当代电视的各种"生活现象"始终有着敏锐而清新的感知。如果说,互联网时代的电视呈现出更多的交互性和多元界面特征,新的电视研究也相应地更趋向于开放以及理论的交集。

王瀚东

2015 年 4 月于武昌南湖

---

① 参见 Newcomb,The Development of Television Studies," in Blackwell Companion to Television, ed. Janet Wasko, Blackwell:Oxford, 2005。

译者序

　　记得《如懿传》和《延禧宫略》热播期间,我们一边看剧,一边在剧情不那么紧张时用手机或者平板登陆微信微博等新媒体社区,讨论剧情发展或者比较两部剧中人物的服装、造型等,看电视已经不再是单纯被动的单向行为。如果说古装剧给我们带来相对新颖的收视体验,现代剧如《我的前半生》《都挺好》则使我们不知不觉接受了更多的隐藏式广告,当看见剧中主人公身着时髦高级的服装亮相时,我们动心不已,但是如何购买同款呢?其实很简单,我们只需要拿起手机进入淘宝APP,然后对准屏幕拍一张照,淘宝程序就会自动识别照片中的穿搭并提供相应的购买选择。电视剧在播出途中还会插播一段约为十秒钟的广告,由剧中主角直接向观众进行宣传。例如姚晨在《都挺好》一剧中扮演职场时髦的"白骨精",在插播广告中向观众大力推荐唯品会购物,当她说出那句经典广告词"三折哦"的同时,背景不停切换,展示时尚品牌服装。由于剧中主角和广告主角为同一人,这种推销极具诱惑力。每部剧临近结尾时,新媒体平台上的各时尚博主早已分门别类地整理好剧中人物的穿搭,不仅有精辟到位的点评,还贴心地附上了购买链接。

　　上述这些看似普通的情节现在每天仍在继续。伴随着电视节目的播出,广告借助各新媒体平台用一种更不易觉察、更不会引起反感的方式悄悄接近受众群体。与此同时,受众对广告的需求和反应也发生了翻天覆地的变化,传统的广告模式迫切需要改革以适应现代技术的发展。因此,社交电视使电视不仅成为社交媒体的重要终端,也为电视广告营销打开了全新的思路。那么,该如何利用现代电视的社交性和新媒体平台的对电视的反馈做好广告营销呢?这是一个值得深入思考的问题。一个偶然的机会,我们读到了麦克和史黛丝的《社交电视》,欣喜地发现这本书对我们极具启发性。麦克和史黛丝均就职于著名的希尔霍利迪广告公司,具有丰富的职场经验,他们一方面通过日常工作积累大量写作素材,另一方面采访多家公司的高层管理者以获取行业内宝贵经验,在结合两者的基础上最终完成本书。全书语言生动有趣,内容翔实,主要讲述互联网和现代科技是如何促进电视和社交媒体的融合,进而改变传统的收视体验,使之更为个性化和便利化。鉴于电视广告营销亦面临更大的挑战,麦克和史黛丝进一步就广告运营商如何通过社交电视精准投放电视广告提供可行性建议。每一章首先用大量真实案例介绍社交电视领域的新兴变化,紧接着分析导致这一变化的原因,然后针对基于社交电视的广告营销提出应对策略,最后通过手机二维码提供补充信息作为每一章的结尾,可谓实操性极强。

在翻译过程中,我们发现当麦克和史黛丝讲述社交电视进化史上那些令人瞩目的重大事件时,他们认为很有必要向读者介绍更多的背景知识,于是在书中提供了案例分析链接和二维码以补充信息。然而遗憾的是,由于网络限制,原书中提供的案例分析链接和二维码未能行使原有的功能。为避免读者困惑,我们多方查找资料,结合国内现状,对可能引起困惑的地方进行了解释,以飨读者,特此说明。

概言之,《社交电视——运营商如何通过电视关联网络、社交媒体及手机来吸引并留住观众》一书基于国外社交电视的发展历程及广告界业内经验,从实用性角度探析了互联网时代的电视广告营销,不仅适用于广告界专业人士,对基于新媒体的电视传播亦有启发意义,特此推荐给大家。

李志雄　周韵
2019 年 7 月 26 日于武汉大学枫园

献给已故的唐·哈利
你的指引永远是我前进的方向
——麦克·普罗克斯

献给WJRD广播电台，
请保持关注
——史黛丝·雪柏婷

序 言

书名中的弦外之音

电视一直具有社交性。对于这个深受人们喜爱的娱乐工具,这本《社交电视》似乎乏善可陈,毫无新意,但事实恰恰相反。从1941年美国首个电视广告播出到现在,这期间的电视体验可以说是千差万别。

狭义的"社交电视"旨在描绘电视和社交媒体的融合。然而近年来,"社交电视"经常被当作一个广义的概念,指现代社会中的电视。尽管在定义上我们倾向于肯定狭义的概念,但在本书实际操作中我们采用广义的概念进行写作。

电视与社交媒体之间的"爱情故事"占据了本书不少的篇幅。我们也探讨了使用手机和平板设备给电视收视所带来的改变(第4章和第8章),以及互联网电视体验所带来的不断增长的影响(第9章)。由于各种媒介的交替使用也会给电视观众带来更具个性化的收视体验,我们甚至专门用一定的篇幅研究了定址广告(第7章)。

本书是一本面向运营商的参考书。每一章首先用大量的真实事例和案例分析描述电视领域的某种现象,然后深入探讨这种现象给广告界带来的变化和实际应用价值,最后用手机二维码作为每一章的结尾,读者只需要使用智能手机扫描二维码,就可获得本书使用的案例的相关视频信息。

本书不仅适合品牌商家,还对广告机构、电视网络、内容创作、媒介教育,甚至电视观众都有借鉴意义。尽管书中也涉及新闻和体育,但是由于这部分内容信息量巨大,颇费篇幅,为确保领域内的可操作性,本书重点关注播出的电视剧和电视事件。

本书尽管以近50家公司和大量相关机构的访谈作为特写,但还是无法覆盖这一领域内的所有参与者。拥有独特创意的新公司每周都在涌现。因此,本书试图从大量具有代表性的交叉领域来解读对当今电视产生影响的最为重要的因素。读者们会发现这一点——因为事物发生变化的速度惊人——第11章只能够通过网络获得。为了给读者带来最新信息,我们特意等到本书付印的前几天才开始撰写第11章。

我们无须倒退70多年去发现和见证媒体所经历的大规模变迁。电视就在我

社交电视——运营商如何通过电视关联网络、社交媒体及手机来吸引并留住观众

们眼前发生变化,这种变化是永不间断的过程,并受到科技进步和人类文明进化的影响。尽管电视的形式和功能会继续发生变化,但社交性将是其永远的核心。欢迎阅读《社交电视》。

麦克·普罗克斯与史黛丝·雪柏婷

致谢辞

《社交电视》是我们的第一本书。经历了10个月的撰写、修订,这本书最后出版。虽然我们并不十分清楚这本书最终将引起怎样的反响,但是整个过程中我们都得到了同事、朋友和家人的大力协助。

作为雇主,希尔霍利迪公司在本书写作的初始阶段就成为我们的坚强后盾。我们也要向迈克·席汉、凯伦·卡普伦、巴巴·谢堤、辛迪·斯托克维尔和亚当·卡希尔表示感谢。除此之外,还要致谢以下几位为本书做出贡献的人士。感谢特蕾西·布雷迪协助推广本书;感谢斯科特·伍尔维恩、莉丝·柯隆多和马克·王设计了《社交电视》书名封面的动画序列;感谢托马斯·波瑞为本书拍摄封面照片;感谢艾瑞克·斯佩里和迈克尔·阿博特协助进行网络销售相关的研究;感谢勒诺拉·库欣提出关于商务领域的宝贵建议;感谢奥斯汀·加德纳·史密斯在汤博乐网站①(Tumblr)设计专门网页,为本书提供补充内容。同时我们也要感谢Wiley出版社的团队(唐·安布罗西奥、克莉丝汀·摩尔、金·戴曼)一直以来的指导。

如果没有大量优质的原始素材作为写作基础,我们这本书的内容将乏善可陈。为了收集背景信息、具体案例分析,直接引用他们的观点,我们总共与近50家公司的逾75名高层管理者进行了访谈。下面列出的这些人士都热情地回应我们,并同意参加采访或是电话会议的要求,其中绝大部分甚至与我们多次配合。

美国广播公司(ABC):格瑞·王、瑞克·曼德勒、安德鲁·梅西纳。

反馈平台媒体(Backchannel Media):玛德琳·诺顿。

黑人娱乐电视台(BET):J. P. 莱斯皮纳斯。

蓝鲻实验室(Bluefin Labs):德布·罗伊、安捷丽·米德、汤姆·泰。

Boxee:安德鲁·基彭。

精彩电视台(Bravo):丽莎·赫西亚、梅勒·马歇尔。

美国有线电视公司(Cablevision):本·德达。

独木舟广告公司(Canoe Ventures):亚瑟·奥尔杜纳、大卫·格瑞伯特。

---

① 汤博乐(Tumblr)是2007年由大卫·开普创建的微博和社交网络网站,2013年以后被雅虎公司收购。

社交电视——运营商如何通过电视关联网络、社交媒体及手机来吸引并留住观众

康卡斯特公司(Comcast):迈克·弗拉纳根、安德鲁·沃德、托马斯·史崔泽斯基。
迪士网络(DISH):卡罗琳·霍纳。
电子营销家(eMarketer):丽莎·菲利普斯、克拉克·弗莱德里克森。
脸书(Facebook):伊莉莎白·戴安娜、莎拉·彭森丽特。
Fav.tv:塞维里奥·孟德利。
佛雷斯特研究公司(Forrester Research):詹姆斯·迈克奎维。
GetGlue:阿历克斯·埃斯科尔德、弗雷泽·凯尔顿。
博客网站(GigaOM/NewTeeVee):杨科·罗格斯。
谷歌(Google):瑞克·柏特塔提、凯特·罗斯。
影像猎手(IntoNow):亚当·科恩。
INDIVI:迈克尔·顾斌。
知网(Knowledge Networks):戴夫·泰丝。
"消失的遥控器"博客(Lost Remote):科里·伯格曼、奈坦·艾德丝堡。
全球之声网站:克里斯汀娜·沃伦。
微软 Xbox(Microsoft Xbox):安玛莉·托马斯、卡尔坦诺·巴瓦罗。
Miso:姆拉特·尼若吉。
美国全国广播公司(NBC):朱莉·德塔拉戈利亚。
NBC 网站(NBC.com):黛娜·罗宾森。
NBC 新闻(NBC News):瑞恩·奥斯本、艾希礼·麦科勒姆。
尼尔森数据公司(Nielsen):乔恩·吉布斯、拉达·苏布拉曼妍。
PepsiCo:希弗·辛格。
PHILO:大卫·利维。
Roku:查克·赛贝尔、崔西亚·米夫萨德。
第二屏网络公司(SecondScreen Networks):赛丝·塔伯、大卫·马柯维茨。
Snapstick①:拉克什·马图尔、利尔·穆罕。
沙赞(Shazam):大卫·琼斯、瑞卡·史奎尔斯、凯西·迈克戴维特。
社交指南(SocialGuide):肖恩·凯西、艾瑞克·福斯特。
社交电视峰会(Social TV Summit):安迪·巴特金。
CW 电视台(The CW):艾丽森·塔兰特、布莱恩·多尔蒂。

---

① 拉克什·马图尔创立 Snapstick 公司,主要提供将网络内容搬到电视上看的服务。后来该技术以 2000 万美元的价格卖给了 Rovi。

替您录①(TiVo)：塔拉·梅特拉。

Trendrr：马克·甘奈姆、阿历克斯·纳格勒。

电视指南(TV Guide)：克里斯蒂·谭纳。

推特(Twitter)：克罗伊·斯拉登、罗宾·斯隆、克莉斯滕·霍利。

YuMe：弗兰克·巴比里、乔治·萨尔金特。

美国有线广播网(USA Network)：洁西·莱德尼斯、苏珊娜·麦奇。

《综艺》杂志(Variety)：安德鲁·华伦斯坦。

维亚康姆媒体网络公司(Viacom Media Networks)：雅各布·史威驰。

VideoNuze：威尔·瑞奇蒙。

视觉世界数字媒体公司(Visible World)：克劳迪欧·马库斯。

雅虎(Yahoo!)：鲁斯·舍费尔、克瑞莎·刚特朗、查克·德桑德尔。

天气频道(The Weather Channel)：皮特·策拉拉、梅丽莎·梅多莉。

本书包含七名终端用户的事例，介绍他们多姿多彩的电视生活，在此向依兰·贝纳塔尔、克里斯·布拉姆、埃兹拉·恩格尔巴特、莉娜·佩雷斯、克里斯·伯源、布兰登·斯特拉顿和奥伦·韦弗表示感谢。

麦克·普罗克斯的特别致谢辞

如果不是约翰·沃尔将我和Wiley出版社联系起来，这本书就不会像现在这样进展顺利。在这个项目启动之初，约翰·沃尔、C.C.查普曼、史蒂夫·加菲尔德和米奇·乔尔都给了我大量极具建设性的建议。有趣的是，我正是通过社交媒体结识他们四位的。

我的两位好友迈克尔·詹姆士和杰米·舒澈给我提供了很大的帮助。有一天迈克尔来拜访我，而那天我正好做出决定要写一本关于社交电视的书。针对我写给Wiley出版社的原始提案，杰米提出了极有价值的反馈意见，并且借给我一本关于写问询函的书。每当我怀疑自己是否能胜任第一本关于社交电视营销书的作者时，他们知道该怎样鼓励我，使我勇往直前。

我非常感谢亚当·屈托纳，他牺牲了2011年帆船季的大部分时间陪在我身边，从而使我能够将工作之余的所有时间投入到本书的写作中。我永远不会忘记那些带给我惊喜的美味家常菜和亚当对我深深的理解，他常说："我知道这本书对你非常重要！"

我的家人，尤其是我已故的父亲杰瑞·普罗克斯在我小的时候一直教育我，

---

① 替您录公司主要提供数字录像设备，它能帮助人们非常方便地录制和筛选电视上播放过的节目。由于替您录具备了自动暂停和跳过功能，使用者可以轻松地跳过电视台插播的广告。

努力勤奋一定会带来好的结果。我的母亲阿尼塔·普罗克斯有着非凡的勇气和孩子般的好奇心,她总是说,生活就像是一场冒险,有着各种各样值得把握的机会。有这么优秀的父母,我感觉我像中了特等奖一般。

史黛丝·雪柏婷的特别致谢辞

我要感谢我的丈夫迪米特里·赫尔曼,在整个过程中他扮演了多重角色,他既是法律顾问又是编辑,还不时地给我打气。我还要感谢我的孩子们,感谢他们理解我总是在陪他们去足球场的时候还带着我的手提电脑,感谢他们理解在他们做家庭作业的时候我也要做我的"作业"。

我还要感谢希尔霍利迪公司的网络和电视广告采购团队对我的支持,他们乐于提供一切帮助。

最后我要感谢我的家人、朋友和同事们,虽然最初他们对我参加这个项目表示震惊,但他们很快将这种震惊转变成极大的支持和鼓励。

作者简介

作为一名企业家，麦克·普罗克斯在多家数字化媒体和高科技公司工作了16年，主要负责代理端及客户端业务。他对科技的热爱始于1982年，当时他作为一名四年级的学生首次接触电脑，在一台美国无线电器材公司生产的TRS-80型号的计算机上学习简单的计算机编程语言。

由于职业原因，麦克总是率先体验媒体早期经历的核心变化。1996年，麦克帮助一家以光盘业务为主的公司发布了网络搜索引擎。2000年，麦克见证了当时娱乐产业中尚属新鲜事物的富媒体网络的发展历程。2007年，当社交媒体还不像现在这样日常化的时候，麦克就已经置身其中。

进入希尔霍利迪公司后，麦克将数字化策略和社交媒体作为公司的重要业务，还关注了相互交叉的媒体频道。麦克对媒体创造的新的收视体验感到非常着迷。将网络和电视进行融合的热情使得麦克开始构思、制作。作为主持人之一，麦克于2011年1月召开了希尔·霍利迪公司TVnext峰会。除了在各种会议上频繁发言，麦克还为大量的出版物写稿，其中包括《商业周刊》。

麦克的客户体验极为丰富，曾为众多著名品牌公司提供服务，其中包括华纳兄弟娱乐公司、哥伦比亚三星公司、AMC、IBM、香辣屋、西维士药店、美国诺华制药公司、美国信诺保险集团、唐恩都乐、美国职棒大联盟、麦克斯折扣店、马歇尔百货商场和家庭用品店。

麦克于1995年在新罕布什尔大学获得工商管理学理学学士学位，并于2002年在本特利大学获得计算机信息系统理学硕士学位。

读者可以在推特上添加麦克为好友，其账号是@McProulx，或者登录www.mikeproulx.com浏览其博客。

史黛丝·雪柏婷负责希尔霍利迪公司在全国范围内播出内容的采购业务，包括为公司客户购买电视节目和直播广告提供策略指导和咨询服务。

2010年，史黛丝组织成立战略性媒体合作集团，该集团由跨学科人才组成，力求为客户提供跨媒体服务。

史黛丝是盟诺公司咨询理事会的首席谈判代表，也是美国广告代理商协会国家电视委员会的成员之一。

2009年，史黛丝带领其团队参加世界艾滋病日运动，由于媒体计划优秀，开销费用低于 100 万,史黛丝荣获广告俱乐部媒体专家奖。2003 年,史黛丝被授予"广告时代媒体专家"称号。

　　曾经是大学垒球队队长的史黛丝于 1990 年毕业于科尔盖特大学,获经济学文学学士学位。目前,她与丈夫、三个孩子一起住在波士顿,喜欢在业余时间打网球。

引 言

明日世界

1939年4月20日,正值星期四,美国无线电公司①(Radio Corporation of America)总裁大卫·萨诺夫宣布国内即将迎来商业化电视的曙光。萨诺夫在评论中将这种新媒介描述为"一种新的艺术,其应用如此重要以至于整个社会都将受其影响"。

萨诺夫的演说发表于纽约世博会开幕的十天前,极具策略性。以"明日世界"为主题,美国无线电公司(RCA)旗下的美国全国广播公司(National Broadcasting Company)②恰到好处地转播了美国总统罗斯福·富兰克林在世博会开幕式上的主题演讲,标志着美国历史上常规性电视节目(regularly scheduled television)的正式开始。

伴随电视这种新媒介对公众的吸引力,《大众机械》③在1939年9月发表了萨

---

① 1917年美国政府接手全国各大无线电公司,将无线电技术用于国家军队。1918年国会否决进一步垄断的议案,1919年RCA公司成立。1985年美国通用电气公司并购RCA公司,次年将其拆分。索尼音乐娱乐公司和原汤姆逊公司曾使用过RCA的商标,也授权过其他公司,如TCL集团。1926年由于市场需要更多的商业电台,RCA通过购买电台和网络,与其他公司合并,最终建立了全美三大商业广播电视公司之一——美国全国广播公司(NBC)。——译者注

② 美国全国广播公司是全美三大商业广播电视公司之一(其余两家分别是哥伦比亚广播公司和美国广播公司),创办于1926年,是美国历史最久、实力最强的商业广播电视公司。总部设在纽约的洛克菲勒中心,以孔雀为标志,有时也被戏称为"孔雀网络"。1986年,通用电气公司以64亿美元收购,成为其掌门人。在洛杉矶、芝加哥和费城设有办事处。NBC在2004年与法国的维旺迪环球旗下的娱乐部门合并之后,将其原先的"全国广播公司"变更为"NBC环球"。——译者注

③ 《大众机械》是美国科技类杂志。1902年1月11日由亨利·哈文·温莎(Henry Haven Windsor)创办,1958年归赫斯特所有。杂志拥有9个国际版本,包括出版了几十年的拉丁美洲版和最新的南非版,以及2002年发行的俄罗斯版。2013年,美国版从每年12期改为每年10期。为了满足不同层面的读者需求,杂志采取图文结合的方式展现科学、技术、汽车、DIY和户外5个主题的内容。为了表示对全球领先的企业或产品的认可,《大众机械》每年颁发"年度突破奖",涉及医学、技术、汽车设计、环境工程等行业。——译者注

社交电视——运营商如何通过电视关联网络、社交媒体及手机来吸引并留住观众

诺夫撰写的《电视的未来》一文。在强调了未来世界里电视内容的重要性之后,萨诺夫这样写道:"接下来让我们思考电视节目将会向观众呈现什么样的内容呢。"此后的几十年里,面对电视节目内容不断创新的挑战,电视制作人提供的收视体验使普通大众脱离了日常生活中令人压抑的现实,让观众从电视节目中得到娱乐和放松。

许多人都记得以下片段:1952年9月15日首播的《我爱露茜》①如今被认作是经典之作,剧中露茜和埃塞尔在高速运转的传送带上拼尽全力包装巧克力糖果。1964年1月8日,44%的家庭收看《比佛利山乡巴佬》②中的名为《巨大的杰克兔》的分集,剧中的老妇人围着佩特的房子追逐一只袋鼠。

1977年1月23日首次播出的8集悲情迷你剧《根》③将观众感动得热泪盈眶。1984年10月10日,《考斯比一家》中小卢迪杰克·赫克斯特波儿通过对口型假唱的方式表演模仿玛姬·亨德瑞克斯,赢得了观众由衷的喜爱。在日常词汇中用于表达"等等,诸如此类的"等抽象概念的"yadda yadda yadda"则是受1997年4月24日播出的令人捧腹的《阿飞正传》④的影响。2002年9月4日,凯利·克拉克

---

① 这部黑白肥皂剧从1951年10月15日开播,至1960年停演,生动地描绘出当时美国女性的生活:女主角露茜是一位中产阶级家庭主妇,居住在郊区大房子里,性格率真,想法简单。故事围绕家中的客厅和厨房展开,在日常琐事以及与丈夫、婆婆的相处中放大女性特质的喜剧元素。轻松诙谐的台词和极具生活化的搞笑表演,征服了大批美国电视观众。该剧获5项艾美奖和诸多奖项提名。如今,好莱坞的多位重量级影星和超级露茜迷们组成超豪华演出阵容,重新为电视观众们献上"《我爱露茜》五十寿诞黄金特辑",向经典致敬。——译者注

② 《比佛利山乡巴佬》又名《豪门新人类》,这部9季喜剧从1962年9月26日至1971年3月23日在哥伦比亚广播公司播出。讲述了原本出生贫苦的乡村家庭,因在西维吉尼亚洲发现石油,从此飞黄腾达,搬离穷乡僻壤,迁到富豪名人聚居的比佛利山居住。一夜暴富让这些人与同住在这里的富豪格格不入,投机骗子也将他们视为行骗发财的对象,从而闹出笑话。该剧跻身于20部最受关注的节目,两次年度排名第一,获得7项艾美奖提名。——译者注

③ 该剧改编自黑人作家亚历克斯·哈利所写的家史小说,揭露和批判奴隶制,宣扬非暴力主义、以家族为核心的个人奋斗。——译者注

④ 又名《宋飞正传》,9季喜剧,于1989年至1998年在NBC播出。此剧的主题是"没有主题"(A Show About Nothing),讲述了四个平常人——三流的脱口秀主持人宋飞;宋飞多年的好友,纽约杨基棒球队的工作人员,早早谢顶却好运不断的乔治·克斯坦萨;宋飞的前女友,心直口快的俗气编辑伊莱恩;宋飞的对门邻居,瘦高个、脾气古怪的科兹莫·克雷莫——的生活。1994—1998年收视排名前二,多次获得最佳情节提名和最佳电视剧提名。——译者注

森荣获首届《美国偶像》①冠军称号,数百万观众目睹了一位巨星的诞生。

随着历史的发展,电视带来了诸多引发人们共鸣的时刻。即使是那些不被电视剧所感动和影响的人们,也一定会受到电视屏幕上播出的事件、新闻或者体育运动节目的影响。正如萨诺夫在1939年所描述的:"随着电视的出现,在收看节目之后,由视听感受引发的综合情感体验正逐渐成为需要关注的新焦点。在某一大型活动或者表演之后,能够立即提供视觉上和听觉上的重现,这种综合的情感体验逐渐成为受众认可的新势力。"电视剧、大型活动、新闻和体育节目并不是电视节目的唯一内容。

电视广告也能激发共鸣

电视节目能够引发共鸣,电视广告也同样具有激发共鸣的潜能。我们耳熟能详的"贺曼②广告,打动人心"正好说明了这一点。1979年可口可乐广告描述了闷闷不乐的乔·格林步履蹒跚地走下足球体育馆的坡道。在接过一个小男孩递过来的一瓶可口可乐之后,这位匹兹堡钢人队的防守球员温柔地将他的球衣投向小男孩,并说道:"嗨!孩子,接住!"

在2011年播出的《星球大战》③中,年幼的达斯·维达试图将其心灵遥感能力注入其家里以及周围的一系列物体中,如运动自行车、宠物狗、洗衣机、烘干机和洋娃娃,甚至他的三明治,然而让他感到极度失望的是他体内的超能力似乎不够强大。与此同时,下班回来的父亲正在将他的大众帕萨特停入车道。重新鼓起勇气的维达抓住机会对他的超能力进行再次尝试,他集中所有的注意力,将能量输送到自己手臂,然后指向汽车的前部,汽车突然发动了(谢天谢地,父亲使用了他的远程点火装置)。在我们可爱的达斯·维达看来,他终于拥有超能力了。看到

---

① 《美国偶像》的原型是英国电视节目《流行偶像》(*Pop Idol*)。2001年英国电视台推出的选秀节目《流行偶像》使偶像旋风席卷全球。福克斯(FOX)广播公司以7000多万美元买下节目版权,并加以改编。从2002年6月11日起,每年主办一届,目的是发掘新一代的美国歌手。获得冠军的选手即为当年度的美国偶像,获得价值百万美元的唱片合约。福克斯电视宣布,2016年4月7日播出的第15季《美国偶像》是该节目的最终季,这档在全美辉煌15载的老牌选秀节目落下帷幕。——译者注

② 贺曼是一家创建于1984年的有线卫星电视频道。该频道主要播出有关家庭题材的节目,2015年贺曼频道向美国85439000个家庭提供收视服务。——译者注

③ 《星球大战》是由乔治·卢卡斯创作的系列电影。由20世纪卢卡斯电影公司于1977年推出《星球大战1》,一经播出,席卷全球,受到热烈的欢迎。它与1980年和1983年推出的《星球大战2》和《星球大战3》,并称为《星球大战》原始三部曲。1999至2005年又推出了星球大战前传系列,2015年推出续集。7部电影多次获奥斯卡金像奖提名,创造了64.6亿美元的票房,《星球大战》成为第四大高产电影系列。——译者注

这一幕时,我们也同样深受感动。

别具一格的大众电视广告引发的热潮驱使人们再次上网收看该广告,并与其他人分享。大众公司上传到 YouTube 的官方视频收看次数逾 4.5 亿。这个数字极好地反映了网络和电视既互补又竞争,二者结合在一起并产生优势的事实。

网络不会终结电视

尽管很多人都预言了电视的灭亡,但是这个拥有七十年多年历史的媒体依然活力四射、生机勃勃。实际上,我们看电视的时间比以往任何时候都要多。根据尼尔森调查公司的结论,尽管收看在线视频和手机视频的现象呈上升趋势,但是美国人平均每周观看电视的时间仍在 35 个小时以上。网络并没有成为电视的终结者,相反,网络成为电视最好的朋友。为数不少的电视观众在收看他们最喜爱的电视节目时会主动联网,使网络成为电视的伴侣。这种类型的观众数量还在持续增长。

网络社交媒体和手机正在快速地与电视融合,并影响我们观看电视节目的方式。大卫·萨诺夫在 1939 年写下了极具前瞻性的一段话:"作为历史上的第一次,电视最终将走进人们的生活,成为他们迅速参与外部世界声色活动的完整方式。"

七十多年后的今天,我们的经历与萨诺夫的判断何其相似。社交媒体创造出了一个强大的反馈平台,这个新平台加速了现场直播类电视节目的变革。手机和平板电脑使我们不仅能随时随地收看直播类节目,还能进行点播。互联网电视整合了网络资源和电视内容,使观众能够通过一个统一的大屏幕进行收看,变革又一次发生在我们客厅的中心。

虽然电视产业正在经历一个不断变化而又虚实难测的阶段,但这一阶段也是其最激动人心的中坚发展阶段,其结果只会使电视变得更引人注目,更具互动性,更易于接近。电视这个媒介就在我们身边,并将持续发展变化,新生媒介的兴起并不总是意味着另一种媒介的灭亡。

这对电视广告意味着什么?

电视一直在变化,广告也同样经历着变迁。媒体资源的整合为运营商们提供了接近和锁定目标观众的新机会。这种变化不仅影响广告创作,还影响媒体资源的规划和购置活动。

商家们再也不能只考虑电视节目内容,因为这样做显然缺乏远见。他们必须关注目前电视观众在大型互动媒体平台中的收视行为,从而在这个干扰因素持续增长的世界里使自身品牌的影响力最大化。

社交电视的核心是反馈平台,这是本书写作的出发点。只要找到与自身相匹配或是有一定关联的反馈平台,商家就有机会来解锁与之密切相关的整个受众群体。

从第一章开始,各个章节均按照受众经历的电视顺序排序。第二章描述了飞速发展的社交电视的概貌,分析了受众在现代电视时代寻找收视目标的方式。一旦受众确定其收视对象,他们会使用各式各样的应用程序接入电视进行收看。第三章讨论这些在数量和特征方面都持续增长的应用程序。第四章基于反馈平台深入调查电视受众在收看电视时的第二屏幕体验,同时还将讨论为同步广告提供机会的"同步应用"技术。

第五章通过关注电视节目结束后的效果来调查社交媒体参与和电视收视率之间的相关性,关注的不仅包括电视节目本身,还包括电视广告收视率的衡量方式。第六章关注穿插在电视剧播放过程中的电视短片,书中统称为"桥梁内容"。如果操作得当,电视短片将成为品牌化娱乐节目中最受欢迎的成熟领域。

第七章转而关注电视领域的定址广告。锁定目标受众,避免不必要的浪费是很多商家的制胜法宝。第八章将走出客厅。由于手机和平板设备的大量存在,收看电视的设备变得易于携带,无处不在。第九章正面提出网络与电视相互融合的概念,这个概念给互联网电视时代的品牌商带来机会。

最后以一个案例分析来结束本书,将前面所有章节整合起来。媒体将进一步融合,而且越来越复杂化,因此,商家将越来越难以应付自如。鉴于此,本书在各个章节末尾和最后一章中,基于电视产业内多名企业高管的访谈结果,结合各章内容,向运营商们提出了有针对性的建议和行动计划。

言归正传

一言以蔽之,本书的关键部分全部与电视内容相关。正因为这种关联性,人们渴望与他人谈论或分享那些在内容上最能引起他们共鸣的节目(包括广告)。社交媒体不能够也不可能挽救一个糟糕的节目,或让一个质量低劣的产品或服务"看起来不错",但是对于能引发满意度的事物,社交媒体毫无疑问具有强大的放大功能。构成反馈平台的无数社交印象就能证明这一点。

扫一扫获取更多信息

使用手机扫描下方二维码获得本章所引用案例的相关视频信息。

手机上没有二维码识别软件?不用着急,请登录http://www.socialtvbook.

net/tagged/introduction 直接获取相同内容。

目　录

第一章　反馈平台/1
将社交会话带至前台/1
电视和社交媒体相互交融/2
电视与反馈平台相遇/2
反馈平台不只是推特/3
推特赢得了更多的关注/4
反馈平台正在使电视直播节目再放光彩/5
电视网络与反馈平台交相辉映/6
过滤功能和可视化技术加强反馈平台应用/7
电视节目实现了"♯"号话题标签的威力/7
推特内容变成了电视内容/8
电视天才发明了推特直播/9
选择自己的反馈平台体验/10
电视广告正在模仿电视剧/14
电视广告反馈平台也能视觉化/15
不是所有的营销都产生相同的印象/16
现在是运营商们体验反馈平台的时候了/17
电视反馈平台充满了对品牌的洞察力/18
一切都回到共鸣/20
扫一扫获取更多信息/20

第二章　社交电视指南/21
帮助社交媒体寻找内容/21
频道指南不只是节目表/23
电子节目指南的起源/26

互动节目指南给予电视观众控制权/27

电视内容的增长导致电视节目指南有用性下降/28

还有比口口相传更简单的吗？/28

反馈平台为社交指南提供支持/29

雅浦电视使 iPad 拥有社交电视收视指南功能/31

网路电视将推荐与遥控功能合二为一/32

Fav.tv 关注收视体验的前后阶段/33

一切又回到了电视收视指南/34

追寻收视之旅/35

在社交电视收视指南上做广告对商家们有意义吗？/36

系好你的安全带，这个领域只不过才刚刚开始变化/37

扫一扫获取更多信息/38

第三章　电视收视服务/39

围绕电视创造纵向社交网络/39

基于地理位置的电视节目推动了电视收视服务/40

GetGlue：自我定义为以娱乐为中心的立体社交网络/41

Miso 不仅仅瞄准电视收视率/44

《动物屋》的重播推动 PHILO 的诞生/46

影像猎手为电视收视带来了新的转变/47

我们收看是因为我们乐于分享交流/49

收视现象吸引了电视广告/50

CW 电视台与 Shopkick 展开合作/52

最初的电视收视应用程序也进入了广告业/53

电视收视领域已经变得拥挤不堪/54

并不只是收视/55

扫一扫获取更多信息/55

第四章　第二屏幕/56

使用同步内容体验巩固电视地位/56

欢迎进入多屏幕电视体验时代/57

看起来第二屏幕似乎是电视的敌人/57

手机和电视就像一个豆荚里的两颗豌豆/59

第二屏幕应用将相关内容直接推送给你/59
电视共视程序各有千秋/60
剧本型电视剧是主动式媒体体验吗？/63
从电视剧到现实，第二屏幕拓宽了其视野/64
第二屏幕使体育迷们一起参与/64
迷你剧《肯尼迪家族》将第二屏幕变为一部巨大的历史教科书/65
没有第二屏幕的收视体验就像没有条纹的斑马/66
每个网络靠近第二屏幕的角度都各有特色/68
社交电视领域持续融合/69
第二屏幕上的内容和广告能和睦相处/70
同步广告是第二屏幕广告进化的下一个阶段/71
注意力分散现象并没有消失/73
扫一扫获取更多信息/74

第五章　社交电视收视率/75

为测量电视受众规模增加新指标/75
尼尔森收视率是广告商和电视网络公司进行交易的货币/76
社交媒体为电视节目创造了一个反馈圈/78
社交媒体的参与和收视率相关吗？/79
电视网络正在见证一个关系/80
Bluefin 分析印象和表达之间的关系/82
社交指南并不只是社交电视收视指南，它也提供社交电视收视率/86
社交电视高收视率的最终价值是什么？/87
对反馈平台的观测使原始数据成为有用的信息/88
广告商该怎样通过反馈平台帮助做出决定/89
社交印象的数据库在规模和价值上都持续增长/91
扫一扫获取更多信息/91

第六章　桥梁内容/92

推动电视剧播出空档期的参与度/92
内容使剧集之间的等待变为值得分享的期待/93
脸书是电视节目桥梁内容的理想参与平台/94
CW 网络电视台确保向其脸书用户粉丝提供有价值信息/95

ABC电视台的《摩登家庭》通过征求粉丝意见吸引粉丝/96

CBS电视台将《老爸老妈的浪漫史》的内容推向一个新的层次/97

并非所有的桥梁内容都通过脸书传播/98

2006年Sci-Fi使用桥梁内容连接电视剧的上下季/100

精彩电视台的桥梁内容影响直播内容/101

NBC电视台从一开始就将数字化成分融入其节目中/102

是的,就连《芝麻街》也在开发桥梁内容/103

广告商赞助将电视桥梁内容商品化/104

要记住桥梁内容是基于选择的/107

扫一扫获取更多信息/107

第七章 受众定址/108

运用网络和直邮广告锁定电视行为/108

定址电视广告确保电视广告影响深远且定位精准/109

对于运营商来说,定址就是市场定位/110

对于有线电视运营商来说,定址就是确定客户名单和物流/110

定址广告应用所面临的挑战/111

变革似乎来自电视产业之外/113

视觉世界科技推动定址广告发展/114

光电视觉公司体现了定址电视广告技术的早期成果/115

康卡斯特的尝试也带来了希望/116

全国范围内的定址广告可行吗/117

大量的问题仍然没有找到答案/118

期待一个学习的曲线/119

扫一扫获取更多信息/120

第八章 电视无处不在/121

随时随地看电视/121

便携式电视的历史可追溯至50年以前/122

随着电视变得越来越数字化,延时收看也越来越普遍/124

视频点播减轻了DVR的负担/124

网络为电视带来新的转变/126

电视网络合作葫芦网诞生/126

目录

流媒体内容汇集公司拓展点播业务/127
Netflix 的竞争者 Hulu Plus 出现/128
iPad 真正成就了电视的便携式体验/129
HBO 使流媒体能够立即提供首播之后的电视剧内容/129
能够反其道而行之吗？/131
从点播到流媒体直播，iPad 变身为电视机/132
陈旧的经营模式与现代科技并不同步/133
电视无处不在还是就在脸书上？/134
消费者们将使用可获得的最佳屏幕进行收视/135
无处不在的电视为广告商们带来了新的机会/135
Hulu 广告的迷人之处在于其可供选择的播出机制/136
电视的播出屏幕越来越难以预测/138
扫一扫获取更多信息/138

第九章　联网电视/139

网络内容与电视内容水乳交融/139
联网电视并不是一个新概念/140
WebTV 过早谢幕/141
15 年中变化颇多/142
联网电视各有千秋/142
选择独立设备还是内置设备？/143
第二代的苹果电视提供更多观看方式/144
Roku 通过其机顶盒提供大量娱乐活动/145
谷歌电视将获得第二次机会/146
Boxee 认为自己代表着电视的唯一需要/147
雅虎联网电视也走在队伍前列/148
Xbox 绝不只是一台游戏机/149
联网电视并不只提供点播服务/149
联网电视会对传统的付费电视服务构成威胁吗/150
掐线者所占比例从 0.11％到 20％，统计方法各不相同/151
你的有线电视也许将很快变为联网电视/152
联网电视所带来的广告机会在持续增长/152

雅虎联网电视拥有强大的广告能力/153
　　　Xbox Kinect 将广告互动推向一个全新的水平/153
　　　在联网电视上通过应用程序做广告/154
　　　你该从哪里开始呢/154
　　　联网电视一定会持续发展/155
　　　扫一扫获取更多信息/156

第十章　不是结尾的结尾/157
　　　将所有的点串起来/157
　　　社交电视让人们乐趣无穷还是疲于应付/159
　　　界限模糊使局面更复杂/160
　　　那么广告商们该怎样做/161
　　　电视将只会继续改变/163
　　　如果《艾德苏利文秀》现在进行现场直播会发生什么/164
　　　扫一扫获取更多信息/165

第十一章　待续……/166
　　　填补空白/166
　　　这并不是结尾/166

附录一　人名中英文对照/167
附录二　主要电视剧、电影、电视节目名称的中英文对照/173
附录三　主要电视台、频道及传媒公司中英文对照/176

第一章

反馈平台

将社交会话带至前台

在1964年2月9日播出的《艾德·苏利文秀》①中,甲壳虫乐队首次在美国登上电视屏幕,7300万人在东部时间八点钟通过哥伦比亚广播公司②网络电视收看期盼已久的英国摇滚乐队在纽约的现场演奏。

当秀场标志性的幕布第779次升起的时候,艾德·苏利文向观众们表示欢迎,并宣布甲壳虫乐队刚刚收到了来自猫王的贺电,预祝他们在美国的演出获得巨大的成功。在哥伦比亚广播公司50号电视演播厅里观看演出的728名观众爆发出热烈的掌声和欢呼声。

在广告时间之后,艾德·苏利文登上舞台,用响亮的声音言简意赅地说:"女士们,先生们,让我们欢迎甲壳虫乐队!"这句话点燃了美国23000多个家庭被压抑的激情。歇斯底里的尖叫声此起彼伏,并持续了八秒钟,直到保罗·麦卡特尼开始演唱《全我所爱》。

当演唱至第二首歌《直到有你》时,主持人开始介绍披头士四人组中的所有成员,屏幕画面下方三分之一处以白色印刷粗体字显示出对应歌手的名字。"保罗"是第一个被介绍的,紧接着"林戈",然后是"乔治",当镜头聚焦到"约翰·列侬"时,他的名字下方出现了一行小字:"对不起,姑娘们,他已经结婚了。"

《艾德·苏利文秀》第十七季的这集节目是美国黄金档节目播出史上的收视率之冠,就像苏利文所说的那样,"今夜整个美国都在期待来自英国的甲壳虫乐队",尽管大多数美国人收看了演唱会直播节目,1964年的电视观看体验还是被限

---

① 《艾德·苏利文秀》是CBS播放的一档美国电视综艺节目。1948年6月20日开播,1971年6月6日停播,由纽约娱乐专栏作家艾德·苏利文主持。——译者注
② 哥伦比亚广播公司是美国三大全国性商业广播电视网之一,缩写为CBS。CBS成立于1927年2月18日,总部最初设在费城。——译者注

制在客厅。因此,"共同观看"就被定义为:与家庭成员或者偶遇的友人坐在一起看电视。

在那个著名的周日晚上发生了无数自发性的讨论。在观看时长60分钟的直播节目时,观众们对出现在电视屏幕上的内容评头论足,各抒己见。然而这些对话都被限制在观众家中,或者周一早上全国各地的办公室的过道里抑或饮水机旁。面对意想不到的情节,如关于约翰·列侬的诙谐的屏幕消息,或者猫王发来的贺电,观众第一反应是什么呢?如果不能获取观众的直接描述和回忆片段,我们恐怕永远找不到确切的答案。

电视和社交媒体相互交融

1964年离现在已经有40多年了,在那个时候,电视观众根本不可能在推特上发文或在脸书上更新状态。40多年以后,电视收视有了翻天覆地的变化,现代社交媒体催生了一个实时的电视反馈平台,这个平台由数百万的、实时使用的社交讨论有机构成。这些评价性话语在电视播出的同时出现,是我们与最喜爱的电视节目互动的表现。它暴露了客厅里一度封闭式的对话,将世界上所有家庭相连接,提供既统一又具有相对选择自由的共同收视体验。

社交媒体已成为与电视高度相关、密切合作的媒介之一。现代社会手提电脑易于携带,再加上智能手机和平板电脑使用率不断上升,这使得舒适地躺在沙发上一边看电视一边上网的行为不仅成为一种时尚,而且是电视收视体验非常自然和舒适的组成部分。

佛雷斯特研究公司[①]对近3000名美国成人网络用户进行调查,结果显示:有48%的用户声称在看电视时会使用个人电脑聊天、浏览,或者研究他们所观看的内容。由于使用社交媒体的人数持续增长,因此,当电视节目在网络平台上播出的时候,与节目相关的在线讨论数量也会增长。

电视与反馈平台相遇

当观看某个首播的电视节目时(与观看录制在数字录像机上的内容相对比),将所观看的节目名称输入到推特搜索框内,就会看到关于该节目最基本的实时反

---

① 佛雷斯特研究公司是一家独立的技术和市场调研公司,针对科技对客户和公众的影响问题,提供务实和具有前瞻性的建议。——译者注

馈性评论,这些评论原汁原味,未经删减。在观众们观看他们最喜爱的电视节目时,推特已经成为他们自我表达不可或缺的出口。

在每一集电视节目播出前、播放过程中以及播出结束后的这三个阶段里,相关的在线讨论都会一直存在。而电视的反馈平台,则被定义为只包含当节目播出的时候,通过社交媒体通道进行的实时交谈。这种"反馈机制"是加入巨大的虚拟共同观看团队的入场券。

2010年9月,当福克斯电视台(FOX)[①]的热门电视剧《欢乐合唱团》[②]播出有关布兰妮的剧集时,推特上产生了285000条与之相关的反馈性评论。那个时候推特上平均每天产生9000万条推文,美国注册用户不足5%。

到了2011年7月,推特社区平均每天产生2亿多条推文。2011年9月,推特宣称其拥有1亿名活跃用户。2011年女子足球世界杯期间,曾保持7个月之久的关于每秒钟内推特发文量的记录被打破。在这个现场直播的足球电视节目临近尾声时,反馈平台上一秒钟内发出的推文多达7196条。

42天以后,在2011年美国音乐录影带大奖[③](MTV Video Music Awards)颁奖礼上,天后碧昂斯以其著名的"怀孕凸肚秀"打破了这一纪录。在碧昂斯演唱完那首《独一无二的爱》以后,观众掌声如潮,碧昂斯摘下耳麦扔在舞台上,解开镶有亮片的紫色西装,向全世界宣布她怀孕的信息。仅这一秒钟推特反馈平台上就产生了8868条推文,并随着世界各地人们对这一信息的分享而迅速蔓延开来。如果把电视节目比作一个心脏,推特反馈平台上发生的一切就好比是其心电图。

反馈平台不只是推特

一般民众在脸书上至少给6个电视节目点过"赞"。在世界范围内,脸书每月的活跃用户逾8亿,其中30%来自美国。如同推特一样,脸书能够围绕电视展开实时讨论。两者的最大不同在于脸书上的大部分内容都被设为私人文件,仅限于

[①] 20世纪90年代初,澳大利亚人基思·鲁伯特·默多克(Keith Rupert Murdoch)成功收购福克斯影业后成立福克斯电视台。虽然福克斯电视台成立较晚,但是它推出了口碑极佳的各类型美剧。——译者注

[②] 《欢乐合唱团》是一部于2009年5月19日至2015年3月20日在福克斯电视台播出的青春音乐喜剧。故事讲述的是一个虚构的威廉·麦金莱高中合唱团,合唱团各个成员应对各种社会问题,尤其是应对性倾向和种族、人际关系、团队精神问题。——译者注

[③] 美国音乐录影带大奖也称MTV音乐电视大奖。音乐录影带大奖是美国的音乐奖项之一,创办于1984年夏末,其目的是表彰那些最受人喜爱的MV。——译者注

脸书用户好友之间进行互动。拥有相同兴趣爱好的脸书用户通过越来越多的方式公开加入使用相同社交网络的反馈平台。

将新闻推送与视频浏览器结合起来的技术成为影响脸书涉足电视领域的决定性因素，奠定了脸书流媒体直播盒的技术基础。2009 年，CNN[①] 在网站播出总统就职演说时试用该技术，支持了 2700 万个独立的现场直播。观众们可以直接从媒体播放器中直接进行脸书状态更新，也可以选择从其他任何人或者仅从朋友的发布内容中进行更新。

脸书和电视网络公司合作推出特别节目《会晤新闻界》[②]，其播出时间是 2012 年 1 月 8 日，正好是新罕布什尔州首轮选举的前两天。当大卫·格雷戈里主持共和党总统候选人辩论赛时，该节目在脸书上名为《会晤新闻界》的页面上同步播出。辩论进行过程中，脸书用户可以在收看辩论赛的同时，通过互动分享他们的问题，参与反馈平台讨论。

推特赢得了更多的关注

如果想在现代社会电视领域做一些最有意义、最具创新的事情，你不需要任何新的设备，也不需要任何新的手机应用程序或者疯狂的光导纤维基础设施，你所需要的就是一个强烈的意愿，那就是怎样用一个新的方法来制作电视节目。

——推特内容规划部门　罗兵·斯隆

推特凭借操作简单、使用方便等优势，赢得了社交电视领域里比其他任何平台都要多的关注。它的完全开放性和公共性使得人们加入推特没有任何障碍。人们甚至不需要一个推特账号就能浏览特定的推文内容。罗兵·斯隆指出："对于任何互动电视技术或者平台，尽量简化操作程序是非常重要的一点。只要用户识字，并且知道自己想要做什么就够了。如果你一定要在他们进行任何体验之前给他们一本操作手册，那就行不通了。在推特上，你可以设置一个'#'话题标签或者是'@'符号，人们就会知道你在谈论什么，因为他们知道那是什么。正是这种简单的方法使推特变得如此出色。"

一份有关《电视指南》的研究表明，50% 的推特用户会在收看电视的同时就有关内容进行讨论，35% 的脸书用户也有同样行为。如果做一下数学运算，世界范

[①]　CNN 是美国有线电视新闻网（Cable News Network）的英文缩写。1980 年 6 月，由特纳广播公司（TBS）特德·特纳创办，总部设在美国佐治亚州的亚特兰大。——译者注

[②]　《会晤新闻界》属于深度访谈节目，与国家领导人共同探讨政治、经济、外交政策和其他公共事务等问题，以小组讨论的形式提供意见。——译者注

围内活跃的脸书用户数量几乎是同等条件下推特用户数量的 8 倍。就行为倾向而言,推特用户更趋向于分享电视观看经历,而脸书用户趋向于对电视内容进行剧透。

然而,该研究既没有指出脸书和推特各自分享的电视节目内容,也没有衡量相关的放大效应。不过有一点是不变的,即大众喜欢通过社交网络来分享其电视体验。当人们喜爱的电视节目播出时,身处各处的电视观众就会形成一种新的、普遍的分享模式。

反馈平台正在使电视直播节目再放光彩

受众可以在脸书或者推特上与他人进行不同层次的互动,这些互动可能得到明星的回应,也可能从第二屏幕上得到想要的反馈信息,这些都促使越来越多的受众在电视节目直播时进行收看。

——全球之声娱乐编辑　克里斯蒂娜·沃伦

毫无疑问,收看电视的时候,社交媒体放大了那种"被关联"和成为更伟大的某事物的一分子的感觉。面对《华尔街日报》①卡拉·史维莎的采访,《摩登家庭》②的创作者斯蒂文·勒维坦讲述了在新剧集播出期间,他和他的编剧们是如何监控推特反馈平台上的讨论:通过实时读取在 140 个字的内容中出现的"推特笑点",发现什么样的情节最能引起观众的共鸣。

尽管主动加入一个频繁互动的收视反馈平台所带来的体验,是诱使电视观众在节目首播时进行收看的重要因素,但观众收看首播节目的真实动机可能源于对剧透的恐惧。电视指南网站 20% 的用户宣称,他们之所以越来越频繁地收看直播电视节目,是因为要避免社交网络中某些用户毁掉他们最喜欢的节目的可能性。

由于时区关系,美国西海岸的受众只能收看延时录播的 2011 年格莱美奖颁奖典礼,他们责备社交媒体导致了剧透。因为在大部分美国人能够收看颁奖仪式的三小时之前,位于东海岸的朋友和粉丝们就已经在推特上更新了结果。

此次事件展示了网络电视在社交媒体和实时网络之间进退两难的窘境。电

---

① 《华尔街日报》创刊于 1889 年。该报刊以超过 200 万份的发行量成为美国付费发行量最大的财经报纸。《华尔街日报》内容侧重金融、商业领域的报道。——译者注

② 《摩登家庭》是一部以伪纪录片形式拍摄的情景喜剧,于 2009 年由美国广播公司(ABC)首播。该剧以一个"看不见"的摄像机记录了三个典型美国家庭的生活点滴,讲述了他们之间复杂而现代的日常生活和情感世界。——译者注

视内容不再受到时区的限制。反馈平台以一种非常开放、公共、覆盖面广的方式打破了地域限制。一条含有剧透的推特可以在几个小时内在成千上万人中间扩散。

2011年4月,英国广播公司①为寻求新的突破,决定将在英国首播的《神秘博士》的最新一季在美国同期播放。过去两国之间的时延窗口最少是几个月,焦急的美国人为寻找电视剧往往观看非法上传网络的拷贝版。因此,尽管泄露剧情的是社交媒体,但网络"自由"才是真正导致剧透的幕后黑手。

电视网络与反馈平台交相辉映

人们很容易忘记,五年以前的电视制作商害怕提到网络播出,因为它会在某种程度上对观众造成干扰。现在人们真实感受到社交媒体和数字媒体正在使电视领域的各个方面变得更加强大。
——美国全国广播公司新闻频道社交媒体总监 瑞恩·奥斯本

2010年,美国西海岸观众能够不受时差影响,与全国观众一起收看艾美奖②颁奖的电视直播,这在艾美奖颁奖的30年里尚属首次。主持人吉米·法隆将受众的推特发文嵌入现场节目中播出,美国全国广播公司使用流媒体服务直播颁奖典礼,并将录制的后台录像上传,在推特及脸书上打造了一个社交、讨论、反馈的综合平台。美国全国广播公司在各种在线资源中嵌入流媒体播放器,有助于推动反馈平台上的讨论,并且扩大其总体影响力。

音乐电视网③是最先为反馈平台带来最有价值的变革的电视网络之一,具体体现在2009年的音乐录影带大奖颁奖典礼上。全球音乐电视网与两家社交媒体监控公司(六度弧公司④和花蕊设计公司⑤)合作,设计了一个推文实时追踪器,将

---

① 英国广播公司,简称BBC,成立于1922年,是英国最大的新闻广播机构。——译者注

② 艾美奖是美国电视界的最高奖项,地位如同电影届的奥斯卡奖和音乐界的格莱美奖。电视艺术与科学学院(ATAS)、美国电视艺术与科学学院(NATAS)和国际电视艺术与科学学院(IATAS),分别负责颁发黄金时段艾美奖、日间艾美奖和国际艾美奖。——译者注

③ 音乐电视网,又称全球音乐电视台,是美国主要的有线电视和卫星电视频道,成立于1981年8月1日。——译者注

④ 六度弧公司能够监测来自社区、博客、微博客、新闻、视频等众多社会化媒体平台的数据,还可以将相关的数据进行切片处理和整合分析。——译者注

⑤ 花蕊设计公司是一家以在线交互闻名的可视化公司,它在过去数年中一直都在对每年的MTV音乐录影带大奖颁奖时期的推特状态进行追踪。该公司每一次的设计都与之前有所不同,但其核心一直保持不变:实时展现人们在推特上的热门话题。——译者注

与各个名人相关的推文数量的多寡与其头像尺寸大小进行匹配，以可视化形式予以呈现。在节目播出时，随着名人们在推特上被谈论次数的增加或减少，头像也相应扩大或缩小。

当乡村歌手泰勒·斯威夫特荣获最佳女歌手录音带奖时，坎耶·维斯特"劫持"了她的获奖宣言（坎耶·维斯特冲上台抢过麦克风，声称支持碧昂斯），由于反馈平台上充满了关于这一意外事件的推特发文，泰勒和坎耶的头像成为热门，在推特追踪器的作用下，随着被讨论频率变化，两人的头像忽大忽小，直到坎耶的头像最终占据了整个屏幕。

实时反馈平台上发生的关于上述突发事件的推特发文数量多得让人难以置信。实际上，在音乐录音带大奖颁奖节目播出期间，共有近 200 万条的推特发文，其数量是推特平台平均发文数量的 3 倍。在节目结束之后的第二天，MTV 网站的访问量第二次达到高峰。

过滤功能和可视化技术加强反馈平台应用

在 2009 年的音乐录影带大奖的颁奖典礼上，音乐电视网试行的可视化反馈平台取得很大的成功，促使人们在 2010 年的电影大奖（Movie Awards）的颁奖典礼上加强并拓展这一应用，从而取得了更大的成功。网络将反馈平台引入所有电视颁奖节目中，从而使其在生活中越来越看得见、摸得着。

2010 年底，精彩电视台[①]（Bravo）发布了其推特追踪版本，被贴切地称作"@精彩电视推特追踪器"。用户们能够很方便地按照电视节目类型寻找相关推特对话，并与该节目的其他推特文互动。整个体验过程都被嵌入精彩电视台的网站，网站提供了一种引人入胜的甚至是"令人上瘾"的用户体验。精彩电视台此举的迷人之处在于其 24 小时在线，为铁杆网迷全天候的参与反馈讨论提供平台。

电视节目实现了"♯"号话题标签的威力

电视节目在播出时加上推特"♯"号话题标签，这种做法越来越普遍，并且成为一种绝佳的模式。这不仅表明推特上已经有关于该电视节目的讨论，同时还鼓励受众通过推特参与互动。此举起到了扩大反馈效应的作用。

---

① 精彩电视台是一家美国有线卫星电视台，由 NBC 环球于 1980 年 12 月 1 日推出。——译者注

在两个小时的喜剧奖(Comedy Awards)颁奖典礼的节目中,美国喜剧中心频道(Comedy Central)一直在其屏幕的左下方显示"♯喜剧奖颁奖典礼"。很多福克斯网络电视首播的电视剧都使用了相应的"♯"号标签,如"♯欢乐合唱团"。2011年暑期,观看美国家庭电影院(HBO)首播剧集的观众们发现,新片预告中会出现包含剧集名称的话题标签,这非常有效地帮助他们通过对该节目进行推特发文给予反馈。

在推特与电视进行了无数次的整合之后,根据推特自身的分析结果,当电视节目播出时,如果屏幕上提供"♯"号话题标签,那么有关该节目的推特发文会立即增长2~10倍。

推特内容变成了电视内容

《吉米晚间脱口秀》[①]和《106 & 公园》[②]是将推特反馈意见直接纳入电视节目内容的先行者。前者收集观众在剧集播放间隔期提供的反馈意见,并挑选精彩内容在电视中播出,而后者则是在实时反馈平台上进行现场操作。两者都使用了不同的"♯"号话题标签,从电视观众和推特用户中收集他们的即时反应。

通过要求观众发表推文,将指定的话题标签补充完整来接近观众,并衍生出精彩纷呈的内容,《吉米晚间脱口秀》已经找到了节目与社交媒体的最佳结合点。主持人吉米·法伦会在节目末尾发布一个话题标签,如"♯打自己耳光",节目制作人监控随之产生的推特流并挑选他们感兴趣的对象来列出清单。吉米则从清单中选出8~10条,在他的下一次节目中当众念出,播出效果颇为不错。

每个周末在美国黑人娱乐电视台[③](BET)现场直播的《106 & 公园》是MTV频道《互动全方位》[④]的现代版,只不过这个节目完全是基于推特设计的。这个节目作为网络上最流行的音乐合集,其特色是通过推特提交不同的嘻哈音乐、蓝调

[①] 《吉米晚间脱口秀》是一档美国深夜脱口秀节目,由吉米·法伦(Jimmy Fallon)主持。——译者注

[②] 《106 & 公园》是美国黑人娱乐电视台(BET)推出的以嘻哈和R&B为主的音乐视频节目。节目采用倒计时模式,周一至周五在美国黑人娱乐电视台播出。该节目的名称源自工作室的初始位置:公园大道东106号街。——译者注

[③] 美国黑人娱乐电视台是维亚康姆的BET网络部旗下主要的有线电视和卫星电视频道。电视台瞄准非洲裔美国人群体,播出各类脱口秀、新闻和时事、主流说唱、嘻哈和R&B音乐视频。——译者注

[④] 《互动全方位》简称TRL,是在音乐电视网播出的流行音乐视频电视系列节目。2008年音乐电视网宣布取消该节目。——译者注

音乐以及艺术家的实时访谈。在直播中,在介绍歌手时,屏幕下方三分之一处会显示他们的名字和推特账号。

有关《106 & 公园》的一切话题成为与受众互动的典范,互动不仅存在于现场演播室的观众之间,还存在于通过推特观看节目的受众之中。这个节目每天都介绍一个新的标签话题,并将所引发的推文展示在演播室内的一块大型互动"推特墙"上。例如,话题"#一百万年以后也不会"在其忠实的粉丝中产生了上百万条推文。有关《106 & 公园》的话题标签经常成为世界范围内的推特潮流话题。

电视天才发明了推特直播

奥普拉·温弗瑞的加入使得推特应用突然之间成为主流。2009 年 4 月 17 日,奥普拉首次在自己的节目中发推特。她的推特共同创建者、时任推特 CEO 的埃文·威廉姆斯一直在旁指导她:"嗨!推特用户们,谢谢你们的热情,感觉真的是 21 世纪了。"尽管该推特中存在拼写错误、字母大小写错误,有失礼之嫌,但这仍然被视为推特发展历程中的另一个里程碑。从此以后,越来越多的名人开始体验推特。

在美国有线电视新闻网(CNN)的节目首播期间,主持人皮尔斯·摩根决定,在播出提前录制好的节目中加上自己的实时推特评论。皮尔斯曾向观众们承认,他对推特的态度经历了一个从憎恶到完全接受,再到热爱的过程。"我将在美国东部时间今晚九点,在我的第一期节目播出期间与网友现场推特互动。"观众在收看直播的同时查看皮尔斯发布的推文,从而了解他与奥普拉访谈背后的花絮。

2011 年一个周六的下午,也就是情人节的前两天,发生了一件有趣的事情。在美国家庭电影院①(HBO)重播电影《隐私部分》②时,著名的主持人,同时也是其中的演员之一的霍华德·斯特恩令人意想不到地打开推特,并且以一个"局内人"的观点发文声称:"在飞机上关于卡洛儿·艾特的内心独白是自发产生的。我刚刚开始对着镜头讲话,却发现这一幕只有一个镜头。"

---

① 美国家庭电影院是时代华纳公司持有的美国高级有线电视和卫星电视网络,在网络上主要发布电影和原创电视剧,以及有线电影、纪录片、拳击比赛,偶尔也播放喜剧脱口秀和音乐特别节目。——译者注

② 《隐私部分》是由美国著名的电台节目主持人霍华德·斯特恩和他的合作伙伴真实出演的自传改编电影。故事从他上大学的时候讲起,描述了他恋爱失败的经历和遇见妻子艾莉森。他的合作伙伴直接现身银幕,将他在业界造成的轰动事件一一重演。——译者注

霍华德·斯特恩所发的这条推文在时间上与其他内容没有关联,也没有任何上下文参照,这些都让他的粉丝们感到非常困惑。但是一旦意识到斯特恩正在使用推特对他的电影进行实时评论,追随者们就会对此大为欣赏,马上收看 HBO 的节目。很多人发推特回复说,此举使他们好像被胶水黏在了椅子上一样。

很明显,受到霍华德·斯特恩的推特噱头的鼓舞,《幸存者》①的主持人杰夫·普罗布斯特开始在他的真人秀节目播出期间现场发推特:"记住,今晚的《幸存者》不再是录播节目!让我们一起收看节目并加入我的现场推特互动吧!这将是一次全球性的对话!"

2011 年春季《幸存者》播出时,普罗布斯特正活跃在推特反馈平台上。将这期间的相关推文数量逐集统计,并与 2010 年秋季节目播出时产生的推文数量(当时并没有采取现场推特互动)相比较,结果令人目瞪口呆:2010 年秋季档节目中平均每集产生的推文不足 5000 条,而在 2011 年春季档节目中,每集节目引发的推文数量在大多数情况下要比 2010 年秋季档节目高出 5~7 倍。

社交媒体创造出一种名人和粉丝之间能更直接和更密切地进行互动的感觉,这使得越来越多的受众扔下他们的录像机,转而收看现场直播节目,加入一个更加投入的电视观看群体。分享实时的收视体验所带来的集体归属感,具有难以抗拒的魅力。

反馈平台是否会带来电视节目收视率的上升呢?若以《幸存者》为例,答案是否定的。从多个人口统计细分情况来看,2011 年春季档期的收视率要比 2010 年秋季档的收视率低,尤其体现在年轻受众群体中。但是其他的节目,例如 MTV 的音乐录影带大奖颁奖典礼和电影颁奖节目,收视率上升的情况持续出现。

选择自己的反馈平台体验

从最初到现在,反馈平台取得了迅猛的发展。2011 年 6 月,推特推出的版本中提供了新的检索方式,即默认将与算法关联最为紧密的信息以"置顶推特"的形式出现。推特的内容规划总裁克罗伊·斯拉登指出:"处在一个可以同时观看超级碗橄榄球赛和发推文的世界里,这让人激动不已,算法优化后的搜索使我们不需要做任何多余的事情。现在我们只需要在推特上点击'#超级碗',就能够得到很多组引人入胜的检索结果。然而,这只是一种普通的算法应用技术体验。那

---

① 《幸存者》是一个电视真人秀节目。在这个节目中,参与者被限定在一个特定的环境下,依靠有限的工具维持生存,并参与竞赛,最终胜出者将赢得 100 万美元的奖金。——译者注

么,网络在此基础上能够做什么呢?不能仅仅因为它能够引发共鸣,就认为相关的推文与电视内容能够呈最佳互补关系。对于制作者们来说,塑造和调整最佳的'推特+电视'收视体验仍有上升的空间。"

网络具有公开性和公众性,网络也能向受众提供更加个性化的收视体验反馈,它和电视反馈平台相辅相成。2011年9月,哥伦比亚广播公司(CBS)第二次举行"推特周"活动,这次是为其新的秋季档节目做宣传。2011年9月12日至9月19日的每个晚上,哥伦比亚广播公司选择在黄金档期播出1或2部新剧制作特别节目,讲述剧中的演员在剧集播放过程中,如何通过推特与粉丝进行互动的故事。被选中的11个电视剧包括《天堂执法者》[1]《生活大爆炸》[2]和《傲骨贤妻》[3]。

2011年11月6号这一周,网络再次体现其威力。来自哥伦比亚广播公司的23部不同电视剧和节目的明星们(其中包括《老爸老妈的浪漫史》[4]和《肥肥和胖胖》[5])接管了各自出演剧集的脸书主页和推特账号。哥伦比亚广播公司将这一周称为"社交大扫除周"。

在2011年福克斯电视台播出的艾美奖颁奖礼中,官方的推特账号"@黄金档艾美奖"理所当然地成为关于艾美奖各个方面的综合反馈平台。与此同时,《欢乐合唱团》的丽娅·米雪儿和《傲骨贤妻》的乔西·查尔斯也通过推特实时发文,与粉丝们分享艾美奖的颁奖过程。那些想要别具一格的反馈体验的受众,可以选择追随电视内部工作人员的推特,如詹姆士·波尼沃兹和杰西·佛克斯,或者通过

---

[1] 《天堂执法者》是一部由美国哥伦比亚广播公司出品的警匪电视连续剧。该剧讲述了海军少校史蒂夫·迈克格雷特(Steve McGarrett)为了调查父亲的谋杀案,返回家乡夏威夷瓦胡岛,在州长的授命下组建了一支专门负责调查重案的精英团队"Five-0",并维护夏威夷治安的故事。——译者注

[2] 《生活大爆炸》于2007年在哥伦比亚广播公司播出。该剧最初讲述的是4个宅男科学家和他们的美女邻居发生的搞笑生活,随着剧情的发展,又有3位女性走入他们的生活,于是在这4男4女之间展开了爆笑的情感和日常故事。——译者注

[3] 《傲骨贤妻》是一部讲述美国法律和政治的电视连续剧,于2009年9月22日在哥伦比亚广播公司播出。该剧描述的是一名芝加哥律师的妻子亚莉莎·佛里克在一次涉及她丈夫的政治腐败和性丑闻之后重返律师行业的故事。——译者注

[4] 《老爸老妈的浪漫史》是一部于2005年9月19日在哥伦比亚广播公司电视网首播的情景喜剧。故事人物包括主角泰德·莫斯比(Ted Mosby)和他在曼哈顿的朋友们,情节主线是男主角向他的儿女述说他与他们的妈妈相遇的过程。——译者注

[5] 《肥肥和胖胖》是一部从2010年9月20日开始,在哥伦比亚广播公司播放的美国情景喜剧。该剧讲述的是体型稍显肥胖却心地善良的芝加哥警员迈克·比格斯(Mike Biggs)和体型丰满、幽默可爱的小学老师莫莉·弗林(Molly Flynn)在肥胖人士匿名交友会结识相爱的故事。——译者注

其他话题如"♯艾美奖评论"发表评论。

将反馈平台所有因素整合起来

美国全国广播公司（NBC）的《好声音》①于2011年4月26日首播。该节目的初衷是创办一个基于现实的歌唱比赛。经过几轮直播试音之后，四位著名音乐人（亚当·李维、希洛·格林、克里斯蒂娜·阿奎莱拉和布雷克·谢尔顿）指导选手们在演播室现场表演，观众们则通过电视投票支持他们最喜爱的歌手。

从其制作角度来说，《好声音》是非同寻常的，它在电视和社交媒体的融合中开辟了新的领域。《好声音》改编自一个荷兰电视节目，制作者们将社交媒体作为其灵魂。直播节目中名人的可接触性、公开性、团体性和相关性构成了该节目社交媒体策略的所有原则。这些原则的目的就是创造实时的共同收视体验，让受众们感觉自己是这个节目的一分子。通过将反馈平台所提供的精华部分融入电视内容，《好声音》大获成功。

节目播出时屏幕下方会显示话题标签"♯好声音"，但是这个标签不像喜剧奖颁奖节目的标签那样一直显示，只有在可能引发推特反馈平台最佳讨论效果的时候，"♯好声音"标签才会战略性地出现。话题标签的出现具有提醒功能，有选择性地显示标签，有助于减少受众退出的潜在可能。因此，关于节目的70%的推特文包含其各自的话题标签。

卡森·戴利作为该节目的名人裁判和主持人，坚持在节目播出过程中和商业广告期间现场发布推文。节目也采取预防机制，避免参与直播的名人们在推特中剧透。节目组从名人和观看节目的受众发布的反馈性推文中精心挑选出一部分，并将这部分推文显示在电视屏幕下方三分之一处。人们不仅能够从播报员的角度欣赏节目，同时也能了解综合了电视内容的反馈性评论。

《好声音》制作者们建立了社交媒体后台指挥中心的概念。当节目切换到多媒体中心时，主持人艾莉森·海斯利普展示热门话题，并从推特和脸书的反馈平台上选择问题向选手提问。

《好声音》首播期间，除了产生世界范围内的多个推特热门话题以外，其在反馈平台上引发的讨论是次日晚上播出的《美国偶像》的8倍，并且成为当时被讨论得最多的电视节目，甚至超过了《欢乐合唱团》。

---

① 《好声音》是一档国际性的电视真人秀歌唱比赛。它源自荷兰电视制作人约翰·摩尔创建的《荷兰之声》，其他国家纷纷效仿改编，并从2011年开始播出各自新的版本。比赛模式是：盲选—两两对抗赛—淘汰赛—好声音冠军争夺赛。——译者注

电视节目并不是反馈平台上的唯一话题

>《迷失》系列大结局播出期间,很多在线讨论都是围绕目标公司的广告而展开的。这些广告之所以如此出色,是因为它们折射了《迷失》的剧情。
>——美国广播公司(ABC)营销总裁 格瑞·王

2006年6月,利宝互助保险集团①(Liberty Mutual)发起了一项新的市场促销活动,强调责任的核心价值。这个保险公司的电视广告描述了一连串由不经意的善行引起的连锁行为,广告的配乐为海姆的《一路前行》。一个蹒跚学步的小宝宝的毛绒玩具掉在地上,一位经过的路人停下来将玩具捡起,孩子的母亲对他表示非常感谢。不久后,当这位母亲在当地面包房里购物时,她注意到一位顾客的咖啡杯即将从桌边滑落,于是她将杯子推向里面从而避免了这个小事故。正好站在咖啡店窗户旁的一位男士目睹了这一善行,于是他扶起了一位因暴雨而滑倒在人行道上的行人。

在这个60秒的电视广告中,这种"让爱传下去"的主题在另外六个行为中传递:由于看到一位小货车司机在市区交通大堵塞中让一辆小汽车先行通过,一名慢跑者捡起婴儿车中滑落出来的泰迪熊,并将其放回婴儿手中。这时,镜头对准推着婴儿车的父亲,一张熟悉的脸出现了,原来他就是在广告开头出现的做好事的那个人。

托马斯·奥霍钦斯基是一位从密歇根市退休的工程师,他在观看利宝互助保险集团的广告后非常感动。于是他写了一封信,并附上一张支票,将其直接寄给利宝互助保险集团的首席执行官特德·凯利,信的内容如下:

>亲爱的凯利先生:
>
>我非常喜欢贵公司最近播出的描述善行传递的电视广告。在这个充满了滥交、暴力、粗制滥造的电视喜剧和消极政治斗争广告的年代,这支别具一格的广告令人如此振奋,这正是贵公司领先于其他公司的原因。
>
>由于我还没有使用过贵公司的任何产品,为表达我的感激之情,请接收随函附上的支票,并将它用于公司的营销预算或是社会服务计划。
>
>你忠诚的
>托马斯·奥霍钦斯基

在2006年的时候,实时的电视反馈平台还没有出现,推特还要一个月后才向

---

① 利宝互助保险集团是多元化的全球性保险公司,是美国第三大财产险保险公司。公司创建于1912年,提供广泛的保险产品和服务,包括车险、房险、工伤险、商业险、一般责任险等。——译者注

社交电视——运营商如何通过电视关联网络、社交媒体及手机来吸引并留住观众

公众开放,同样的,脸书还需要三个月时间才向非大学生群体开放。然而,社交媒体的缺位并没有改变公众希望与他人分享观看利宝互助保险集团广告感想的事实。人类一直有着潜在的沟通和分享的欲望。社交媒体只是帮助我们满足与生俱来的欲望,并给予我们迅捷的方式向世界上的其他人表达自我。

于是在 2009 年,如今看起来稍显老旧的利宝电视广告被拂去尘土,并在《星随舞动》中重播,瞬间成百上千条推特对该条广告进行回应。一时间,反馈平台上都是关于一家广告公司播出的广告的热烈讨论,而当前播出的电视剧备受冷落。

"我喜欢利宝集团刚刚播出的那条广告!太美了!"

"有人看过利宝集团的新广告吗?我不是保险公司的粉丝,但是他们的广告太棒了!"

当内容打动人心的时候,即使是一条电视广告的内容,反馈平台都能够以推特实时反应的形式推动和放大这种共鸣。不管人们接下来会思考什么,这 30 秒的广告的确都包含了很多的人生哲理。

电视广告正在模仿电视剧

各大品牌们认识到实时社交网络所带来的机会,于是他们纷纷顺应在电视节目中融入反馈平台的趋势,开始改革他们制作电视广告的方式。

奥迪是首个在电视广告中显示话题标签的商家。该汽车奢侈品牌制造商在 2011 年超级碗①(Super Bowl)的比赛中播出时长 60 秒的广告,并在广告快要结束时在屏幕左下角打出"♯进步是"(♯Progress② Is)的话题标签。广告直播中展示的推特话题标签,会被再次用来进行 24 小时推特促销,这一切都显著地提高了反馈平台上关于奥迪的讨论,增加了奥迪官方推特粉丝的数量。

非常凑巧的是,随着市场需求的上升,2011 年首季度奥迪公司在美国的销售创下新纪录。虽然这并不能全部归功于反馈平台,但是在创造品牌舆论、配合大

---

① 超级碗是美国国家美式足球联盟(也称国家橄榄球联盟)的年度冠军赛。超级碗一般在每年 1 月的最后一个星期天或 2 月的第一个星期天举行,那一天称为超级碗星期天(Super Bowl Sunday)。超级碗星期天是美国单日食品消耗量第二高的日子,仅次于感恩节。参赛球队为该赛季的美国美式足球联会冠军以及国家美式足球联会冠军,冠军球队将获得文斯·隆巴迪杯(Vince Lombardi Trophy)。多年来,超级碗都是全美收视率最高的电视节目,并逐渐成为一个非官方的全国性节日。——译者注

② "进步"是奥迪公司系列广告中不断提到的一个核心概念。2008 年奥迪为其新产品奥迪 A4 做宣传提出的广告主题是"Progress is Beautiful",意为"不断进步方为美"。——译者注

型商务营销策略、创建顶级形象方面,反馈平台确实起到了不小的作用。

品牌商们不仅对于在他们的电视广告中展示话题标签的做法一见倾心,他们还从电视节目中得到启发,将推特内容植入电视广告。实际上,有些广告商甚至创建了围绕推特的电视广告。

2010年暑期,小麦薄饼集团①(the Wheat Thins)开展了"嘎扎嘎扎一起来吃饼"的活动。大量的电视广告涌现,这些电视广告都基于一个简单的前提:小麦薄饼集团监控推特发文情况,并找出热爱小麦薄饼的用户所发的有趣的推文。每个电视广告针对一个单独的推特,广告的拍摄团队和主持人都会让这些在推特中写下有趣经历的用户意外不已。

在2011年早期小麦薄饼集团的一个广告中,"嘎扎嘎扎一起来吃饼"节目组来到克里斯·马秋的居所前。在此之前,由于小麦薄饼集团的官方推特成为克里斯的粉丝,他曾在推特上专门发文表达他的兴奋之情。随后,节目组开始在推特上追踪他。节目组向克里斯展示了一台可以在当天剩下的时间里驾驶的流动广告车,流动广告车上写着:"成为@克里斯·马秋的粉丝吧!他酷毙了!"

在这一集节目播出期间,推特反馈平台上关于小麦薄饼和克里斯·马秋的讨论数量是平时的3倍以上。通过在电视广告中引进推特内容,小麦薄饼集团能够在推特中扩大其品牌影响范围。

电视广告反馈平台也能视觉化

正如其与足球息息相关一样,超级碗比赛也与商业广告密不可分。这也正是2010年超级碗比赛期间"品牌碗"②(Brand Bowl)首次亮相所带来的影响。作为缪伦广告公司、社交媒体监控公司六度弧和本地新闻门户网站三者的统一,品牌碗在超级碗比赛直播期间,衡量了推特反馈平台上关于超级碗的相关广告数量,并将其结果"可视化"。

2011年超级碗比赛期间,品牌碗反馈平台回归,并提供"计分板式"的视觉效

---

① 小麦薄饼集团是在美国、加拿大和澳大利亚都开展业务的烘焙饼干零食品牌商。小麦薄饼还生产其他口味的薄饼:蔬菜薄饼、燕麦薄饼、皮塔薄饼和大米薄饼。集团邀请动画片《恶搞之家》中小儿子斯特威和小狗布莱恩拍摄广告。最近的品牌营销方式主要针对年轻消费者,在年轻人参加的活动如大学生足球比赛上派发产品,并利用社交媒体向他们宣传产品。——译者注

② 品牌碗是波士顿大学广告学教授爱德华·波切斯在2011年创造的利用推特(Twitter)来监视和测量超级碗广告反响的平台。——译者注

果。每个电视广告按照他们在反馈平台上的热度集中排序。当推特谈论集中在某一特定的广告上时，该广告在计分板上的位置就会向前移动。

在排名环节上出现一些变革，排名不再仅仅基于引发讨论的数量，统计分数时，人们对特定的电视广告所产生的情感因素也将被纳入考虑范围。其计算方法是用每支广告引发的正面和中性推文数之和减去其负面推文数，再除以所有广告引发的推文总数。

虽然克莱斯勒汽车公司的底特律商业广告被评为2011年品牌碗综合总冠军，但激发正面评价和看法最多的是大众公司的"力量"广告。因此，有人认为大众公司的广告最能引起观众的共鸣。所有这些都涉及社交电视等级评定以及电视广告投入的衡量方法等概念（我们将在第五章进行详细讨论）。

不是所有的营销都产生相同的印象

电视一直是人们所熟悉的大范围的标准印象，社交电视产生相对小范围的，但是影响深远的社交印象。这真是一个有趣的现象。
——希尔霍利迪公司首席策略官　芭芭谢蒂

从运营商角度出发的、常见的分类模式，如付费媒体①（paid media）、自有媒体②（owned media）和免费媒体③（earned media）的模式，并不适用于消费者的媒体体验。就消费者而言，媒体印象或者是选择性的，或者是非选择性的。

非选择性印象是个体在非主动性寻求的广告环境中所受到的影响。传统的电视或者广播广告，印刷体广告或者网络广告，以及户外广告如流动宣传车等都是非选择性印象的例子，这种类型的数量最多。这类广告倾向于在目标合适的情况下尽可能多地吸引注意力。当我们暴露在这些广告中时，我们有可能会留意，也有可能会忽略。但是当这些广告确实吸引了我们的注意力的时候，它们就会产生强大的影响力。

选择性印象则是我们选择寻找和参与广告给我们所带来的影响。决定去看一段录像，点击一个搜索地址，输入电视广告中的一个链接地址或者♯号话题标

---

① 付费媒体是品牌付钱买来的渠道，如电视广告或冠名赞助形式的广告，能够吸引眼球激发讨论。——译者注

② 自有媒体是品牌自己控制的渠道，如企业网站、博客、微博等，由品牌自身控制，成本低、用途广、受众精准，能达到长期效果。——译者注

③ 免费媒体是将消费者变成渠道，如用户口碑、用户推荐等。免费媒体是优秀品牌自有媒体和付费媒体共同作用的结果，可信度高，能够促进销售，花费相对低廉。——译者注

签,或者在一组广告中进行选择,这些都是有意的消费者行为。如果我们接触这一类广告,我们会受其影响,那么对于该品牌所传达的信息的接受率就会达到最高值。这就使得选择性印象产生的价值与广告人运用非选择性印象完成相似目标的投入大致相当,但是选择性印象影响范围相对较小,影响力更大(有争议)。

社交印象是选择性印象的一个分支。当我们每次发帖、发推文、分享或者"赞"的时候,我们都在社交网络中生成印象。朋友、同事、名人或者业界领导人士发布的社交印象通常对我们产生巨大的影响。要考虑到,平均每个推特账号有349个粉丝,而脸书上的好友平均数量为130个,尽管不是你的每个朋友或者粉丝都会见证你产生的每个社交印象,但他们中的大多数人还是会浏览你的更新,并能通过与其他人分享,将你的社交印象加倍扩散开来。

现在是运营商们体验反馈平台的时候了

电视的反馈平台充满了实时产生的社交印象。正如它们是瞬间产生一样,有些评论在平台上转瞬即逝,而有些评论会被放大进而影响越来越多的人。很多评论会被搜索引擎收录并长期为好奇人士的检索提供答案。不管是哪种情况,反馈平台都是运营商们的一块宝地。如果要取得成功,就要将体验和综合结合起来。

例如,如果电视广告的内容具有能够自然而然地引发正面讨论的较大可能性,那么在推特上展示♯号标签便能锦上添花。选取影响范围广的媒体印象(电视广告)再加上一个简单而又无须花费的促销形式(♯号标签),将会放大在电视反馈平台上的社交印象。此举将会增强品牌信息的传达和认知。在电视广告的精彩部分播出时段持续显示话题标签。奥迪公司在超级碗比赛期间使用的"♯进步是"就是一个先例,但是该话题标签在屏幕上一闪而过,没有给电视机前的观众们留下一个完全理解其用意的机会。

我们也来考虑利用电视广告中相同的♯号标签在推特中进行促销的模式。在推特网站主页热门话题的顶端会出现被促销的品牌,并且促销的品牌与其推特账号相关联,点击该品牌的推特账号就会出现促销的推特信息。通过推特进行媒体销售的商家将能够使其特定的话题标签专门在线展示24个小时。在分享有新意、有价值的内容时,这种方法非常有效,能够吸引大量的受众。

但是,如果品牌产生了比例失调的负面影响,或者电视广告内容基本无法促成正面的反馈平台讨论,那么运营商们就要引起警惕了。如果不想引火烧身,产生大量四处传播的、抨击自身品牌的社交印象,最好使用六度弧等社交媒体监控工具来获得关于品牌已存在的社会看法,以及观众期望电视广告提供的信息。

创造"1+1=3"的跨媒体效果

在所赞助的电视节目的播出过程中,要找到方法使赞助品牌进入反馈平台讨论范围,但是要注意,不能使用广告信息绑架节目的话题标签。通过社交网络,与电视观众分享他们选择观看的电视节目的相关内容,找到为品牌提供内在价值的机会。应尽力使赞助品牌成为反馈平台上被讨论的部分,而不是被他人视为像垃圾邮件传播者一样的入侵者。

威瑞森无线公司[①](Verizon Wireless)将自身与电视的反馈平台实现了无缝对接。在2011年9月18日的第63届黄金时段艾美奖的开幕式上,《欢乐合唱团》的女演员简·林奇担任主持人,她载歌载舞,穿行在一栋建筑中,而所有电视剧中虚构的角色仿佛就住在这栋建筑里。从一个房间到另一个房间,或者说,从一部电视剧到另一部电视剧,最终她进入电视剧庆功动员大会的中心,这里正是一所高中的体育馆。

当简在人群中穿行的时候,她遇见了那个威瑞森无线公司广告中的著名的"你听到我的歌声了吗?"的男子,并停下来与之合影,她说道:"我会把照片上传到推特哦!"那些使用"#艾美奖"标签追随推特反馈平台的受众会发现一条营销性质的推文。根据其特点,这条推文被固定在实时检索结果的首位。然而,尽管威瑞森无线公司为此付费,但该条推特并不是由公司的推特账号发出,而是来自简·林奇。她在推特中写道:"你听到我的歌声了吗?我们在#艾美奖颁奖典礼 http://twitpic.com/6n32n7。"这张推特图片被设计得很像她和威瑞森无线公司职员的合影。为了使电视与广告联系得更为紧密,威瑞森无线公司的官方推特转发了简的推文,从而将双方的推特粉丝联系起来,形成一个更大型的沉浸式的跨平台体验。

电视反馈平台充满了对品牌的洞察力

《摩登家庭》创作者史蒂夫·列维坦和他的合作者们通过反馈平台获知哪种情节最能与观众产生共鸣,你也可以采取类似的做法,在电视广告播出时得到人们相应的评价。社交媒体毕竟是一个庞大的、未经过滤的关注群体,因此,你能够从中获得大量的、有用的信息。

---

① 威瑞森无线公司是威瑞森电信旗下提供电信产品和服务的全资子公司。该公司总部设在新泽西州的巴斯金利奇。——译者注

你可以这样迈出第一步：当你在看电视时，尤其是当你的品牌的高质量电视广告正在播出的时候，请登录网址 http://search.twitter.com，并以你的品牌名称为关键词进行检索。你的品牌的推特账号也能和那些与你品牌相关的推文账号实时互动。这一举动在那些能引起高度共鸣的、强影响力的电视广告销售活动中效果最佳。

反馈平台就像一个富含有用信息的金矿，它可以扩大信息来源，帮助你做出决定。了解使用主动式媒体的受众对于你的广告内容的反馈意见，可以帮助你精密调整创造力，改革信息传递模式。

为达到这一效果，很多社交媒体监控工具都能对商家电视广告的反馈平台讨论内容进行分析，在广告播出之后看到效果，既包括总体统计也包括针对单个电视广告的统计，以便获得更细致的信息。（第 5 章将会使用"社交电视收视率"这一概念进一步提供相关细节）

行动起来：反馈平台

当你考虑如何才能使你的品牌从电视的反馈平台中获得最大收益，并提高你的社交印象时，你需要注意以下三点重要内容：

1. 截流反馈意见

无论你是否意识到，在你的广告播出的时候，电视观众都将会一直评头论足，所以你至少要能够主动地监控人们对你的品牌的评论内容，这会让你获益良多。如果你有足够的创意，你可以通过你的电视广告引导人们在反馈平台上进行讨论，以此作为扩大社交印象的方式。

2. 考虑内容而非形式

反馈平台并不是公开传递广告信息。实际上，你需要自然而然地结合反馈平台的语气、主旨和时机，建立含有品牌内容的发布体验。你可以将反馈平台作为桥梁，推动不同频道与屏幕之间的沟通，源源不断地提供具有创造力的内容。

3. 尝试、学习和优化

反馈平台的本质就在于其实时性。因此，你可以使用它的即时反馈机制来了解使你的品牌的独特品质和社会评价达到最佳效果的方法。建立"在尝试中学习"的态度，与媒体同行们合作，吸取它们的教训，实现最佳目标。

一切都回到共鸣

反馈平台对最能引发共鸣的内容做出反应。看电视时所经历的那种惊讶和高兴的时刻驱使我们产生分享的渴望。当我们终于结束在反馈平台上大量发表社交印象时,我们的行为很可能已经帮助广告商制作出更好的电视广告。电视广告只是一种营销活动,但这并不意味着它的内容不重要。

扫一扫获取更多信息

使用你的手机扫描下方二维码获得本章所引用案例的相关视频信息。

手机上没有二维码识别软件?不用着急,请登录 http://www.socialtvbook.net/tagged/chapter1. 直接获取相同内容。

第二章

社交电视指南

帮助社交媒体寻找内容

  世界摔跤狂热爱好者布兰登·斯特拉顿从拉斯维加斯的蓝带烹饪艺术学院毕业以后,搬到德克萨斯州的奥斯丁,开始了职业厨师的新事业。为了推销他的优质餐厅,布兰登的首则推文这样写道:本人 36 岁,蓄长发,有文身,兼丈夫和父亲双重身份;最近新开了一家名为普特尼克的餐厅,提供传统汉堡和热狗,餐厅位于本城东六号街。

  布兰登不穿厨师服,而是穿着他的死亡金属 T 恤和牛仔裤做他的拿手菜。分享美食的热情和极端音乐的热爱是一个非同寻常的组合,因此,尽管不知道是否有用,布兰登还是在推特上为具有类似爱好的厨师建立了一个社区,并使用了话题标签"♯布兰登创造的食色敢死队"。布兰登通常每天要在餐厅的厨房里忙碌 12 个小时,回家以后,他则由厨师变为电视迷,边看电视边沉迷于推特反馈平台的互动,他喜欢的电视剧包括《罪案现场之 48 小时》[1]《真爱如血》[2]《嗜

---

  [1] 《罪案现场之 48 小时》是 A&E 电台(原名艺术 & 娱乐电台)播放的美国电视纪录片。该剧选择美国各个城市作为拍摄场地,从知情人的角度揭开凶杀案调查员的真实生活。纪录片每集选取不同城市的一起或多起杀人案,交替展示侦探如何利用法医证据、证人访谈和先进的犯罪鉴定侦探技能破案。——译者注

  [2] 《真爱如血》是一部根据查琳·哈里斯(Charlaine Harris)的两部系列小说改编的美国黑幻恐怖电视连续剧,共有 7 季 80 集。2008 年 9 月 7 日由 HBO 播出。故事发生在路易斯安那州的一个虚构小镇上,吸血鬼可以用日本产的人造血为生,因此它们得以走出黑暗,并走进人类的圈子,与人类和平共处。情节主要围绕一位具有读心术的年轻女招待和一位英俊神秘的吸血鬼之间的冒险而展开。——译者注

血法医》①和《行尸走肉》②。

2011年的一个晚上,当布兰登正在观看《肉搏星期一晚》③的最新一集时,他注意到反馈平台上由世界摔跤娱乐(WWE)的前任制片人大卫·拉格拉所发的一条推文。大卫的推特中有一条关于"社交指南软件"的链接,即基于社交媒体反馈平台的网络电视收视指南软件。由于布兰登将大卫视作精神领袖并深受其影响(典型的"社交印象"),布兰登对于社交指南软件的功能感到非常好奇。

当布兰登点击推特链接访问了社交指南的网站后,他的第一印象就是"看起来就像是个有人在发表评论的电视指南"。由于布兰登热衷于使用反馈平台与其他电视摔跤迷们一起嬉笑怒骂,他马上将社交指南的手机应用程序下载到自己的HTC EVO 4G智能手机上。

布兰登明白,期待与志趣相投的人交往是人的天性。由于他的妻子是一家百货商店的面包房经理,夫妻俩的工作时间相互冲突,这种虚拟的共同观看电视的体验就成为布兰登社交的主要途径之一,这种收视体验使他能够在实时对话中与来自各个层面的人交流他个人对电视剧的看法。

作为时代华纳公司的频道指南的替代者,社交指南软件受到了布兰登的喜爱,因为社交指南在寻找电视剧上要比频道指南快10倍以上。他尤其喜欢社交指南能够自动呈现当前热门电视剧的功能,而以前他需要在成百上千个他从未收看的频道之间来回搜索,只是为了找出《美国铁人料理》④的播出时间以便收看,并让人们知道他要观看此剧。由于社交指南在其手机应用软件中并入了推特反馈平台,布兰登经常在工作时通过智能手机登录该平台,只是为了发现人们讨论最热烈的内容以及浏览聊天记录,以确保他没有错过任何有趣的事情。

---

① 《嗜血法医》又名《嗜血判官》,是由Showtime电视网推出的,改编自杰夫·林赛的小说《暗夜噩梦戴克斯特》的悬疑惊悚剧。该剧讲述的是主角戴克斯特·摩根的双面人生,白天他是迈阿密警局的法医,夜晚他则是追捕罪犯的嗜血正义使者。2006年该剧在Showtime首播,共八季,2013年完结。——译者注

② 《行尸走肉》是一部改编自同名漫画的美国恐怖电视剧。该剧于2010年10月31日在美国经典电影有线电视台开播,是电视史上第一部正宗的丧尸电视剧。该剧主要讲述的是主人公——亚特兰大城郊一座小镇的副警长瑞克在执行公务的过程中,遭到枪击,伤势严重,被紧急送往当地医院抢救。醒来之后瑞克发现,世界已经满地狼藉,丧尸遍布。于是瑞克开始寻找家人,并引领队友们开始了一段求生之旅。——译者注

③ 《肉搏星期一晚》是周一晚上美国东部时间8点在美国网络播出的专业摔跤节目。该节目的最后一个单词RAW指的是RAW品牌。该节目1993年1月11日首播以后就一直被视为世界摔跤娱乐的旗舰节目。——译者注

④ 《美国铁人料理》是借鉴富士电视台的《铁人料理》节目而制作的一档美国料理竞技节目。每一期节目都会有一个新的挑战厨师向铁人厨师发起挑战,限时一个小时,比拼内容围绕神秘配料或料理主题展开。——译者注

布兰登解释说他在休息日看电视的时候，每天要使用社交指南软件达 30 次。这位由音乐产业管理人员化身而来的大厨现在喜欢通过社交指南在反馈平台上发送推文，因为该应用使分享变得更容易。布兰登喜欢在反馈平台上他所发送的推文内容后加上"来自@社交指南"的标志，以便区别其他情况下随意发送的推文。他承认，由于推特被嵌入手机应用程序，他可以避免在推特和社交指南的手机应用程序之间来回切换，通过社交指南直接发推特也就成了偷懒的小技巧。

由于工作性质的限制，布兰登并没有录像机。他看电视的时间基本被限定在午夜至凌晨 3 点，以及上午 10 点至中午。由于他的作息时间比较特殊，布兰登依赖社交指南来帮助他轻松地找到想看的电视节目。他喜欢手机应用软件推荐置顶的电视剧带给他的新奇感觉，如果按照他自己的意愿，他永远也不会考虑观看这些内容。

能够让用户迅速有效地与大批正在同时收看电视剧的陌生人进行即时交流和互动，这既是社交指南的优势，也是布兰登觉得有趣并用其参与反馈平台讨论的一个重要原因。他希望通过自己在推特上分享利用社交指南软件正在收看的电视剧，他的粉丝们会发现这部电视剧，并且也开始收看该剧。毕竟反馈平台是布兰登发现社交指南的地方，现在他无法想象如何在没有社交指南软件的情况下看电视。就布兰登而言，使用有线电视系统默认的屏幕频道指南的日子已经一去不复返了！

频道指南不只是节目表

通过将电视播出时间表设计得更加人性化，《电视指南》巩固了自身在电视历史中的地位。与以往的怀旧路线截然相反，这本周刊杂志以社论、照片和封面艺术为其特色。在收购许多地方性电视节目表出版物（如《电视预报》《电视周刊》和《电视节目指南》等）之后，沃尔特·安纳伯格创造了首个面向全国电视观众的刊物，提供包括国家和地方性电视节目的预告。

《电视指南》的第一期于 1953 年 4 月 3 日发行，以引人注目的刚出生的小德思·阿纳兹的图片作为杂志的封面。在封面图片右上角是醒目的红色字体标题"露西耗资 5000 万的宝贝"，下方有一张露西·鲍尔的小帧头像。

《电视指南》最初售价仅 15 美分，销售面覆盖了 10 座城市，在其发行第一年卖出了 150 万份。1970 年其发行量达到 2000 万，《电视指南》成为世界上最大的周刊杂志。

从一开始，《电视指南》就将自身形象塑造成电视节目领域的权威。出现在邮箱里的秋季电视节目信息预告总能给订阅者带来期盼已久的快乐，因而《电视指

社交电视——运营商如何通过电视关联网络、社交媒体及手机来吸引并留住观众

南》持续受到欢迎。电视观众用钢笔或者是荧光笔（有时是两种不同颜色的）在每期《电视指南》上做记号，为即将到来的一周列出他们个性化的电视观看时间表，这种做法非常普遍。

由于在 1953 年仅有三家电视网络公司：美国全国广播公司（NBC）、哥伦比亚广播公司（CBS）和杜蒙电视网①（DuMont Television Network），在《电视指南》发展早期阶段，其节目表内容是相对固定的。为了说明不同地区的电视节目的差异，《电视指南》在其高峰时期出版了 180 个版本。文章和封面保持一致，实际的电视节目时间表则按照版本差异有所不同。

20 世纪 90 年代初期，在传媒大亨默多克·梅铎买下该公司后，《电视指南》开始尝试分离式封面，此后《电视指南》开始受到收藏家们的欢迎。例如，1991 年 1 月 26 日发行的《电视指南》有两个不同的封面，一个是以斯碧尔·谢波德的照片为封面，为她即将上映的新电影《家在何方》做宣传，另一张则陈列了超级碗比赛在历史上最难忘的 25 个瞬间。尽管两本《电视指南》的封面不同，但是里面的内容却是一样的，两个封面故事也都包含在内。

然而，到了 1996 年 8 月 24 日，当《电视指南》庆祝《星际迷航》的三十岁生日时，两个封面也不够用了。这次的《电视指南》创造出了四种不同的封面，每个封面都以《星际迷航》②中的船长为对象，除了最初系列外，还包括《星际迷航：下一代》③

---

① 杜蒙电视网是世界上首创商业电视网络之一，因为它是美国第一个全方位的网络，所以它可与美国全国广播公司和哥伦比亚广播公司媲美。——译者注

② 《星际迷航》又名《星际旅行》，是由美国派拉蒙影视制作的科幻影视系列，包括 13 部电影、6 部电视剧和 1 部动画片。20 世纪 60 年代，编剧吉恩·罗登贝瑞（Gene Roddenberry）首推此系列，近 50 年的发展完善使其成为全世界最著名的科幻影视系列之一。该系列描述了一个美好的未来世界，人类同外星种族建立起一个星际联邦，探索更遥远的宇宙。——译者注

③ 《星际迷航：下一代》是由美国派拉蒙影业公司于 1987 年出品的一部科幻电视剧。该片作为《星际迷航》系列的第 2 部电视剧，共 7 季。该剧背景设定在前作《星际迷航：原初系列》剧情 80 年后的 24 世纪，由让·卢克·皮卡德舰长指挥的联邦星舰企业号探索太空的冒险历程。该剧对《星际迷航》系列的剧内世界观进行了大幅的改善和重新设定，为接下来的两部电视剧（《星际迷航：深空九号》《星际迷航：航海家号》）乃至整个后续系列铺就了发展道路。——译者注

《星际迷航:航海家号》①和《星际迷航:深空九号》②。

由于首期杂志最受欢迎(因而价钱也就最贵),几本以复古的超级英雄为封面的《电视指南》过刊成为收藏家的首选。例如,1953年9月25日出版的《电视指南》将乔治·里维斯同时打扮成克拉克·肯特和超人;1966年3月26日出版的封面是由亚当·韦斯特扮演的蝙蝠侠,摆出一个战斗的姿势,还附上了电视里的标志性感叹词"嘭!";佐罗迷们在1958年4月26日的期刊上发现他们戴着面罩的英雄,用剑尖划出了他签名的首字母"Z"。

随着网络电视和有线电视数量的持续增长,印刷和分销所有可能的节目时间表使《电视指南》在后勤补给上越来越力不从心,也使读者们在试图找到新电视节目的时间安排上花费的时间越来越多。科技上的进步促成了电子节目指南的出现,同时也宣告了《电视指南》周刊逐渐退出历史舞台。

到2005年,《电视指南》的发行量下降了四成。在其诞生52年之后,《电视指南》于2005年10月9日出版了最后一期。最后这一期杂志按照其最初的普通期刊格式进行排版,有九种不同的封面,每一种封面都是经典的《电视指南》在现代社会的创新。例如,里吉斯·菲尔宾和凯莉·里帕重拍了1966年的《太空仙女恋》③,《实习医生风云》④中的演员来自1976年的《风流医生俏护士》⑤,甚至连最早出现在1964年6月13日封面的荷马·辛普森也打扮成《摩登原始人》⑥中的主要人物弗瑞德·夫林斯通。

《电视指南》更名为《电视指南杂志》,现在仍在出版。它使用了大一些的尺寸,并且只有两个版本(取代了原来的140个版本),新的《电视指南杂志》与之前的《电视指南》形式大有不同:节目时间表降级为一个简单的格式,杂志的重点放

---

① 《星际迷航:航海家号》是《星际迷航》系列的第五部,共播出7季168集。故事内容围绕着一艘意外穿越至银河系另一端的联邦星舰——航海家号展开,船员们在陌生而危险的德尔塔象限努力生存,也竭尽全力寻找方法返回相距七十年航程的家园。——译者注

② 《星际迷航:深空九号》是《星际迷航》系列的第三部,共7季173集。故事讲述了位于贝久星附近的联邦太空站——深空九号上发生的一系列故事。该剧是在首创吉恩·罗登贝瑞去世后拍摄的第一部《星际迷航》电视剧,是第一部题材涉及黑暗内容的《星际迷航》作品,也是《星际迷航》电视系列中唯一启用黑人饰演指挥官的电视剧。——译者注

③ 《太空仙女恋》是一部美国奇幻剧,讲述的是2000岁的美丽仙女与她的主人宇航员安东尼之间相爱,最终走入婚姻殿堂的故事。——译者注

④ 《实习医生风云》是一部美国喜剧题材系列连续剧。该剧讲述的是一批医学院新生到圣心医院的实习生活。——译者注

⑤ 《风流医生俏护士》是由罗伯特·奥特曼导演的喜剧片。影片主要描述朝鲜战争期间美国军方战地医院里面的故事,主角是几个医术高明却桀骜不驯的医生。——译者注

⑥ 《摩登原始人》是一部在美国电视网上播放的动画电视剧。故事发生在石器时代,主要讲述两位男同事兼朋友家中及公司发生的故事。——译者注

社交电视——运营商如何通过电视关联网络、社交媒体及手机来吸引并留住观众

在社论和评论上。

电子节目指南的起源

在《电视指南》出版的30年之后,第一个电子节目指南(EPG)在北美出现。1981年,联合电视卫星集团提供了直接命名为"电子节目指南"的服务,将网络接入输入端主设备,使EPG成为一个专属的有线电视频道。

当时,时间表在自动搜索全部节目之后生成,全屏显示在电视机屏幕上。播出窗口循环展示不同节目的内容,每个节目30分钟,各节目累计时长4小时,点击其中任何一个都可以开始收看。位于俄克拉荷马州的主计算机使用2400波特率的调制解调器作为通信枢纽,向每台安装了EPG的计算机传递节目更新内容。

1985年至1989年,EPG大幅改进。1985年的软件升级,使有线电视公司能够轻易地对电子节目指南的播出模式进行调整。除了设定滚屏速度,文本类型的广告可以被设计成条幅状放在EPG的底部,或者放在滚动的电视节目时间表中间。1988年,EPG的服务被重新命名为预告指南,而另外一个软件的升级则引入了"分割屏幕"这个概念。导航屏幕的尺寸变为原来尺寸的一半,显示在分割屏幕的底部,而位于上方的半边屏幕则可用来播放录像带。此举可以让电视观众在等待导航检索所有电视节目的时间里做点其他事情。

到了1993年3月,经过重新设计的预告指南更新了EPG的外观、输出模式,并添加了闭路字幕和录像功能。同年晚些时候,预告指南更名为预告频道,其硬件也得到升级。最值得一提的是,它还引入了简短的原创内容来吸引观众。

20世纪90年代末期,联合电视卫星集团(创造和拥有EPG软件的公司)收购了《电视指南》杂志。在不到一年的时间里,两者都被宝石星国际集团兼并。在兼并过程中,电视指南频道(TV Guide Channel)被当作预告指南的新品牌。

从2000年开始,电视指南频道进行了全面改革,并使用了新的名称——电视指南网络平台,并于2007年6月4日首次亮相。曾经满屏的频道指南在20世纪80年代晚期只占据半个屏幕,而到了2010年,频道指南就只有电视屏幕底端小小的一行空间。直到这时,大多数电视观众都已经通过有线电视机顶盒,或者卫星电视机顶盒使用更方便的互动节目指南(IPGs)。

互动节目指南给予电视观众控制权

原始的电子节目指南的局限性显而易见。其中,最明显的莫过于观众们需要被迫等待一段时间,才能选择自己喜欢的若干频道。如果这时有些突发事件,例如打进来的电话,或者烤箱定时器的嗡嗡声,观众们都会将注意力从电视机屏幕前转移开,他们就不得不重新检索。

随着数字电视机顶盒的到来,电视观众们有了一个新的方法与屏幕指南进行互动,从而找到喜爱的播放内容。IPGs 可以自行滚屏展示电视节目;在选定节目后通过点击了解特定剧集详细信息;设定节目提醒;建立个性化电视节目表;通过指南或是直接在指南中进行换台。这些都是现代社会中电视用户们非常熟悉的体验模式。

那么,所有这些处在不停变化中的电视节目信息是从哪里来的呢?有线电视和卫星电视公司利用第三方的信息汇集公司来管理和保存这些信息,并完成将所有元数据从升级到定位分布的任务。尽管在 IPG 数据领域竞争颇多,论坛媒体公司[①]却处于国内领先地位。该公司有一支专业团队,其团队成员的唯一任务就是收集和整理每个网络电视台和本地电视台最近播出的电视节目的相关元数据。

论坛媒体的频道数据库包含 22000 个以上的频道地图,提供 2700000 部电视剧的信息,供不同有线电视公司、卫星电视公司和手机公司使用。除了节目时间表、节目预告和频道信息,论坛媒体的数据还包括网络电视标志和其他照片。通过向微软、替您录科技(TiVo)、康卡斯特和雅虎等公司的互动节目指南提供信息来源,论坛媒体不仅为这些公司的电视机顶盒,也为他们的网络和手机设备提供服务。

由于网络使用的快捷和方便,元数据可以被整合起来,提供互动式的网站服务,而且数据整合的方式呈不断增长的趋势。这些网站的服务被统一命名为电子服务指南,由大量的多媒体和广告内容组成,能满足包括互联网电视在内的多种设备的需求,有关这一点我们将在第九章详细讨论。

[①] 论坛媒体公司是美国最大的广播电视公司之一,总部设在芝加哥,拥有 39 家电视台,经营三个当地销售协议电视台。2014 年 8 月公司拆分出版部门,成立了论坛出版公司。——译者注

社交电视——运营商如何通过电视关联网络、社交媒体及手机来吸引并留住观众

电视内容的增长导致电视节目指南有用性下降

> 鉴于人们目前浏览内容的方式,你必须要告诉他们现在正在播放的电视节目的内容、他们的录像机里的内容,以及通过在线的网飞、葫芦网和其他服务能看到的内容,然后把这一切都综合在一起。
>
> ——《消失的遥控器》博主　科里·伯格曼

在1953年,仅有3家电视网络确定某一个特定时间里可收看的电视节目是一件非常直接和容易的事情。但是现在,电视观众们有500多个频道可供选择,再加上视频点播、录像带、网飞、葫芦视频、苹果影音商店等带来的电视节目,我们所面对的选择比任何时候都要多。然而,尽管有如此多的选择,仍然有很多人继续抱怨没有什么节目可看。

这个问题的根本原因不是缺少好的节目,实际上,是缺少使观众可以简单方便地寻找到想收看的电视节目并进行规划的一体化资源。屏幕互动节目指南快要到达其使用的极限了。尽管IPGs能够"互动",IPGs的线性特征在试图帮助寻找观看内容方面所起到的作用却正在日益减小。

此外,不断增长的可接触性数据也为开发商们提供了发明下一代电视收视指南的可能性。科里·伯格曼在其流行的社交电视博客《消失的遥控器》中认为,应该将观众推荐的内容作为电视屏幕的核心。

我们已处于拥有充足数据的阶段,因此,要在综合使用高效算法的基础上推荐一些人们确实想看的、有影响力的内容。如果那样的话,打开电视机后,我们就不需要一直翻到最后一个频道,相反,电视屏幕上会出现推荐内容。突然之间,推荐内容将会成为电视中最为重要、最有价值和最具商机的一块宝地。

因此,在越来越复杂的电视领域,决定未来电视节目收视指南技术的关键就在于使用方法的傻瓜化。

还有比口口相传更简单的吗?

如果一个你完全信任的人告诉你,你必须看某个电视节目,你收看该节目的可能性就会非常大。同样的,如果反馈平台上成千上万的人观看某个电视节目成为一种潮流,这种现象就会引起你的注意。

社交媒体正在促使热情的电视观众和电视网络公司从传统的节目收视方式向其他选择可能性过渡。在2011年秋季剧首播期间,推特的促销热潮(广告商们

可以购买推特 24 小时置顶显示的话题标签)体现在新推出的电视剧名称中。例如,2011 年 9 月 22 日的推特促销话题就是"♯霹雳娇娃",该话题与美国广播公司(ABC)推特账号发布的一条为该剧集促销的推特文相连,其内容是"走进♯霹雳娇娃幕后,今晚东部时间 8 点中部时间 7 点 ABC 电视台首播。视频网址:youtu.be/RZ91ZEMTVFA"。这条广告推特的用意当然是在《霹雳娇娃》[①]播出之前,在推特上发起关于该剧的讨论,从而达到增强观众注意力、最终提高收视率的目的。

所有这些发生在社交网络上的关于电视剧的实时讨论将以庞大数据的形式展现讨论结果。个体在推特和脸书上的精彩发言必然会影响内容发现。如果公众对电视的社交印象的总和导致电视收视指南新方法出现,这就更棒了。

因此,市场上充斥着大量的在线电视收视指南,这些指南都期待能充分利用社交媒体的优势。尽管每个月都有一两个新的社交电视收视指南(SPG)冒出来,但是每一个看起来似乎都只是专注于将电视节目与各自的观众群体联系起来。所有的社交电视收视指南都遵循一个共同的基本点:它们都在某种程度上利用集体意见的影响力删减干扰性内容,从而使得与受众相关的电视节目内容浮出水面。

在本章我们并不打算引入整个社交电视收视指南形式下的所有播放媒体,因为完成这个任务需要更多的时间和空间。相反的,我们通过强调一些重要的手机应用程序来充分展示这个领域内的广泛应用。

反馈平台为社交指南提供支持

30 年以前,当时仅有 50 个～100 个频道。当你打开电视机使用屏幕指南时,你需要点击四五次,通过滚屏来发现当前播出的电视节目。现在有 1000 个频道,而且数据显示,一半拥有高清电视的人甚至不知道哪些台属于高清频道。因此,我们考虑在 SPG 格式上添加社交智能功能,这对于帮助顾客们找到他们喜欢的电视节目来说,会是一个好的尝试!

——社交指南创始人和执行总裁　肖恩·凯西

在与论坛媒体公司签订研究与开发协议后,社交指南于 2011 年 2 月诞生。社交指南作为首个实时的电视社交媒体,将反馈平台与美国电视节目表成功结合,提供了一个激动人心的全新工具来指导收视,经过其过滤以后,最受欢迎的电视

---

① 《霹雳娇娃》又名《查理的天使》,最初是 1976 年开始在美国广播公司播出的美国犯罪电视连续剧,共 5 季 110 集。2000 年 11 月 3 日在美国上映同名电影,电影讲述了 3 个集美貌、智慧于一身的天使在查理的带领下,除奸惩恶、伸张正义的故事。上映后连续两周位居北美票房排行榜冠军。——译者注

社交电视——运营商如何通过电视关联网络、社交媒体及手机来吸引并留住观众

节目被展示出来。

下载社交指南手机应用程序以后,新用户们会被要求输入他们的邮政编码,以便使他们的有线服务个性化。基于这个信息,社交指南的智能机器创造了一个小范围的 SPG,将电视节目按照社交印象衡量的流行度进行排序。在 2011 年秋季某个周四的晚上,按照社交指南提供的数据,6 部最受欢迎的电视节目分别为《生活大爆炸》《英国偶像》①《吸血鬼日记》②《泽西海岸》③《废柴联盟》④和《霹雳娇娃》。

社交指南从 177 个频道提取信息,包括所有主要的广播电视网络和最流行的有线电视频道。由于该项技术能够获知某个特定用户是不是数字化电视的订阅者,因此它只会呈现可应用的高清频道排名。观众能够非常轻松地浏览各类排名,寻找节目,并获知各频道播出的准确内容。

手机应用程序使用户们能够通过节目类型来筛选节目表,"真人秀"也被作为筛选的选项之一。由于真人秀类型的比赛能够自然而然地在反馈平台上引发正面讨论和分享,所以社交指南创建了一个简单有效的方法来找到这一类型的节目。其他类型的筛选包括电视剧、电影、体育和新闻。

打开屏幕右上方的"对话泡泡"的开关,就能展示在社交指南排行榜中关于每个节目的最新推特发文。这使得用户们不需要打开手机应用程序,就能够对反馈平台上正在被讨论的不同电视节目有大致的了解。

点击排行榜中的任意一个具体节目,该节目在推特反馈平台上的所有讨论将会被显示。虽然推特流默认包含所有的推文,用户可以轻松地设定筛选条件,只显示朋友们对该节目的推特发言,或者来自该节目演职人员所发的推文。就像我们在第一章里所论证的那样,由于社交指南已经事先设定和标记了所有电视名人和选手们的推特账号,所以使用这一功能来追随数量持续增长的名人推特直播是

---

① 《英国偶像》,即 *The X Factor*,是英国独立电视台第一台(ITV1)的歌手选拔节目。*The X Factor* 中的"X"是指无法定义的"神秘因素"。获胜选手可以得到后期宣传和一份音乐合同。节目一经播出,大受好评,收视率可观。——译者注

② 《吸血鬼日记》是一部美国青春魔幻电视连续剧,该剧改编自美国女作家 L. J. 史密斯的同名畅销系列小说。故事围绕高中女孩艾琳娜·吉尔伯特和两个吸血鬼兄弟展开。2009 年 9 月,该剧在 CW 电视台首播。2016 年 7 月,CW 宣布第八季为结束季。——译者注

③ 《泽西海岸》是一档于 2009 年在 MTV 电视台播出的真人秀节目,详细记录了住在新泽西海岸的一群意大利裔美国年轻人疯狂玩乐、嬉笑怒骂的生活点滴和言行举止。开播后,《泽西海岸》引来极大的争议,剧中两位主角也因此走红娱乐圈。——译者注

④ 《废柴联盟》是一部由美国全国广播公司于 2009 年出品的电视喜剧。该剧讲述的是重返校园的律师杰夫·温格和学习小组成员之间的学习、生活趣闻。由于该剧充斥着各种美国流行文化元素,所以《废柴联盟》被称为美国流行文化百科全书。——译者注

个非常有趣的事情。

只要将电视节目官方推特提供的话题标签补充完整,社交指南的用户们就能够非常容易地加入反馈平台讨论。手机应用程序的设计使用户们具有在多个电视节目的反馈平台讨论中来回切换的能力,这对那些喜欢上网的用户们非常有帮助。将反馈平台作为手机应用程序的综合组成部分的做法,使社交指南用户们能够迅速接触到实时数据来源,帮助他们决定是否收看某个特定的节目。

雅浦电视使 iPad 拥有社交电视收视指南功能

2011 年 8 月,雅浦电视①(Yap. TV)发布了针对 iPhone、iPod touch 和 iPad 的第三代社交电视指南,第三代社交电视指南被盛赞是"完全个性化的电视节目指南",这款应用程序也能让用户在特定节目中参与第二屏幕的内容体验。

雅浦电视 iPad 应用程序有着令人惊叹的图形用户界面,设计清晰,使用简便。主页默认在"收视指南"中展示 20 个电视节目的大尺寸海报缩略图,按照五列四行的规则排列。如果需要得到某一类型小范围内的检索结果,用户们可以使用屏幕右上角的过滤功能。在屏幕底端有一个滑动式的导航系统,在用户们选定了日期和时间后,相应时期里的电视节目名称就会出现。

用户界面左上角则提供更多的过滤功能选项,包括展示基于社交印象算法进行排名的前 20 个电视节目。除此之外,用户们可以浏览自己和雅浦电视好友喜爱的电视节目名单。对于观看体验比较少的用户,"推荐"按钮以更为传统的频道模式提供收视建议,同时具备按时间筛选结果的特色功能。

点击任何时段的任何一个电视节目,就会出现有关该节目的内容预览,包括相关的推特发文、实时聊天选项、民意调查和照片等。推特与雅浦电视 iPad 版本的合体尤为有趣。选择该应用以后,并列出现的两个半屏会展示出不同的推特流,左边半屏默认展示活跃的粉丝推文,而来自电视剧演员和官方推特账号的发文则被隔离在右边半屏。如果用户们点击的话,这个窗口就会被激活,与粉丝推特发文窗口形成互动。

---

① 雅浦电视是 2010 年年底推出的一款免费社交应用程序,主要针对在看电视时也喜欢打开 iPad 和手机的用户而设计,可以让来自不同地方的用户在网上观看节目的同时进行网络社交。目前该程序已经升级,与脸书合作。用户通过脸书登录以后,程序会自动导入自己和朋友喜欢的电视节目列表,并根据喜好创建收藏夹,方便用户阅览、发表内容和评论。脸书的检测功能还可以让用户在应用程序上与在线好友聊天。

雅浦电视采用与其他社交电视收视指南相似的技术,基于用户指定的付费电视供应商使其频道排列个性化。手机应用程序也支持用户跟随其他雅浦电视用户对某个特定电视剧进行实时讨论。除此之外,将最受欢迎的电视节目记录为书签的做法,成为雅浦电视用户们迅速到达他们喜爱节目界面的快速通道。"收藏"也成为每个雅浦用户文件夹的一部分,可以向这个社会群体的其他用户告知用户自己的身份和爱好。

网路电视将推荐与遥控功能合二为一

网路电视①(BuddyTV)收视指南作为"通用收视指南",其应用程序于2011年7月发行,目的是让人们在不超过20秒的时间里就看到他们想看的节目。该程序除了推荐电视节目以外,如果与谷歌电视(我们将在第九章讨论的联网电视)、替您录第三代机顶盒或者网费接收器相连接,还能起到遥控器的作用。

网路电视收视指南的优势首先在于它能够基于用户在手机应用程序上的操作,持续调整它的推荐内容。用户可执行的操作包括点击心形图标标志最喜爱的电视节目,将电视节目进行从1到5级的打分评级,或者通知网路电视用户当前正在播出的某个特殊的电视节目。用户们在手机应用程序上的操作越多,该程序的推荐功能就越完善。

用户也可以选择在手机应用程序上连接他们已有的脸书账号。这使得网路电视能够根据用户点"赞"的电视节目,为用户提供个性化建议,并且向脸书上的好友推荐。除此之外,网路电视用户能够非常方便地在脸书状态里更新自己正在收看的电视节目的内容,推动了社交内容的传播。

因为用户在初次安装的时候可以指定有线电视或卫星电视服务商,网路电视提供了大量包括美国电视节目表、视频点播单、网飞等公司可用资源在内的选择。推荐内容通过电视节目的索引缩略图显示在网路电视指南主界面的"正在播出"的图标下面。在使用手机应用程序的同时,用户们通过浏览图片,能够轻松地获知当前正在播放的电视节目信息。

位于"正在播出"栏目下方的是一些可供点击的滚动条,这使得网路电视用户们能够在即将播出的下列内容中进行切换:或者是被推荐的或者是他们最喜欢、最流行的电视节目,或者是在他们的个性化观看列表中的节目。从中选定任何一个节目,就会出现其目前正在播出的或是即将播出的具体内容。用户可以在这一

---

① 网路电视是一家发布电视节目和体育赛事的网站,提供娱乐新闻、演员传记,以用户论坛的形式发布名人信息及相关新闻。——译者注

板块给喜欢的电视节目点赞或者评级,也可以在他们的推特/脸书账号上发表关于某一剧集的评论。

除此之外,每个节目的信息页面都嵌入了一个开/关转换按钮,可以帮助用户选择是否将该节目加入网路电视节目观看列表。这样用户就会在该节目播出之前收到推送通知,并且增加该节目被推荐的比重。为了确保不会错过观看列表上的电视节目,网页上还提供了一个更加善解人意的选项:将节目的播出日期和时间默认记录在用户们的智能手机或平板设备的日历上。

Fav.tv 关注收视体验的前后阶段

如果你现在使用电视指南,你很可能要经过一番折腾之后才能到达真正提供正在播出的电视节目信息的页面。Fav.tv[①] 就是那种忠于本职工作,尽量帮助使用者找出电视节目播出内容的收视指南程序。只要你选定了某一节目,Fav.tv 带来的定制化的导视体验就会避免让你陷入一堆电视指南页面中,或者浏览 200 个频道后才弄清楚今晚播出的电视节目。

——Fav.tv 的联合创始人和执行总裁　塞维里奥·孟德利

2011 年 9 月 11 日发布的 Fav.tv 是社交电视指南领域相对而言的新面孔,它的操作界面极度简洁,仅有 5 个按键。"活动"键是 Fav.tv 最基本的新闻推送,体现了用户和 Fav.tv 社区在应用程序上的互动。

"等候"键代表电视剧的"待办事项",展示的是已经收看过的内容,用户通过回答一个简单的是/否的问题表明他们是否喜欢该剧,从而完成调查。"正在播放"就是真正的导视按钮,可以在所有的,或是喜欢的,或是特选的节目范围内过滤信息。第四个按钮是"节目"键,它标出了用户所喜爱的电视节目。最后,"交际"按钮可以提供与 Fav.tv 其他用户之间来往的所有信息。

Fav.tv 的特色之处在于一键操作将某个节目加入主界面的收藏菜单,从而完成追剧的作用。所有特定节目的菜单都会列出将要播出的剧集和其他一些有用的附加信息,包括其在国际互联网电影数据库的相关链接。此外,还有一个标签可以列出某个特定节目的所有剧集清单(包括已播季)。

根据执行总裁塞维里奥·孟德利的看法,Fav.tv 设计的初衷是为了满足观众在电视节目收看前后阶段的需要:

[①] Fav.tv 是一款社交电视指南应用程序,方便用户查找电视节目、查看时间表、追踪节目、阅读新闻,同时还可以作为用户群体交流沟通的工具,用户从纯粹的"看电视"转换成社交互动体验。——译者注

我们认为收看电视有三个阶段,首先是收看前阶段,在此期间观众收集信息找出电视节目的播出时间,并决定在何时、用何种方式收看。其次是收看阶段,观众实实在在地收看该节目。最后就是收看后阶段,观众发表关于该剧的一些随意的、零星的看法,不管观众是在推特、脸书上,还是在工作期间办公室的饮水机旁边。Fav.tv关注的是收看前后两个阶段。

每个电视节目页面上的"活动"按钮使得用户能够通过切换进入其他Fav.tv用户发表的与该节目相关的评论页面。这是Fav.tv社区成员围绕某一特定节目进行社交讨论的核心。孟德利认为在节目播出之后使用这个功能特别具有扣人心弦的魅力:

播出后阶段是社交电视的社交组成部分,也正是竞争者们希望观众在节目播出期间发表评论的阶段。我们发现在收看期间,观众们并不想发表意见,而是希望能够专注地收看节目。印证这一观点最好的例子就是《迷失》。每个人都有关于该剧的看法,每一集都会引发关于剧情发展的思路和看法。人们需要有一个能发表这些观点的论坛,并需要其他用户帮助验证自身观点的有效性,听一听其他人的看法,而这一切都包含在收看后阶段:回到观众为自己所建立的收视社群。我们创造了Fav.tv,因此,观众们能够建立一个重要的网络社区,这个网络社区包含朋友、家人和观众在乎其看法的人。

Fav.tv期待通过简单方便的操作使自己在社交电视中脱颖而出。在特定节目页面点击"跟随"按钮,是用户加入这个平台所需要完成的唯一动作,剩下的事情就交给Fav.tv,而Fav.tv则表示,用户们一旦加入,他们就会采取措施使用户们绝不会再错过其他电视剧的播出。

一切又回到了电视收视指南

当前电视观众面对的挑战是选择面过广,观看途径过多。在某种程度上,这种挑战困难重重并且难以应对,但这也正是电视收视指南网站设计出收视列表这一产品的原因,我们认为该产品能够帮助客户减轻收看内容和收看方式方面的负担。

——电视收视指南网站执行副总裁兼总经理 克里斯蒂·谭纳

通过持续改革和升级在线产品,现在电视收视指南网站的访问量接近2006年相关数据的8倍。每月该网站的使用者逾2300万,电视收视指南仍然保持着被信任的、强大的品牌形象。2011年暑假,电视收视指南网站发布了两个新产品,扩大了其在社交电视导视领域的影响。2011年8月,具备高度个性化设置、与用户相关联、作为社交工具的电视收视指南列表正式发布。2011年9月,电视收视指南网站发布了社交影响力排行榜,排名按照直接发生在电视收视指南网站的言论,将最受欢迎的节目进行排序。

在之后不到一个月的时间里,电视收视指南网站的用户们创建了375000多个收视列表。用户们可以通过添加走秀、名人访谈甚至球队比赛来创建他们自定义的收视列表,这样使得他们能够收看即将播出的节目和在线更新的最新剧集。随着电视使用率的提升,收视列表成为一个有用的、帮助做计划的工具,正如电视收视指南网站执行副总裁兼总经理克里斯蒂·谭纳所表述的那样:

> 每年我们都调查人们打算看多少个小时的电视,结果显示,每周计划看30个小时以上电视的人数所占的比例从去年的28%上升到今年的32%。因为有更多、更好的节目可供选择,有更多不同的收看方式,与以前相比,看电视的人会越来越多,看电视的时间会越来越长。如果你打算看更多的电视,那么收视列表将帮助你精确掌控一天之中你能够观看的节目的数量。

电视收视指南网站提供查看名人们的收视列表的功能,这是另一种激动人心而又具有启发性的方式,它帮助人们寻找可供收看的新节目。通过参考收视量、用户评论、剧集讨论以及脸书推特转载的帖子数量等数据,电视收视指南网站列表显示社交影响力前十名的节目。排名并不进行实时更新,由电视指南网站的新闻编辑人员进行计算。比如说某一天,按照社交影响力排名的前三甲节目分别是《我的孩子们》[①](由于是大结局)、《泛美航空》[②]和《英国偶像》。在每一个排名旁边都有一个"添加到收视列表"的按钮,点击按钮便可添加。

追寻收视之旅

当录像机出现的时候,人们说那基本上意味着电视的灭亡。实际上,因为观看方式更加智能化,录像机使人们可以观看更多的内容。如果社交电视指南能够精确推荐人们想收看的内容,你就会发现人们将以一种更加智能的方式收看更多的节目,并且更加喜欢分享节目内容——而这一切又会对整个收视指南系统起到

---

① 《我的孩子们》是美国广播公司于1970年开始播出的、长达41年的一部长篇美国电视剧。主要讲述女主角艾丽卡·凯恩和她的几任丈夫以及成群的孩子们的故事。此剧在20世纪70年代末到20世纪90年代初达到收视巅峰。——译者注

② 《泛美航空》又名《泛美之旅》,是一部由美国广播公司于美国时间2011年9月25日首播的时代剧。本剧以20世纪60年代为背景,讲述了泛美航空公司的发展史和一个发生在空中小姐和机长之间的时代故事。——译者注

社交电视——运营商如何通过电视关联网络、社交媒体及手机来吸引并留住观众

推动作用。

——《消失的遥控器》博主 科里·伯格曼

所有参与社交电视收视指南技术的开发商们都有接近相同源数据的潜在可能性,这些开发商通过发展会员,扩大合作以及开发编辑界面的方式来加强其应用。成功的电视收视指南应用能够将这些数据进行最佳处理并使得操作简单、界面雅致,从而能够吸引用户参与。

算法和用户体验是使每个平台具备各自特质的因素。当一天接近尾声的时候,所有的收视指南应用都有着相同的目的,就是要帮助用户找到可供观看的节目。实际上,最好的算法应该基于用户的好友资源,这也正说明了社交媒体能够持续成为可靠信息来源的原因。

2011年9月22日,脸书在其年度的F8开发者大会上宣布了针对其应用平台的一系列重大改变。脸书的变化之一就是"喜欢"按钮功能的进化,可以包括其他动词,如收看(用户可以通过"喜欢"按钮连接任何事物。但与以往不同,用户可以不只是"喜欢"一本书,还可以"阅读"一本书,不只是"喜欢"一首歌,还是"听过"一首歌。总之,可以用"动词"+"名词"的形式表示用户以任意方式与任意事物相连)。这代表着对电视节目推荐的一种新层次的关注,把朋友当作信任的来源,借助其社交图谱的影响力来收看其推荐的内容。

在社交电视收视指南上做广告对商家们有意义吗?

当电视收视指南网站首次运行的时候,其80%的广告都来自电视网络,并通过横幅广告和页面皮肤的形式出现。由于社交电视收视指南用户的首要目的是要找到心仪的电视节目,这对于电视编导们来说正是一个绝佳的机会。电视收视指南网站的克里斯蒂·谭纳解释说:

电视编导们的首要任务是要使观众们收看他们的节目,因为收视率会促进其发展。再没有比电视收视指南网站更好地为电视节目做广告的地方了。一个表达简单清晰、便于收看的广告会让你受益匪浅。这些广告与网站用户之间的关系类似于潮流广告与《时尚》杂志读者之间的关系。这些广告就代表着观众将要收看的内容。人们通过向我们咨询来决定看什么样的电视节目,而广告将会帮助他们做出决定。

现在电视收视指南网站45%的广告来自非电视品牌,因此投放广告的关键之处在于能否将广告品牌与用户经历毫无痕迹地结合起来,如果能够这样做,那么对于终端用户来说,任何广告都是最适合接受的。正如来自Fav.tv的塞维里奥·

孟德利所言:"当你看到一个与你毫无关联的广告时,你会感到厌恶不已。如果我们确实要在Fav.tv上投入广告,那么一定会在对用户有意义和能为用户提供帮助的基础上进行。"

在每个收视指南上正在产生的数据是广告商们需要密切关注的对象。用户所创建的每个文件,在网络上采取的每个行动,都会产生更大的反响,从而提高电视节目的推荐排名。包含所有用户所喜爱的电视节目名单和用户收视方式的数据集能够帮助商家将目标锁定在单个用户的层面。

行动起来:社交电视收视指南

因为电视网络公司要推销他们的节目,他们在社交电视收视指南中做广告的机会已经成熟。然而,这并不意味着电视以外的商家无法参与其中。当你打算在社交电视中做广告时,你要注意以下几点:

1. 了解你的观众

每个社交电视收视指南的应用程序都有其特有的观众群,人口结构特征各不相同,因此,你一定要花时间了解每个应用的观众群的特点,确保做出最适合你的品牌的选择。

2. 结盟而不是入侵

社交电视指南领域所提供的广告机会有多寡之分,有些应用程序则完全杜绝了广告的可能性。从内容融合度出发,并综合品牌的全方位信息,对各个应用程序逐个考查,切忌用不相关的、千篇一律的广告在电视收视指南上对观众进行地毯式包围。

3. 埋下伏笔

人们使用社交电视指南来找到观看的节目,在这些节目中,广告也能有相当大的播出机会。那么,是时候在这些相关联的电视节目中为广告信息埋下伏笔。如果观众们在多重相互关联的渠道中都能看到某品牌广告,该品牌的势力也就得到了巩固。

系好你的安全带,这个领域只不过才刚刚开始变化

在本书出版之前,社交电视指南领域又产生了新变化。对于品牌商来说,这的确是个好消息,因为随着时间的推移,社交电视指南将会出现更多、全面的应用,由此会带来更多的经验教训,产生最佳的品牌整合策略。

扫一扫获取更多信息

使用你的手机扫描下方二维码获得本章所引用案例的相关视频信息。

手机上没有二维码识别软件？不用着急，请登录 http://www.socialtvbook.net/tagged/chapter2 直接获取相同内容。

第三章

电视收视服务

围绕电视创造纵向社交网络

37岁的莉娜·佩雷斯是一名来自佐治亚州亚特兰大的小说家。除了留在家中抚养两个孩子，她还是一家户外装备和服装公司的网页内容专家。在家工作对于莉娜来说是一个优势，因为她能够一边看电视一边在手提电脑上完成工作。莉娜承认她是一个电视迷，并且她家好几个房间的电视都是整天开着的（很明显，她家有四台Tivo录像设备）。

莉娜曾一度使用一个叫作GetGlue的iPhone手机软件，这个手机软件可以连接上她观看的电视节目，并根据她的收视行为获得回报（贴纸）。有一天，她发现她的一位朋友在脸书上用另外一个叫作Miso的应用软件分享电视链接。尽管以前从未听说过这款软件，但是莉娜对于Miso非常感兴趣，因为Miso具有能够提供某一特别的电视片段，而不是整个节目的功能。

莉娜下载了该应用软件，并且很快就入迷了。此后，她有了一百多个Miso粉丝，收看了1000多个电视片段，获得了45个以上的勋章。莉娜用Miso来连接她所看的每个节目，然后自动地将这个过程截图发到推特和脸书上。她的朋友们看到她发的链接后，他们在脸书上发表评论或者在推特上进行回应，莉娜非常喜欢这些纷至沓来的对话。同样，当她从别人的链接中发现了可供观看的电视节目，并且这个节目是自己闻所未闻的时候，莉娜也会兴奋不已。

莉娜仍然继续使用GetGlue，不过，她只在能够获得贴纸的时候才使用其收看电视节目，因为她在和朋友们进行比赛，看谁的贴纸数量最多。受到游戏奖赏制度的影响，莉娜被迫在电视节目播出的时候选择使用GetGlue进行收看。因为如果不这样做，就会失去赢得贴纸的机会。

在最近一次智能手机升级以后，甚至连莉娜的丈夫也被卷入这种电视收视潮流。他迫不及待地等着接收邮包，邮包里是他赢得的首批GetGlue贴纸。莉娜视

"金色赛昂"贴纸为珍宝,"金色赛昂"贴纸是她通过 GetGlue 观看了大量的科幻小说电视节目才收集到的。但是,她也提到在 Miso 上得到过一枚叫作"父母的坏表现"的勋章。她感到非常吃惊,全然不知道是如何获得该勋章的,但她坚持认为虽然她有点爱看电视,但自己是个好妈妈。

实际上,对于收看大量电视节目的人持负面态度的做法,莉娜表示不赞成。她承认,看电视在过去被视为一种孤独单调的经历,而社交媒体使得共同观看的体验——尽管是虚拟的——成为一种大众化行为。莉娜说:"在过去,如果周五的晚上你还待在家里,你就是一个失败者,但是现在,我和我的朋友在进行虚拟的电视约会。"

电视收视服务将电视从单调的家庭环境中分离出来,使社交电视体验变得既有趣又充满竞争。

基于地理位置的电视节目推动了电视收视服务

四方网①非常了不起的地方在于使用者能够分享自己的地理位置,看起来像个旅游达人,而收看很多不同的电视节目则暗示受众只是个"电视土豆"。所以我们要回答这样一个问题:怎么才能使看很多的电视也变成一件很酷的事情?

美国全国广播公司(NBC)社交媒体总监 瑞恩·奥斯本

几年以前,人们收看电视节目的方法很简单——打开电视机然后收看节目。用手机软件向朋友们现场直播自己观看内容的概念并不存在。

随着基于地理位置的社交网络的流行,如四方网和 Gowalla②,人们在到达某个具体地理位置之后,使用手机签到的做法成为主流。智能手机使用率的上升和手机科技的进步,推动了这种行为趋势。

四方网的概念很简单:当用户到达一个特定地点时,他们登陆四方网,手机上会显示他们附近所有的地址。因为手机内置的 GPS 系统,用户自身的具体方位通常会显示在列表的顶部。选定自己所处的位置之后,用户可以留言并转帖到推特

---

① 四方网是一家基于用户地理位置信息,提供搜索发现的手机移动应用和服务网络。结合用户所到之处、所爱之物以及其他可信赖的用户提供的建议,四方网根据用户所在位置提供附近推荐。四方网于 2008 年诞生,2009 年正式推出,帮助用户借助移动设备与周围环境进行有效互动。——译者注

② Gowalla 是一个类似于四方网的地理位置服务和社交网络软件。用户借助移动应用程序或移动网站进行定位,每日登录即可获得虚拟物品,而其中有些"物品"可以开发成游戏道具。该软件于 2007 年推出,2011 年被脸书收购,2012 年 3 月宣布关闭。——译者注

或者脸书。如果要通知好友自己都去过哪些地方,用户所要做的一切就是点击那个大的绿色按钮。

基于地理位置的社交网络的吸引力是多方面的。它不仅能够促进计划性的或者偶然性的约会,发现位于相同地点的人,还可以查看已到过此地的游客写下的建议(通常以攻略的形式),这也是非常有趣的一件事情。四方网还使用本土化的游戏机制,通过赢得积分和独特的勋章,推动竞争性参与。此外,随着签到的地理位置的增多,用户们将会获得折扣、特价之类的奖励。

2009 年年底,基于地理位置的连接机制引起了几位商人的注意,他们决定将相似的概念引入娱乐界,并且采取了行动。到 2010 年中期,三个独立的、寓电视和娱乐于一体的手机收视系统诞生了。

GetGlue:自我定义为以娱乐为中心的立体社交网络

我们深入电视领域娱乐休闲的独立社交网络。当终端用户们与粉丝和朋友们讨论他们当前观看的电视节目时,我们致力于为他们打造一段愉悦的体验,并努力放大这种体验,这就是我们的目标!

——GetGlue 首席运营官　弗雷泽·凯尔顿

GetGlue 公司成立于 2007 年,并于 2009 年 10 月发布其成熟的网站。在发展早期阶段,该公司在书籍、电影和音乐上的投入要比电视稍多一些,但是,这一切很快就改变了。

通过使用语义网[①](Semantic Web)帮助解释网站跨时间收集的数据的意义和背景,GetGlue 公司为用户提供了个性化的娱乐建议。当新用户加入 GetGlue 并创建文件夹时,他们会被要求从浩如烟海的电视节目中选出最喜欢的 10 部,此举构成 GetGlue 推荐功能的基础。随着时间的推移,用户们将喜欢越来越多的电视节目、电影、体育以及书籍和游戏,他们的推荐随之就变得越来越精准,从而与他们自身越来越相关。

然而,提供这些个性化的建议仅仅是 GetGlue 传奇故事的开始。2010 年 6

---

① 语义网是依据万维网联盟(W3C)的标准对网络的拓展和延伸。W3C 的标准能够在网络上促进数据格式共享和协议交换,最根本的是,能够推动资源描述框架(RDF)。W3C 认为,语义网提供了一个通用框架,能够在应用程序、企业和社区之间共享数据并反复使用。蒂姆·伯纳斯·李为了定义机器处理的数据网络,创造了"语义网"一词。尽管其遭到批评者的质疑,但支持者认为其在工业、生物科学和人文科学的应用行之有效。——译者注

月，iPhone 手机应用程序发布之后（三个月以后 iPad 版本面市），GetGlue 才真正迎来了其事业的飞速上升期。GetGlue 手机应用程序简单方便、操作性强，能够让用户收看电视和其他娱乐节目。通过这些举措，GetGlue 极大地拓展了自身的应用领域平台。

在 GetGlue 的欢迎界面上有 6 个按钮，每一个都代表着一种娱乐媒体类型，并有一个简单的促销模式与之相匹配。例如，"你正在……"，其中一个选择是"看电视"，点击该按钮之后，界面会列出所有当前流行的电视节目名单，而这个名单是根据电视节目最近在 GetGlue 上的受欢迎程度而定的。如果用户在名单中没有找到想看的内容，他们可以使用屏幕顶部的搜索框进行检索。点击节目的名字，屏幕上会出现一个大的绿色按钮，上面写着"立即收看"，同时出现的还有一些与该节目相关的信息，包括手机应用程序内置形式的社群货币——GetGlue 贴纸。

GetGlue 对旗下用户采取一定的游戏机制，如奖励贴纸来刺激应用，用户可以通过预约收视获得贴纸。通过与 50 多家网络电视和其他娱乐公司建立合作关系，GetGlue 向用户提供可供选择的 3000 多枚不同贴纸。用户集齐 20 张虚拟形式的贴纸，就可以解锁一个真实的实物型贴纸，由 GetGlue 公司免费邮寄过来。

2011 年 9 月 29 日，GetGlue 宣布与 DirectTV 进行合作，将收视程序和社群功能成功嵌入收费用户的电视界面。通过与 GetGlue 账号相连接，DirectTV 的用户们能够运用遥控器或 iPad 应用程序收看节目。除此之外，DirectTV 的用户们还能够浏览 GetGlue 的信息流，了解他们的朋友正在收看的节目内容，并通过点击底部的按钮将节目加入收视行列。这是发现新内容的一种绝妙方式，与我们在上一章谈到的社交电视收视指南十分相似。

社交印象为 GetGlue 注入活力

从首次注册开始，GetGlue 就鼓励用户们关联自己的脸书或者推特账号，以便在应用中轻松分享他们观看的节目内容。此外，GetClue 社区成员可以通过彼此之间的推送，使他人获知自己的收视信息，从而展开跟随行动。所有这些都增大了新内容被发现的概率，使收看特定电视节目的可能性上升，因为社交印象总是在日复一日的收视的基础上形成的。

从 2011 年 1 月到 8 月六个多月的时间里，GetGlue 的电视收视点击量增长了 8 倍。8 月份的月点击量超过了 1100 万次，6 月份平均每天分享到脸书和推特上的点击链接就高达 10 万个。因此，GetGlue 平均每天产生的社交印象可高达 8000 万。

目前正处于的繁荣期的 GetGlue 并不满足于其用户数量的增长，该公司正致力于寻找合作伙伴,为其用户群带来更加丰富的娱乐体验,以推动更多用户的加入。

《真爱如血》为 GetGlue 创下新纪录

HBO 播出的以吸血鬼为题材的电视剧《真爱如血》第四季首播,使 GetGlue 的收视点击量创纪录地达到了 3.8 万次(上一季的收视次数仅为 3000 次)。GetGlue 此前的单个节目收视纪录则是在 2011 年奥斯卡颁奖典礼期间创造的,收视率不到 25%。

为了给《真爱如血》第四季增加人气,GetGlue 组织了一场竞赛,影迷们只要收看该剧并使用"#真爱回归"话题标签发言,就可以赢得一瓶"真血"(碳酸饮料)。影迷们不仅能够获得一枚特殊的真爱贴纸,还能被允许进入每日一次的抽奖活动,中奖的用户不仅饮料免费,还能收获额外的一枚贴纸。通过采用竞争性质的游戏机制,GetGlue 有效地刺激了观众的热情,使他们更为投入。

GetGlue 在 2011 年 6 月 26 日正式放映期揭秘了真爱系列贴纸,每一张贴纸都对应一集即将播出的剧集。在 GetGlue 上点击过所有收视链接的影迷们则被允许进入抽奖环节,从而赢得《真爱如血》系列的某个实物道具。

GetGlue 与 HBO 的合作关系的创新之处在于 GetGlue 的操作运行并非在真空中进行,相反,它与 HBO Connect 紧密相连,而后者正是提供实时反馈的网络可视化平台。通过使用交叉关联和促销模式,GetGlue 和 HBO 创造了更具包容性和互补性的电视收视体验。

如果 GetGlue 成为社交网络,脸书会对其产生威胁吗?

GetGlue 的首席运营官弗雷泽·凯尔顿解释了 GetGlue 和脸书之间的差别:脸书是一个横向的、宽阔的社交网络,而 GetGlue 是纵向的、深入的社交网络。他是这样阐述的:

一直以来,我们都认为脸书是一个水平性的社交网络,那么,是否可能建立一个垂直性的社交网络,并通过电视将人们联系起来呢?我们能马上给出一个肯定的回答。现在不断涌现的问题是:作为典型横向社交媒体的脸书或谷歌会导致纵向社交媒体的灭亡吗?就目前我们所了解的情况而言,答案是否定的。两三年前,当推特刚出现的时候,人们就开始问同样的问题。但是随着推特向纵深的推进,脸书和谷歌的发展也随之加快,同样的事情也发生在四方网和其他基于地理位置的平台上。18个月以前,人们推测脸书定位①(Facebook Places)将会取代四方网,但是实际上,脸书定位为其带来了前所未有的发展。我们发现,尽管横向社交媒体可以在某些领域增加价值和推动竞争,但其通常并不能像纵向社交媒体那样深入。

从各类社交电视话题讨论和访谈中我们发现了一个共同点,社交网络既要具备放之四海而皆准的通用功能的优势,又要把每一个单独的功能都做到极致。虽然目前要做到这一点尚需假以时日,但是其发展态势迅猛,各个社交网络都拥有为数不少的忠实用户群。

Miso不仅仅瞄准电视收视率

五年之内将会出现第二屏幕体验。我们相信会有一种更好的方式来收看电视,而Miso正好提供了这种方式。

——Miso首席执行官及创始人之一 萨瑞塔·尼尤基

2010年3月,也就是在GetGlue的iPhone手机应用程序发行的三个月前,在德克萨斯州奥斯汀南部举办的"西南互动节"上,Miso大规模正式亮相,提供电视收视服务。当时,Miso将自身定义为电视中的四方网,这个类比使媒体与新闻界迅速领悟。

尽管帮人们参考和选择收看的电视节目的相关手机软件数量不少,但谷歌风投支持下的公司感到这些软件在如何提高分享的趣味性上仍然存在大量不足。在其发展的早期阶段,Miso将自身定位为一个社交娱乐游戏,非常强调计分系统、获得勋章的能力等游戏原则,而这些也都是从四方网手机应用程序中获得的灵感。

灵感会在意想不到的时候来拜访你

2010年早期,Miso创始人之一萨瑞塔·尼尤基遇到了一件有趣的事情:一天晚上,当他连接上四方网时,他赢得了一枚脑残勋章,此举让他非常惊讶,也激发了他创造Miso的欲望。因为这种勋章不仅很难获得,而且鉴于其名字和隐含的意义,它还容易引发争论。然而,当时很多人都在谈论这种勋章,将四方网进一步

---

① 脸书于2010年8月18日宣布推出"定位"功能,用户在登录脸书之后使用移动设备,就可以让朋友知道用户的所在位置。2011年8月24日脸书宣布定位功能停用,但在2014年11月重新启动。内容包括封面图片、路段查找、城市/分类登录页面、API定位深度一体化、图表搜索查询和用户生成内容。——译者注

推到聚光灯下,极大地促进了其发展。

当尼尤基通过脸书和推特账号向朋友和粉丝们公布了他最近获得的勋章后,他发现在自己的社交图谱中,人们好奇地询问关于该勋章的细节,再加上移动智能手机的兴起和社交分享简单化的趋势,所有这些都成了尼尤基创建 Miso 的动力源泉。

选用 Miso 这个名称是因为其拼写简单,读起来朗朗上口。创建者们希望随着人们的使用,在日常词汇中能够出现其动词性用法,就像现在很寻常的用法"让我谷歌一下这个"和"脸书我"一样。Miso 社区已经拥有总数逾 25 万的稳定用户,其中,男性用户稍多,用户年龄层在 18 岁至 45 岁之间。

Miso 在用户体验上设置标准

由于 Miso 致力于向其社群提供电视收视工具以外的服务,Miso 向连续收看电视的用户提供奖励,使他们在收视时保持投入,避免离开。2011 年 5 月 2 日,Miso 发布的手机程序升级中包含一个新型的、被称作"选择"的特殊功能,该功能可以就观众收看的某电视节目进行问卷调查。参与者们可以在 Miso 应用平台或者其他社交网络上与朋友们分享答案。与 Miso 这一功能形成互补的电视节目包括《舞林争霸》①第八季。每周 Miso 用户可以选择他们认为将被 PK 下台的舞蹈选手,并查看 Miso 社区其他用户的选择,从而比较他们所做出选择的正确率。

Miso 手机应用程序的图形用户界面设计极为精巧、方便,可供 iPhone、iPad 和安卓手机系统使用,用户点击位于屏幕底部导航条中心的"电视 & 电影"按钮就能找到最近被收看的和最近正流行的电视节目。热门剧集还能够显示当前正在收看的观众的人数。

列出的热门剧集还包括一个对应的图形标志,这个图形标志使观众能够更加快速地找到收视对象,视觉效果更佳。点击图标会出现对应的简介页面,包含对该节目的描述和演职员表。显眼的"剧集选择"按钮具体展示了该剧最近的集数,并以季为单位提供以往的剧集信息。

当用户选择了一集节目以后,他们不仅会收到节目介绍,还会收到 Miso 社区给出的关于该节目的累积性评级信息。这样做使得用户们能够通过点击确认收看某个特殊的电视节目,并且选择是否为其评级。用户通过点击右上角显示的"评论"按钮,Miso 社区成员实时贴出的对节目的评论和打分结果就会显示出来。

---

① 《舞林争霸》是美国福克斯电视台播出的电视舞蹈大赛。节目于 2005 年 7 月 20 日开播,前两季反响巨大,第二季更是创造了当年夏季的收视高峰。赛制为晋级制,最后有 20 名选手进入最终的角逐。最终的冠军将获得奖金 25 万美元,并授予"美国最受欢迎舞者"的殊荣。——译者注

第三方开发商帮助 Miso 进行扩张

2011 年 5 月,Miso 发行了应用程序库,用于展示其植入公众应用编程接口的第三方应用。通过对更广阔的开发商群体施加影响,Miso 策略性地加快了其发展和改革。因此,Miso 的手机应用程序可以在微软 Windows Phone 7 的操作系统[①]上运行。另外一个由第三方开发的应用程序使用户能够将 Miso 好友与安卓手机联系人同步。

通过向天才的程序员们开放代码,Miso 希望能够与大量其他的应用平台、收视设备和体验融为一体。该公司和其应用程序将会全力实现第二屏幕同步内容,这也是我们将在下一章讨论的内容。

《动物屋》的重播推动 PHILO 的诞生

人们看电视有一大堆的理由,受游戏机制驱动就是其中一个真实的原因。这不是一种终会消失的短暂的狂热。从好的方面来说,这是一种奇异的现象,从中可以看到人们是如何努力争取在他们最喜爱的电视节目中获得最多的分数。

——PHILO 首席执行官　大卫·利维

2009 年 12 月,纽约城一个冰冷的夜晚,大卫·利维正在电视上观看重播的经典电影《动物屋》。与此同时,利维与过去曾在他家看过此片的一位友人通过电邮沟通。两个男人在邮件中讨论实时观影感受,追忆当年首次观看这部电影的时光。尽管两人身处不同的地理位置,他们仍然分享了观影体验。那晚利维发给朋友的最后一封邮件提出了一个问题:"我们为什么不能通过电视连接展开讨论?"

很快,这个二人组开始设计一个新的 iPhone 应用软件,通过这个应用软件将电视收视人群连接起来,仿佛他们一起坐在一个巨大的虚拟沙发上看电视。2010 年 5 月,以发明电视的菲洛·法恩斯沃思的名字命名的 PHILO 应用在 Miso 大规模面世的两个月之后发行。这使得 PHILO 成为第二个出现的电视收视应用软件,一个月之后,它被并入 GetGlue 的 iPhone 手机程序。

沙奎尔·奥尼尔开始使用 PHILO

2011 年 2 月 19 日,当 TNT 的 NBA"雪碧杯灌篮大赛"开始播出的时候,与网

---

① Windows Phone 7 的操作系统是预装操作系统,可升级至 7.5 和 7.8 版。含单核处理器、512 兆的随机存取存储器、WVGA 480×800 分辨率的屏幕、500 万像素的背面摄像头和内置的数字罗盘。不同品牌的设备配备的功能略有不同。——译者注

络的合作给PHILO社区手机用户带来了虚拟的共同观影的经历。参与者们将有机会赢得扣篮勋章,并能够与在场边通过PHILO进行体育比赛现场解说的沙奎尔·奥尼尔实时互动。

沙奎尔拥有数量庞大的社交媒体粉丝,他从中选出三名他认为对大赛做出了最佳评论的PHILO用户,并给予奖励,各赠一双他的23码运动鞋。PHILO称,像这样典型的在节目播出期间互动的用户在脸书上的发帖总数高达一百多万。

PHILO因被收购停止其电视收视应用程序开发

2011年4月末,大卫和他的团队策略性地暂停发展,进行休整。他们讨论了PHILO在一大堆彼此相似的电视收视应用程序中的发展方向,这些相似的应用程序就包括新近崛起的影像猎手(IntoNow)。日渐拥挤的市场促使公司开始将重心从过去一年的电视收视应用程序上转移。作为转变,大卫和他的团队将重新分配的资源投入到一项新的举措中,帮助电视网络和商家通过整合的电视收视数据选择目标观众。

这一转变为收视搜索引擎LocalResponse[①]在2011年8月4日收购PHILO奠定了基础,目前,大卫在LocalResponse担任顾问一职。鉴于LocalResponse已经能够通过基于地理位置的收视数据向商家提供个人层面的推特信息发送,LocalResponse与PHILO的合并将会进一步拓展其包括电视收视在内的商业运营模式。

影像猎手为电视收视带来了新的转变

我们将自身视为电视的配套商品,使那些已存在于电视收看行为中的所有社交成分浮出水面。我们致力于为人们提供一个平台,使他们能够轻松地做到这一点。

——影像猎手首席执行总裁　亚当·科恩

专注于消费者科技的影像猎手具有一个吸引人的特征,就是能向用户提供一键式的电视收视服务。通过其拥有专利的声音指纹技术,手机程序会追踪用户所

---

① LocalResponse是广告界奇才、天使投资人尼哈尔·梅赫塔于2011年6月创办的社交媒体广告公司,主要业务是帮助广告商搜索互联网和移动应用中的社交媒体个人页面,查找品牌厂商信息,过滤推特消息、Instagram照片、四方网数据和脸书状态更新,对社交账号与移动设备识别码或桌面系统的Cookie进行匹配,协助广告商投放相关实时广告。——译者注

观看的电视内容并自动"标记"节目。2011年1月31日发行的影像猎手迅速成为电视领域里的"沙赞"。

因为影像猎手所提供的包含130个电视频道的索引代表着逾250万的电视节目,影像猎手在一开始就将竞争者们甩在了后面。但是其首席执行官亚当·科恩警告说,将影像猎手和其他类似的刚起步的新公司归属于纵向的社交网络是有风险的。"对于将谁视作你的竞争对手这个问题,你必须非常小心,尤其对处于发展早期阶段的公司来说。当你选择了你要面对的竞争模式,你就要开始努力超越。"

2011年4月,新版本的应用程序使影像猎手的50万名用户能够发帖描述电视收视体验的功能,这在当时尚属新技术。影像猎手用户升级应用程序后,能够通过手机讨论电视节目,并接受来自朋友们的推荐内容。

然而,无论是在最开始的应用中还是在后来的升级版应用中,一些优点被明显地忽略了,这在基于地理位置的收视应用和娱乐节目中占主流的勋章奖励和计分系统中尤为明显。这是因为影像猎手强烈感觉到如果要推动用户持续性的收视行为,在应用技术和相关内容的用户参与之间构建联系是最为重要的,因此,游戏机制就无足轻重了。

雅虎收购影像猎手并与《天桥风云》达成协议

2011年4月25日的清晨传来一则爆炸性新闻,雅虎收购了面世仅3个月的影像猎手公司。在当时,影像猎手的手机用户每天要产生3.5万个以上的关键词(标签)。尽管有人认为这次被收购是非常不成熟的行为,但影像猎手的7人团队对于全部加入雅虎感到极为兴奋,并且享受全面收购带来的便利,推动了媒体合作。

2011年7月,雅虎宣布影像猎手与生涯电视台①的热门剧集《天桥风云》②第九季进行合作。雅虎借助刚刚出炉的安卓新版本和逾100万的iPhone手机程序用户,再辅以独家内容为诱饵,雅虎鼓励用户"标记"剧集。影像猎手使观众在收看电视的时候非常容易地做到这一点。只需要点击应用的大型绿色按钮(被设计为电视图标),用户们就能够解锁即将播出的剧集中的最新花絮、照片和客串评委

---

① 生涯电视台是一家美国有线电视和卫星电视频道,主要以女性或女性领袖人物的节目为主。截至2015年7月,生涯电视台约有9502万美国家庭用户。——译者注

② 《天桥风云》是一档由精彩电视台播放的时装设计主题的美国真人秀节目。参赛者在限定时间内,根据指定材料和主题范围,互相竞争设计服装。由评委打分,采取周淘汰制,最终入围者在纽约时装周中较量,最后确定冠军。胜出者可获得10万美金的品牌创立基金、知名杂志的设计刊登、学徒计划,其中几季也会额外奖励跑车或房车。——译者注

等。影像猎手的用户们也可以参加《天桥风云》的问卷调查甚至报名参赛。

也许有人会留意到,当近距离地查看影像猎手的标志时,就会发现中间有一个填空式的空隙将两个单词分开。这个创意来源于人们在讨论电视剧的时候经常会说,"我现在对_____非常感兴趣(I am really into _____ now)"。

影像猎手的设计理念是不仅要让用户操作超级简单化,而且要基本保证该产品具有目前几乎无法预测的进化空间。与此同时,影像猎手继续发展其用户群,扩大设备覆盖面,并选择能够补充用户应用体验的合作关系。

我们收看是因为我们乐于分享交流

《电视指南》曾调查人们在收看电视时通过社交网络分享观看内容的原因。77％的人认为,主要原因是渴望与朋友分享自己喜欢的剧集。我们收看电视,当然有某种程度上的个人喜好,这也正是我们的分享行为具有性别差异的原因之一。

GetGlue 在 2011 年 7 月进行的一项数据分析研究结果表明,尽管用户群中的男女比例绝对平均,女性收看电视节目的比例却稍高于男性。他们对此的解释是男性羞于承认他们像女人一样爱看电视(尽管如此他们还是照看不误)。当面对女性用户群时,GetGlue 并没有考虑到上述这种行为的对立面。因此,问题就变成了:人们在哪个时间点开始收看他们喜欢的电视节目?

Miso 证实,大多数的收视行为发生在节目刚开始的时候。该公司分析并比较了 2011 年超级碗、奥斯卡和格莱美颁奖典礼期间的电视收视数据,然后将结果绘成曲线图。结果显示,在每个节目开始的时候,收视率会急剧上升,播出过程中收视率又会逐步减少。意料之中的是,数据显示的结果与基于地理位置的收视行为有一些相似之处,因为大多数人是在到达某个特定地点时开始收看电视节目。

为了使他们的原始收视数据更具说服力,2011 年 3 月,Miso 在其数据结果的基础上进行了用户调查。51％的受访者表示他们会在电视节目开始之前和刚刚开播的时候进行评论。27％的受访者会在节目播出期间暂缓其参与行为,在大多数情况下,他们会一直等到有趣的事情发生,驱使他们想要发表相关评论的时候才会登录反馈平台。

正如我们在第一章里讨论的那样,受众的评论对象不仅包括电视节目,还包括广告。因此,距离手机设备被用来参与电视广告互动,带给用户某种建议,或是以独家内容回馈观众的日子指日可待了。

社交电视——运营商如何通过电视关联网络、社交媒体及手机来吸引并留住观众

收视现象吸引了电视广告

在设备上标记广告和 MP3 节目，那是一件非常酷的事情。用户跨越了两个不同的屏幕，产生了非常个性化的体验。这是我们正在寻找的魔法，并期待能发现和提供大量不同的应用。

——影像猎手首席执行总裁　亚当·科恩

在影像猎手被雅虎收购之前，影像猎手与百事极度作为美国职业棒球大联盟①的赞助商，联合推出以不同美国职棒联盟传奇为特别内容的电视广告。首批发现并标记这个广告的 5 万名影像猎手用户获得机会解锁一张手机优惠券，这张手机优惠券能在指定的零售商店免费兑换一瓶百事极度。

按照影像猎手的首席执行总裁亚当·科恩的说法，这是人们第一次能够通过手机设备获得独特的优惠券。这次品牌合作大获成功的原因就在于影像猎手能够采取一种简单有效的方式，实现数字世界和现实世界的有效接轨。

但是科恩对于在影像猎手的平台上过快引入广告提出警告，并解释说："实际上我们拒绝广告。虽然我们经常收到正式请求，要在手机程序中植入条幅广告，但是我们继续在寻找使我们的产品和广告共存的最佳途径，因为这两者的结合的确能为彼此增加价值。"

以上是我们从很多同类型的公司高层那里所领会到的共同的精髓：广告应该用一种独特的、与用户体验环境形成互补的方式得到应用。

沙赞将其内置的用户群引入电视

多年以来，人们一直在使用沙赞获得电视剧和广告中的特色音乐，下一步就是通过沙赞中的特色音乐来获取相关电视节目和广告，以及这些音乐自身的信息。而且，因为标签就存在于用户的播放列表中，他们可以在自选的时间里与节目或者乐队进行互动，在排队、等车时，或者挤出来的几分钟的时间里享受一顿媒体快餐。

——沙赞市场营销执行副总裁　大卫·琼斯

沙赞最初是因为具备够识别音乐的功能而出名，曾一度位列全天候下载次数

---

① 美国职业棒球大联盟是美国专业的棒球组织。1903 年由国家联盟和美国联盟共同成立。国家联盟和美国联盟各有 15 支，共 30 支球队。之前两个联盟作为独立的法人实体运营，直至 1903 年合作。2000 年，在棒球大联盟执行长的带领下，两个联盟合并成为一个组织。——译者注

最多的手机应用软件的第四名。沙赞拥有1.5亿以上的用户，并且以每周超过100万的数量增长。"沙赞帮"——该公司对其用户的称呼，目前每天都要给400万以上的歌曲添加热门标签。

沙赞的工作原理是运用声音指纹技术将捕获的一小段音乐样本与其数据库进行对比。如果听起来你感觉沙赞抄袭了影像猎手，那么再想想吧，1999年沙赞就诞生了。2008年7月10日沙赞发布了其手机应用软件，比影像猎手发布关于电视的手机应用软件要早将近三年。

2010年2月7日第44届美式足球超级杯期间，沙赞与电视广告首次合作，为都市休闲服饰品牌多克斯推出广告。当活动开始的时候，沙赞手机程序会识别播放中的多克斯广告，并解锁附加的补充内容。尽管这次合作获得大量好评，但是将沙赞正式推上电视舞台是从2011年2月17日播出的"老海军"系列广告开始的。

这一系列广告以音乐影片为特色，使用了商家自身原汁原味的"老海军唱片"，在屏幕右下角提供一个动画的沙赞图标。使用沙赞播放广告会给用户带来不同的服务体验，其中包括提供广告音乐中展现的老海军特色服饰的页面，用户还能获得免费下载这首歌的机会。沙赞数据显示，老海军电视系列广告之一的配乐在播出周进入了热门歌曲前三名，甚至打败了超级巨星歌手Lady Gaga的曲目。27%的用户使用沙赞观看了老海军广告之后，会登录老海军手机店购买广告款服装。

沙赞和影像猎手之类的手机软件的使用，会带来一种上瘾式的即时满足感。当影像猎手从电视出发向广告领域进军时，沙赞的行为正好相反。2011年1月20日，在多克斯广告播出后的11个月，沙赞宣布与有线电视幻想频道①展开合作。使用沙赞收看《我欲为人》的用户能够获得独家的节目预告、音乐播放列表和参赛资格。

沙赞向电视领域继续扩张。2011年6月，有消息称沙赞为发展电视领域的业务进行了3200万的指定风险投资。沙赞将美国有线广播网②、家庭影院频道和精彩电视台都纳入了自己电视合作业务的名单。

---

① 有线电视幻想频道是美国主要的有线电视和卫星电视频道，由NBC环球集团持有。该频道播放科幻片、奇幻片、恐怖片、灵异片、超自然片、戏剧和现实节目。截至2015年2月，约有9480万家庭用户。——译者注

② 美国有线广播网是美国主要的有线电视和卫星电视频道，由NBC环球公司有线电视持有，从属康卡斯特公司。该频道因原创节目收视持续上升。内容为实时和往期"网络电视"系列、院线电影和限量体育节目。截至2015年7月，美国有线广播网拥有大约9556万付费电视家庭用户。——译者注

CW 电视台与 Shopkick 展开合作

与百思买达成深度合作协议的 Shopkick[①] 于 2010 年 8 月 17 日发布了一款基于地理位置的 iPhone 手机软件,只要走进一家店内用户就能获得优惠与回报。该应用的用户们进入指定的零售商店时,手机程序会自动完成签到。这是因为设置在零售店的入口处的扬声器会发出低周波讯号(人耳听不见),Shopkick 通过捕捉这一特殊讯号完成连接。

只要走进店内,Shopkick 的用户们就能够赢得 K 币,这是手机应用程序中的虚拟货币,它可以通过参加店内其他的手机程序的活动而累加。用户们能够在合作的零售店用 K 币兑换礼物卡,或是不断增加的其他类型的回报:iTunes 礼品卡、电影票、脸书币。用户们也可以将他们的 K 币捐献给不同的非营利性组织。

Shopkick 拥有逾 200 万的用户,它的合作零售商包括梅西百货(Macy's)、塔吉特百货(Target)、运动权威(Sports Authority)与高档家具店木桶和木箱(Crate & Barrel)等。由于该应用可以在任何零售店使用,那些在与 Shopkick 有直接合作的商家消费的用户能够迅速挣到大量的 K 币。

Shopkick 用户结构稍显偏颇,以女性为主——接近 50% 的用户年龄在 25 岁到 39 岁之间——用户群在 Shopkick 发行的前 6 个月里产生了 1 个亿的收视量。早期的成功和迅猛的增长趋势迫使公司将注意力转移到电视领域。

以前,人们坐在沙发上收看电视广告的目录,找到想要购买的对象再起身去商店。Shopkick 希望结束这一循环,于是和 CW 电视台[②]建立了独家的合作关系。在 2011 年秋季电视季,广告商们有机会通过 Shopkick 来发布广告,并首次向 CW 电视台的观众们提供特殊折扣、优惠券或者是其他的回馈。

这种做法和之前沙赞广告的不同之处在于:CW 电视台会在节目播出时,在屏幕下方三分之一处显示字幕——时间设定在广告播出之前——提醒观众登录他们 Shopkick 手机程序。这既能为 Shopkick 带来丰硕成果,也能为 CW 电视台的观众们自动实时收看他们最喜欢的电视节目提供附加的诱饵。

---

① Shopkick 为智能手机和平板电脑购物创建的应用程序,为客户提供实体购物奖励。在合作商店通过扫描条码或 QR 码及购物用积分来兑换奖品。奖品包括礼品卡、iTunes 歌曲下载、电影票以及脸书虚拟货币。最高奖品就是零售商如亚马逊、塔吉特的 2 美元消费。此应用适用于安卓系统和苹果公司开发的移动操作系统。——译者注

② CW 电视台(简称 CW)是由 CBS 公司和华纳兄弟共同出资的一家美国广播电视网络。"CW"就是取两家母公司 CBS 公司和华纳(Warner)兄弟的名字的首字母。——译者注

2011年5月19日的《纽约时报》引用了Shopkick的首席执行总裁塞里克·罗丁的一段话:"手机是我们在看电视,或者进行店内购物时所携带的唯一可以进行互动的工具,因此,它也是用来连接电视屏幕和商场货架互动的唯一介质。"

广告商当然是最大的赢家,他们得到能够进一步洞察和权衡店内购物高峰与电视广告收视之间关系的工具(尽管还涉及促销的原因)。但是对于更新一代的电视收视技术开发商们来说,他们所想的远不止品牌融合和打折券。

最初的电视收视应用程序也进入了广告业

2011年1月9日,极具人气的电视剧《开心汉堡店》[①]在福克斯电视台(Fox)首播,通过三方合作,使用GetGlue实时收看这部新播喜剧的用户将赢得获取两枚特殊贴纸的机会。第一枚贴纸来自电视剧《开心汉堡店》,另一枚则由全国连锁餐厅胖汉堡(Fatburger)提供,该贴纸还能够作为一张可供扫描的手机优惠券,兑换一个免费款的汉堡。

在另一个例子中,2011年7月12日,使用GetGlue收看美国职棒大联盟全明星赛的用户也喜获两枚贴纸,其中一枚由美国职棒大联盟和福克斯共同提供,另一枚则为《英国偶像》提供附加的节目预告。百事可乐是该节目的品牌赞助商,它的商标被安排在贴纸的醒目位置。实际上,这枚贴纸就像是百事可乐的条幅广告,具有被接受性和长期保存性——因为对许多用户来说,GetGlue的贴纸都是梦寐以求的小纪念品。

2011年9月15日,GetGlue宣布与《娱乐周刊》和服装品牌盖普(Gap)在秋季电视档中合作一个月。能够按照娱乐周刊提供的"最佳电视剧列表"(如《杰茜驾到》[②]《泛美航空》和《英国偶像》),每周点击收看新播剧集的用户将会获得解锁独家贴纸的机会,同时还能在参与活动的Gap店铺享受40%的购物折扣。顾客只需要登记他们解锁的贴纸上的兑换码即可结账。根据GetGlue提供的数据,在活动的第一周,75000多人解锁了这个特殊优惠。

[①] 《开心汉堡店》是福克斯电视台推出的美国动画情景喜剧。故事讲述的是贝尔奇·鲍勃在妻子琳达,他们的孩子蒂娜、吉因和路易斯的帮助下,经营一家汉堡包餐厅的故事。该剧于2011年1月9日首播,已经播出107集。截至2015年已经播出八季。——译者注

[②] 《杰茜驾到》又名《房客小妹》,是一部由福克斯电视台于2011年首播的美国情景喜剧。故事讲述了杰茜和三男两女同住一个屋檐下的生活。该剧人物融合了喜剧和戏剧元素,他们30岁出头,正处在处理人际关系日渐成熟和职业选择的时期。该系列已播出了6季。该剧获多项艾美奖和金球奖提名。——译者注

尽管目前的广告活动已经智能地将各个手机程序间的合作发挥到极致,但是仍然存在问题,那就是电视受众是否愿意为获取不同广告中的优惠而在不同平台的几个手机程序中进行转换(有时还需要下载)。由于这些手机程序还没有公共的标准,我们将来很有可能会面对这样一个场景:举个例子,人们正在观看的电视节目,是基于 GetGlue 技术类型的节目,在其播放过程中至少有一个广告是需要使用沙赞或者影像猎手的。

电视收视领域已经变得拥挤不堪

新型的电视收视手机程序不断涌现,还有一些其他手机程序我们在本章中并没有描述。Tunerfish 从 2010 年底就已经出现,并于 2011 年 7 月升级其 iPhone 版本应用。TVtak 是通过给电视节目照相,使用户连接上该节目的手机软件。WiO 从诞生之日起就使用与沙赞和影像猎手类似的音频探测模式。甚至连电视指南(TV Guide)也有一个叫作"我要看"的特色链接,在 2011 年电视剧春季档后期平均每天有 2 万次的使用频率,同年秋季档首播周的日均使用次数则达到 4 万次。

讽刺的是,这个领域里即便不是所有,也是占大部分比例的应用都不把自己视作电视收视软件。GetGlue 将自己定位为纵向社交网络,Miso 认为自己是第二屏幕应用平台,诸如此类。收视(或者其他对等词语)仅仅只是一个出发点,打开了通向其他内容和特色的大门。

我们发现,尽管这些应用中大部分只拥有数量相对较小(但处于增长状态)的用户群,与大型社交网络如脸书和推特之间的联系却增强了它们的吸引力。例如,在脸书上分享自己的电视收看信息的链接,常常成为进一步参与社交的催化剂。在不同应用平台收视软件之间的切换,并不一定会使收视价值缩水。实际上,在很多情况下,参与过程中所引发的社交印象放大了其价值。

行动起来:电视收视服务

电视收视领域正在飞速发展。很多应用虽然表面上看起来相似,但是每一个都有其独特的魅力与用途。在为品牌寻找合适的应用对象时,要注意考虑以下几点:

1. 了解用户

并不是所有的收视应用都是一样的。不仅要调查用户群的规模大小,进行人口统计,还要了解用户群增长的速度、是否活跃,以及在哪种程度上用户会创造社交印象。以上这些都非常重要,有助于了解该应用程序的功能和传播潜力。

2. 跨频道思考

独立存在但是仍然相互关联的媒体在合作状态下能发挥更好的作用。如果品牌已经在计划赞助某个著名的电视连续剧，或者是与之进行合作，并且这个电视剧也使用某种电视收视服务，那么，通过赞助特定收视服务的方式将品牌嵌入几个媒体频道中，此举能增强品牌参与的附加值，强化电视媒体购买力。

3. 勇于创新

新型工具的涌现带来了不断增长的变革机会。所有的电视收视公司都在不断地尝试，推出新的特色和功能，并观察哪一种更能吸引顾客。与传统品牌进行合作，为观众推出设计独特的、品牌化的体验，从而提高公司的被接受率。确保内容和其相关的宣传中包含富有吸引力的诱饵，从而使得用户们乐于参与并分享品牌信息。

并不只是收视

对于一部分人来说，忽视电视收视领域的这些变化也许是一件无足轻重的小事。也许你就是其中的一个。不过，我们要谨记的是：也许你不与这些应用平台打交道，但是还是有很多观众正在使用它们，并且在很多情况下，这种类型的观众的数量还在不断增长。这中间就可能包括你的目标受众，这几乎就是一定的。收视仅仅是进入更多内容的起点，因此，你对这个"更多的内容"的理解，是决定你的品牌在相应领域成功与否的关键因素。

扫一扫获取更多信息

使用你的手机扫描下方二维码获得本章所引用案例的相关视频信息。

手机上没有二维码识别软件？不用着急，请登录http://www.socialtvbook.net/tagged/chapter3 直接获取相同内容。

第四章

第二屏幕

使用同步内容体验巩固电视地位

在过去19年里,37岁的奥伦·韦弗一直在他的家乡俄克拉荷马州从事音响师的工作,工作内容就是为国内的大型音乐会设计音响系统。在儿子出生后,因为想离家近一点,也因为自己的另一个爱好,奥伦在当地成立了一个颇具发展潜力的摄影工作室。受到儿童时代对《国家地理》的迷恋的影响,奥伦将拍照作为一个爱好,并使用他的尼康D300来拍摄美景。与之形成对比的是,他的专业工作室专注于通过肖像画和对婚礼以及其他事件的抓拍来捕捉人物形象。

2010年6月,奥伦购买了一个iPad,尽管当时他还没预料到这个设备将会对他有多重要。现在他根本无法想象没有iPad的生活。他挚爱的平板已经影响到他业务的每个方面,从开发票到客户预订,到声音等级测定,再到照片展示。

有一天,在使用天气频道手机软件查看本地天气预报时,奥伦无意中看到了时代华纳有线电视公司为推广新节目《和皮特·里克一起拍遍天下》(以下简称《拍遍天下》)而制作的广告。在线点击观看了几个预告视频后,奥伦非常感兴趣,想了解这个世界闻名的摄影家的更多作品,于是他马上用他的录像机录下了这个电视节目。在此过程中,奥伦发现天气频道也提供了一个免费的iPad应用程序,可以用来收看电视节目实时同步的"第二屏幕"配套内容。奥伦马上下载了这个应用,从此开始了收看每一集《拍遍天下》的双屏幕体验:通过大屏幕的电视机收看主要的电视节目,通过iPad上的信息推送了解与电视节目互补的额外内容。

鉴于他在音响设计领域的背景,奥伦非常欣赏《拍遍天下》使用iPad的内置麦克风探测电视节目的音频,从而传递与正在播出的电视节目相关的独家内容的技术。奥伦记得有一集是关于皮特·里克在约塞米蒂国家公园采风的内容。尽管电视节目中对皮特·里克个人的描述并不多,但是iPad应用提供了更多深入而又富有人情味的背景故事,解释了他对约塞米蒂国家公园有着毕生的爱的原因。

奥伦特别喜欢《拍遍天下》的另一个原因是该节目在实时播出的关键时刻进行互动调查，通常展示皮特·里克在节目中所拍摄的一系列照片，要求观众们投票选出他们最喜欢的一组。观众从第二屏幕用户社区可以看到投票综合结果，由此产生的喜悦满足感为奥伦整体的电视收视体验又增加了一个具有吸引力的因素。不过奥伦也提到，很多电视网络会在他们的网址或者脸书上贴出关于他们电视节目的额外内容，但他不是很擅长追踪这些内容。相反，奥伦喜欢这种将 iPad 作为电视机的延伸，从而将内容直接呈现在观众面前的方式。

尽管奥伦在收看《拍遍天下》时首次尝试第二屏幕配套应用程序，但他相信这就是电视的未来。当社交媒体成为一股不断成长且日益强大的力量时，它将把电视观众连接起来，互动不仅发生在观众内部，也存在于观众和节目之间。

欢迎进入多屏幕电视体验时代

在过去的几十年里，我们熟悉的电视系统只有电视机，即仅包含一个屏幕的盒状物体，能播放录像带，能发出伴有声音的图像。过去人们只是"看"电视，而现在，他们是"体验"电视。不断进步的科技和人类行为的变化催生了电视的第二屏幕，为观看电视提供了平行同步的互动性配套内容。

一切都是从手提电脑开始的，特别是在 2010 年，根据尼尔森公司的报道，有 60% 的美国人在看电视的同时使用网络。于是，电视网络公司开始留意这种与收看电视节目形成互补的网络行为所带来的潜在机会。在第一章里，我们描述了 MTV 音乐电视大奖的可视化反馈平台，以及 2010 年对艾美奖后台的现场直播，这两个实际案例都描述了使用电视网络为观众提供同步的第二屏幕体验的方法。

许多人将智能手机和平板设备的崛起视作电视的第三甚至第四屏幕。尽管我们在前一章里描述了将手机作为第二屏幕的收视体验，但这只是冰山一角。手机普及率高，易于相互沟通，这为开启全新的电视配套内容收视之旅提供了可能性。

为方便起见，本章将全部使用"第二屏幕"这一术语来指代包括手提电脑、智能手机和平板电脑在内所有的电视收视配套设备。

看起来第二屏幕似乎是电视的敌人

所有研究的结果显示：越来越多的人在看电视的同时使用他们附近的其他设备。当世界从台式电脑进化到手提电脑时，这一切都有所变化。当世界从手提电

社交电视——运营商如何通过电视关联网络、社交媒体及手机来吸引并留住观众

脑进化到平板电脑时,变化发生得更加频繁。你不得不为了获取人们的注意力而奋斗,希望他们在看电视的同时正在与你的而不是其他任何人的内容进行互动。

——NBC 数字广播营销战略研究高级副总裁 朱丽叶·迪特格利亚

2011 年 5 月,在广告公司 IPG 集团①的帮助下,YuMe 视频广告网络公司②出版了视频"干扰性研究"的结果。YuMe 视频广告网络公司和 IPG 集团希望能够深入了解在人们观看电视和(在线视频)广告时,对他们造成干扰的代表性行为。此外,他们也研究了在自主观看录像节目时跳过广告的行为,或对广告的回避程度。基于他们的计算结果(使用来自盟诺公司③(Magna Global)的数据),仅有 2% 的电视广告在录像节目中被省去。

2011 年 3 月 15 日至 16 日,这项研究在洛杉矶 IPG 集团的媒体实验室进行。48 名日常生活中具有收看电视和在线视频习惯的洛杉矶市民被选作实验对象,参与观看一个小时电视的实验。受试对象中男性比率为 52%,女性则为 48%,超过一半的受试对象为全职工作者。样本中仅有 23% 的对象有 18 岁以下的子女。

样本中的受试对象的年龄段非常平均分布在 18 岁至 69 岁,他们被要求带上任何有助于重新构建自身独特的电视收看体验的最佳补充工具(也叫作"干扰媒体")。除了一些常见的选择,有一个受试对象甚至带上了他的电吉他。

进入实验室后,测验对象们戴上一个能测量他们的体温、血压和"情感因素"的生物测量手镯。当他们通过录像机看电视时(碰巧录像机里播放的是他们最喜欢的节目),三个摄像头记录下他们的每一个行动。通过将受试对象的目光停留在电视屏幕的时间和他们观看其他内容的时间进行对比,这种面部表情跟踪算法衡量了用户收视的参与程度,在下一步研究中用来关联受试对象在何时和因何种原因分心。

YuMe 和 IPG 发现手机是干扰电视观众注意力的最大因素。超过 60% 的受试对象从电视屏幕上移开目光来使用手机,不仅是因为要接打电话,还要浏览网页、收发短信和查看邮件。33% 的对象被手提电脑干扰。该研究的结论报告总结说:"智能手机是视频内容永恒的伴侣。"

这里的关键词是"伴侣",表示"除了……之外,还有……",而不是"用……取

---

① IPG 集团是世界第四大广告与传播集团,旗下拥有三个全球运作的广告公司:麦肯环球广告(McCann-Erikson)、睿狮广告(Lowe&Partners)、博达大桥广告(FCB)。该公司还拥有一批专业机构,包括公共关系、体育营销、人才代理和医疗保健。——译者注

② YuMe 视频广告网络公司是数字视频品牌广告供应商。该公司解决广告视频竞争的方案是瞄准供方(网站、应用程序)和需求方(品牌、代理机构)的客户。总部位于加州红木城,在全球设有 9 个办事处。——译者注

③ 盟诺公司,又译为麦格纳环球公司,隶属于 IPG 集团下的优势麦肯媒体公司,是全球最大专业从事媒体广告谈判的公司,也是美国重要的广告市场研究机构。——译者注

代……"。手机当然不是电视的敌人,实际上,手机为电视网络、有线电视公司、设备制造商、手机程序开发商和广告商们提供了机会,将不同媒介联系起来,从而加强电视收看体验。

手机和电视就像一个豆荚里的两颗豌豆

尽管在过去的10年到15年里,人们在互动电视领域投入了大量的资金和努力,但是互动电视仍未达到其发展巅峰。智能手机和平板电脑的出现催生了一个全新的互动电视领域,我们称之为第二屏幕体验。如果将使用便捷的手机与电视相关联,巨大的潜能将被释放出来。

——《消失的遥控器》博主　科里·伯格曼

2011年7月,科里·伯格曼在以《消失的遥控器》为名的当红社交电视博客中阐述了将手机作为第二屏幕体验的理由。他引用了魅媒思数字科技有限公司[①](MediaMind)提供的一篇关于手机广告的研究报告,其中一个问题涉及一天中手机用户点击广告最为频繁的时段——答案恰好是在电视播出的黄金时间。手机使用高峰期是在晚上7点至9点。那么问题就变成了:这些用户们在使用手机的同时也正在看电视吗?

2011年早期,雅虎和尼尔森对年龄在13岁至64岁之间的8000多个美国人进行调查采访。他们发现这个团体中86%的成员在观看电视时使用手机,在这些成员中,24%的成员通过手机浏览与他们当前收看的电视节目相关的内容,而利用手机获取他们电视广告的进一步信息的人数比例则高达23%。

尽管平板电脑作为电视伴侣的使用率只是百分比中的个位数,但2011年5月尼尔森数据显示,人们使用平板设备(例如iPad)最为频繁的地点就是在电视机前。一份针对12000名联网设备用户的调查结果显示:70%的用户声称在看电视时使用平板电脑,并且使用平板电脑的30%的时间是在电视机前——代表着使用平板电脑的最高情景活动(躺在床上使用平板排名第二,仅占21%)。

第二屏幕应用将相关内容直接推送给你

想得到关于某个电视节目的信息,其实有一个更好的办法。目前,人们直接

---

① 魅媒思数字科技有限公司是DG公司旗下的在线广告技术公司之一。2013年8月公司将包括媒思数字科技的在线广告技术公司拆分,成立了名为Sizmek的新公司。——译者注

社交电视——运营商如何通过电视关联网络、社交媒体及手机来吸引并留住观众

去谷歌网站输入查询信息。通过对7000名用户进行调查,我们发现仅有5%的用户直接登录电视网络公司的网址查找信息。并且,那里确实有不少好东西。可是人们却忽略这些网址而求助于维基百科或互联网电影数据库。

——Miso首席执行官　姆拉特·尼若吉

　　将第二屏幕作为电视收视配套应用这一思想的出发点,是基于一个简单的原则:我们是具有好奇心,并且一定要使这种好奇心得到满足的人类。既然我们中的大多数人在看电视的时候手中就有能够接入网络的第二屏幕设备,我们就拥有了通往数不清的节目信息的快速通道,这些快速通道有助于满足我们的好奇心。

　　试着想象一下,你曾有多少次上网寻找你正在观看的电视节目的相关信息?驱使你这样做的目的是什么?也许你只是刚刚开始收看一部电视剧,想了解更多与该剧有关的信息,如该剧已拍的季数、剧情简介或者幕后故事。另外一个可能的原因是你认出了剧中的某个演员而要进行确认,或者想找出更多关于他/她的信息。也许你认为他们非常具有吸引力,对他们的实际年龄和身高感到好奇,想知道他们在哪里出生、是否结婚,以及有关他们的其他八卦。

　　为了不让电视观众们通过不停地寻找、过滤和筛选数据来获取信息,在理论上,第二屏幕应用能够将相关的配套内容在观众们看电视的恰当时机直接传递给他们。跨屏幕的、能引起共鸣的电视收看体验将激发无限潜能。是否找到内容、形式和功能上适合大众的最佳结合点,仍然是决定第二屏幕成功与否的关键,而这个最佳点还没有很好地被发现。

　　应用程序开发商们必须克服的一个挑战是:第二屏幕用户们并不需要像其他手机程序用户一样,在同一个时刻以相同的频率获得相同的信息。尽管二者有一些共同性,但第二屏幕体验并不是千篇一律的,这一情况使得电视网络和科技公司在相互竞争时要保持哲学家的心态不断进行测试。

电视共视程序各有千秋

　　2010年,电视网络中已经产生了一系列的共视程序,并在电视的主要第二屏幕设备iPad上得到了集中的使用。我们主要将这些应用程序分为三类。

　　用户可以下载基于电视系列节目分类的应用程序,并在电视节目整个播放期间使用。基于事件分类的应用被作为典型下载,可供一次或者是多次频繁使用,主要针对颁奖典礼之类的重要的热门电视节目。基于网络分类的应用程序则包括某个电视网络公司内部的所有节目,所以能够在无须下载多个不同应用的前提下提供特定电视节目的配套内容。

　　最后一类应用软件的优势是显而易见的:网络应用程序只需要平板电视用户

下载一次，就可以消除以后在特定网络范围内收看节目的障碍。另一方面，有人提出应以基于电视节目的应用程序为主，原因在于：电视观众通常认可的是电视节目，而不是制作电视节目的网络电视台。通过向特定节目提供定制化（与模板化相对）的第二屏幕体验，电视配套内容显得更加独特、更有吸引力，但是这往往需要更高的开发和维护成本。

数量众多的 iPad 配套应用程序提供了很多其他的方法，以便进一步区分这些不同类型的应用程序的特征。例如，以电视系列节目为标准的分类使网络公司能够按照电视剧、真人秀、体育节目或者是新闻节目来设计手机应用程序，从内容和特点的角度使每一类都具有细微的差别。

应用程序中所采用的科技也可以作为应用程序分类的标准。当前有些 iPad 配套应用程序使用音频指纹或者水印工艺（在最后一章中解说），在特定时刻收看的节目中真正同步推送配套内容。这样一来，不管该节目是被实时观看，还是被点播，或是在录像机中播放，用户们都将拥有持续可重复的第二屏幕配套体验。

还有一部分应用程序选择不使用任何音频同步技术，而是通过在特定电视节目首播时对用户们直接发布配套内容来促进实时收看。如果实时收看，用户使用这种方法将能够带给他们类似音频同步的用户体验。

无论应用程序有何不同，它们的目的都是向电视观众们提供加强版的内容体验，以此来提高收视率，增强品牌的忠诚度，促进分享，这也是广告商们接近和争取目标客户群的另外一个舞台。

首个平板同步播放应用程序于 2010 年出现

美国广播公司昙花一现的剧集《我们这一代》[①]于 2010 年 9 月 23 日首播。该剧采取伪纪录片手法，以位于德克萨斯州奥斯汀虚构的罗斯福高中 9 名高年级学生的生活为主线。剧中时间设定为 2000 年，因此，这个小团体由传统的典型高中生组成：体育迷、美女、成就达人、朋克青年、丑小鸭、书呆子、高智商者、纨绔子弟以及摇滚巨星。

剧情呈交叉状态出现，摄制组将这些学生们毕业 10 年后的生活与过去进行对比。镜头不停地在过去和现在之间切换，将以前的高中生的希望、梦想和抱负与现实生活中的意外之处进行对比。

作为秋季首播剧的组成部分，美国广播公司推销了《我们这一代》的 iPad 配套

---

① 《我们这一代》是 2010 年秋美国广播公司播出的美国电视系列剧，用伪纪录片的拍摄形式追踪拍摄了一群德克萨斯州奥斯汀的高中同学毕业 10 年后的情况。该剧 2010 年 9 月 23 日首播，但由于前两集的收视率不佳，美国广播公司 10 月 1 日取消了该剧。——译者注

社交电视——运营商如何通过电视关联网络、社交媒体及手机来吸引并留住观众

应用程序,并引起了很大的反响。该程序史无前例地使用了尼尔森全新的媒体同步技术来获取电视剧播出时的音频水印,将它用来同步第一屏幕(电视)和第二屏幕(iPad)的内容。尼尔森的媒体同步平台与沙赞和影像猎手各自的音频指纹技术工作机制相似,这一特点在前一章节里已经阐述清楚。

用户登录应用程序后屏幕上会出现醒目而又简洁的界面,屏幕右下角有一个红色的大按钮,这个按钮是为了鼓励用户们进行电视剧同步操作。观众通过点击该按钮,能够在直播节目或者录播节目的任何时间点启动媒体同步程序。当iPad的内置麦克风捕捉到电视节目中的声音样本并进行位置匹配时,第二屏幕上美国广播公司的标志会下滑,露出一个移动的声波状的提示框"请听……"。几秒钟以后,该提示框就转化为如下的一条语音消息:"现在您已与本集《我们这一代》同步。节目播出期间请保持网络连接,以便获取中奖提示、拍摄花絮、民意调查等更多信息!"

这正是所发生的——第一批的附加内容通过该剧的片头字幕进行推送,将观众们介绍给罗斯福高中的高中生们。一项名为"你在高中属于哪一种类型?"的调查给出几个不同的典型类型以供选择。屏幕左下角的提示符则显示用户们用于确定他们的答案的剩余时间。选择一个答案后,如"成就达人",该选择与所有其他用户答案相比较的百分比就会马上出现。

为了避免让iPad用户因为担心是否有其他配套内容被推送到第二屏幕上,从而不得不将视线从电视机屏幕上移开,该应用程序使用非侵入性音频通知进行提醒。当新的内容出现时,旧内容就转移到屏幕底部。用户可以轻松地通过iPad的翻页功能来浏览和重温所有的前期内容,从本质上说,这些就是一堆分散的内容模块。

遗憾的是,《我们这一代》的低收视率使得该剧在仅仅播出两集之后就被取消了——我们再次郑重提醒所有读者,仅仅依靠科技是无法赢得大众收视率的。观众们的兴趣首先源于能够引起他们共鸣的内容。尽管第二屏幕能够带来颇具吸引力的体验,但是它毕竟只是第二屏幕。然而,这次尝试并非一无是处,美国广播公司继续使用《我们这一代》的iPad应用程序设计、原理和结构体系,为《实习医生格蕾》[1]第八季创建相似的配套应用。

---

[1] 《实习医生格蕾》是一部由美国广播公司于2005年3月27日出品的广播电视剧。该剧以医学为主题,共十三季。本剧描写了一群刚毕业的年轻实习医生在西雅图圣恩医院期间的工作、生活和爱情故事。剧中既描写了实习医生成长为独当一面的主治医师的励志过程,有趣病例带来的幽默剧情,也设置了伤病生死间体现的感人情节。——译者注

剧本型电视剧是主动式媒体体验吗?

> 人们使用不同的方式收看不同的电视节目,这其中的变化颇多,并不能简单的将其分为主动式媒体和被动式媒体。
> ——推特内容规划部门 罗宾·斯隆

《我们这一代》和《实习医生格蕾》都是剧本型电视剧,因此,这两部剧提供的是一种沉浸式的电视观看体验。有趣的是,第三个主要按照电视系列节目分类开发的 iPad 配套应用程序也主要是针对脚本剧——福克斯电视台的《识骨寻踪》[①]。该应用程序于 2011 年 2 月 10 日发行,当时正值《识骨寻踪》第六季播出中期。但是,美国广播公司和福克斯公司的应用程序之间存在着一个显著的差异,那就是福克斯的应用程序并不使用尼尔森的媒体同步技术。福克斯在电视剧播出时不使用音频线索进行实时同步,相反,他们通过用户的 iPad 在实时收看期间收集时区信息,然后在特定收看时间推送内容。

不管用户是选择收看直播还是录播的某一集《识骨寻踪》,他们都可以在该集开始的时候按下按钮以启动应用程序开始计时,并在预先设定好的时间点里接收配套内容。此外,福克斯还将社交媒体反馈平台直接嵌入 iPad 应用程序,提供每集歌曲的链接名单,在 iTunes 上可以免费下载。

由于福克斯公司仍然使用早期的科技,同步第二屏幕体验是否能够吸引大众这个问题仍然没有答案。对此,美国广播公司的数字化媒体副总裁瑞克·曼德勒给出了如下重要观点:

> 当你观看一个电视剧时,你就进入了该剧的奇幻世界。而每次当我们要求你参与互动时,就像是将你拉出这个奇幻世界重新回到现实世界,这并不像一直待在剧中的奇幻世界那么有趣或美好。当你想要再次重返剧中的奇幻世界时,会有认知上的重重困难。对于电视观众来说,让他们暂时脱离剧情回归现实,然后又要他们再次回到剧情,这无疑是对他们要求太多了。

因此,问题重点不是人们是否会在看电视剧时参与第二屏幕体验,而是到底有多少人会选择这样做。此外,我们要意识到并不是所有电视剧都是一样的,正

[①] 《识骨寻踪》是美国福克斯电视台(FOX)于 2005 年推出的罪案题材的电视连续剧。该剧部分情节改编自凯丝·莱克斯的一系列侦探小说。主要讲述了贝伦博士凭借识骨断案的天赋,寻获常人难以发现的线索,协助联邦调查局破案的故事。本剧以第十二季为完结季。——译者注

如来自推特的罗宾·斯隆宣称的那样,"有什么能够比美国家庭电影院(HBO)的电视剧更能向观众提供浸入式体验呢?它具有令人难以置信的高产量和引人入胜的故事情节,更令人称奇的是,人们在推特上对剧中那些最疯狂的、最普通的情节展开的讨论"。

进入社交电视的萌芽阶段后,继续反复试验并改进是促进电视网络发展的关键。针对不同类型的电视剧和观众进行尝试是这一领域的空白,运营商们要对失败持乐观态度,因为从失败中可以得到经验和启发。

从电视剧到现实,第二屏幕拓宽了其视野

《拍遍天下》是天气频道首次尝试的原创电视节目,由著名的澳大利亚摄影师主持,节目中的电视配套程序是第三个使用尼尔森的媒体同步平台技术的应用。该节目于2011年3月31日首播,按照时间顺序记载了皮特在美国寻找最激动人心的美景的历程。

也许你会质疑该节目与天气频道之间的关系。当皮特在不同地方旅游时,他必须适应不同地方的各种天气类型,有些地方的天气还是极为恶劣的。这个13集电视节目似乎是为第二屏幕配套体验做好了准备,尤其是与剧本型电视剧相比较而言。想知道关于电视节目中拍摄地点的更多信息,或者渴望与皮特进行互动,都是观众们自然而然的反应。

这也是《拍遍天下》iPad应用程序与其他程序的区别所在。的确,它在结构上采用了同步的问卷调查和提问模式,这一点与其他第二屏幕应用非常相似。但是,它也提供了相关的幕后花絮以及每一集节目中大量的特写照片。既然该节目是以皮特的照片为基础,那么借助第二屏幕使这些照片走向大众无疑是一种很棒的做法。电视屏幕讲述如何拍摄照片的故事,而第二屏幕则负责将这些照片直接传递到观众们的手上。

第二屏幕使体育迷们一起参与

某些特定的电视节目的第二屏幕体验是具有可操作性的,而另一些则可能截然相反。体育节目机会很大,因为其互动的天性使得人们在恰当的关键时刻需要更多信息。体育节目并不像电视剧,前者有很多暂停的时间,这个时间可以被用来帮助观众回顾比赛数据或者了解附加信息,而这正是体育迷们非常感兴趣

的内容。

——《综艺》杂志①电视编辑　安德鲁·华伦斯坦

尽管我们可以就社交媒体对体育产业的影响这个话题写一本书,但如果没有包含人们在观看电视比赛时第二屏幕上发生的变革,我们将错过重点。美国职业棒球大联盟的上场击球配套应用程序——在智能手机和平板设备上都能使用——能够将实时数据、选手资料和精彩视频传递给用户。

棒球并不是唯一适用于第二屏幕的体育运动。2011年美国职业篮球季后赛期间,球迷们免费获得的篮球季iPad应用程序,能够互动展示上场球员的信息、得分率以及投篮成功和失误等可视化信息,并且这一切都是实时发生的。

尽管美国职业棒球大联盟的应用程序支持整个赛季(这一点与电视剧有些类似),但是由于其他大事件如颁奖典礼、庆典,以及小型电视系列片的存在,美国职业篮球联赛的iPad应用程序属于第二屏幕应用中的基于事件分类的应用。

迷你剧《肯尼迪家族》将第二屏幕变为一部巨大的历史教科书

尽管《肯尼迪家族》在内容上有些许争议,但它最终于2011年4月3日在美国有线数字电视台Reelz频道②进行首播。正如其片名,这部8集迷你剧讲述了约翰·F.肯尼迪在白宫的崛起、他的总统生涯,以及最终遭受暗杀的悲剧结局。剧中不断运用插叙的手法在故事中讲故事,观众们可以了解从老肯尼迪掌权时期开始的肯尼迪家族的发展史。

Reelz频道为观众提供iPad应用程序,观众用它来协助收视,从而使得电视屏幕上演员模拟的事态发展和第二屏幕所展示的相应事件的历史真相形成有趣的交叉重现。当用户首次登录iPad应用软件时,用户就会看到一个醒目的页面,页面上展示着包括波比·肯尼迪、乔伊·老肯尼迪和杰克·肯尼迪在内的主要角色,约翰·菲茨杰拉德·肯尼迪的头像旁边则展示了一个显眼的"加入谈话"的召

---

① 《综艺》杂志由美国潘世奇媒体公司拥有。它于1905年在纽约问世。1933年将总部设在洛杉矶,并增加了综艺日报,涵盖动画产业。1998年推出《纽约每日综艺》。总部设在纽约。杂志最初报道戏剧和杂技,现在发表爆炸性娱乐新闻、评论、票房成绩、封面故事、视频、照片画廊、信用数据库、产品图表和日历,而其中的存档内容可以追溯到1905年。——译者注

② Reelz频道是哈伯德广播拥有的一家美国数字有线电视和卫星电视网络公司。公司主要播放好莱坞电影,致力于娱乐产业,提供在线电影和视频影片信息,播放和重播喜剧和连续剧,播出原创节目,收购有关名人丑闻的电影、电视剧和纪录片。截至2015年2月,Reelz频道已拥有大约6820万的付费电视家庭用户。——译者注

唤标志。点击之后,《肯尼迪家族》iPad 应用程序则显示出一分为三的用户界面。

界面的第一个部分是位于屏幕左侧的社交网络管理区,供用户在脸书和推特之间切换。推特发文框位于该迷你剧的反馈平台的正下方,已经预先添加了带有"♯肯尼迪家族"的话题标签,使用者能够毫不费力、方便实时地发表评论。将反馈平台嵌入 iPad 应用程序内部后,用户不需要在推特和脸书之间来回转换,从而得到更加连贯的用户体验。

应用的中间部分是剧中主要事件的可视化时间表,通过一系列标有时间和简介的缩略图展现。点击时间表顶端标有"与 Reelz 频道同步"的椭圆形按钮,用户会看到当前正在播放的节目,时间表上列出的主要事件也会根据当前电视上正在播出的内容重新进行调整。发生的重要事件会在时间表上得到体现,相关的媒体支撑文件则显示在最右边的界面。

例如,在第一集里,约翰·F.肯尼迪在遭受因营救沉没的海军船只 PT-109 而带来的伤害后,回到位于曼彻斯特海尼斯港的家中。随着剧情的展开,《肯尼迪家族》第二屏幕应用中的时间表自动升级为"约翰·F.肯尼迪赢得(美国授予作战负伤军人的)紫心勋章",并提供带有简短描述的图片。一系列的资源链接为用户们提供了包括 YouTube 视频、照片以及其他网络信息在内的补充内容。

《肯尼迪家族》借助手提电脑和智能手机等第二屏幕设备,将高度相关的内容与电视剧及其反馈平台相关联,《肯尼迪家族》所带来的双屏体验提供了丰富的历史内容。最杰出的一点是,所有的配套内容都清楚明白地直接呈现在使用者面前。

没有第二屏幕的收视体验就像没有条纹的斑马

现代社会优秀的电视节目都提供某种类型的第二屏幕体验。例如,由美国全国广播公司播出的皇室婚礼系列节目,通过 iPad 应用程序提供以下丰富内容:附有详细信息的皇室家庭成员树形图、展示婚礼进程及周围环境的互动性地图。该应用程序下载次数超 200000 次,其中,婚礼当天就有超过 26000 次的下载。

除此之外,2011 年奥斯卡典礼中名为"后台通行证"的 iPad 应用程序使用户们能够在节目播放期间,通过 9 个进行现场直播的摄像头切换收看内容。该应用程序会展示出一张包含舞台和周围环境的地图,而每个摄像头所处的相应位置则会被放置一个"播放"键。点击该键就会播放从特定角度拍摄的现场录像,可供选择收看的摄像角度包括后台、新闻中心和控制台。红毯现场秀直播以及奥斯卡舞会①也采取了类似的播出方式。

尽管我们在第一章中曾提到 MTV 在 2009 年音乐录影带大奖中对反馈平台的创新性用法，2011 年音乐录影带颁奖典礼中第二屏幕体验扩展到 iPad，并别具一格地提供了"热门座席"，当用户点击时屏幕上就会出现参加颁奖典礼的嘉宾在诺基亚剧场的座位表。当嘉宾们从他们各自的座位上发送推文时，座次表上的相应位置就会出现一个规律跳动的提示灯，表明该信息是何人所发。通过可视化的座次表，用户们能够通过互动实时追踪到相应明星的推特。

电视观众们是否认为第二屏幕应用软件比原生态的反馈平台更有价值？

对于第二屏幕应用软件和反馈平台来说，最重要的一点就是前者能够提供与有影响力的大人物进行有规划的重要谈话的机会，后者主要体现的是草根、大众之间喋喋不休的、缺乏含金量的言论。

——精彩电视台数字化媒体执行副总裁　丽莎·夏

精彩电视台是第一个发布第二屏幕 iPad 应用的电视网络。"现在正精彩"应用软件于 2010 年 8 月首次在苹果商店发行，当时正值《贝斯妮要结婚》②大结局播出期间。从本质上来看，该应用是精彩电视台的电视节目在播出时的配套设置，使观众们能在实时收看电视剧首映和大结局的时候浏览和分享额外的内容，并进行互动。

在 iPad 体验中，精彩电视台加强了其谈话泡泡的功能。在"现在正精彩"应用中，屏幕顶端会出现事件的时间线。当现场直播节目播出时，一系列的谈话泡泡图标就会出现，每一个谈话泡泡图标都代表在特定时间里与剧集内容相关的特殊的媒体类型。这些谈话泡泡可能代表视频、图片、民意调查、趣闻，或者是来自精彩电视台名人圈的发帖。

除此之外，屏幕整个左侧会显示出一个实时社交流，默认将来自精彩电视台名人实时发送的节目评论转发到推特或者脸书上，从而使用户们进入内部实时评

---

① 奥斯卡舞会的全称是奥斯卡舞会音乐节，从 2011 年开始，在纽约兰德尔岛举行，持续数日。音乐节展示各种特色流派和风格的音乐，包括摇滚、电音、嘻哈、独立音乐、美洲、流行、民谣等。除了各种各样的音乐，音乐节的另一大特色是纽约市的餐馆、食品车以及一系列活动。——译者注

② 《贝斯妮要结婚》是一部于 2010 年 6 月 10 日至 2012 年 5 月 28 日在精彩电视台首播的美国现实电视连续纪录片，记录了《纽约娇妻》剧组成员贝斯妮的生活。该片成为当时网络历史上收视率最高的系列片。——译者注

论。如果愿意的话,用户们还能够加入整个反馈平台对话中,与所有通过嵌入推特或脸书应用软件发表评论的用户交谈。

反馈平台与第二屏幕应用技术的结合引发了一个重要的问题,以下是来自《消失的遥控器》的博主科里·伯格曼陈述的观点:

> 为什么我不通过合理使用脸书或者是推特来与朋友们讨论一部电视剧,而是要借助推特或脸书代理的第二屏幕体验呢?后者的使用甚至并不是那么容易。在这一点上,应用程序开发商必须要提供一些真正独一无二的东西,使第二屏幕体验能够胜出,例如,经过筛选的社区、内部消息,或者是一个能够与用户进行推特互动的明星。一定要有一些特别的诱惑。

对于"现在正精彩"软件来说,他们的诱惑在于能够通过谈话泡泡进入同步的配套内容,还有通过筛选和策划的实时社交流,能够与剧中的明星轻松互动。

每个网络靠近第二屏幕的角度都各有特色

美国全国广播公司在第二屏幕配套应用程序上的特色在于,它提供了一位回答粉丝问题并进行实时评论的主持人。"美国全国广播公司现场直播"应用软件于2011年5月发行,并在当年四部秋季档节目中被使用。美国全国广播公司希望该应用程序能有助于提高首播节目的收视率。实际上,一份 NBC 现场直播跟踪调查报告研究结果显示,由于该应用程序的存在,47%的受访者更乐意在节目首播时进行收看。

2011年3月探索频道发布 iPad 应用程序,新版本添加了第二屏幕共同观影特色,并于同年7月31日再次被推出,当时恰逢备受欢迎的、一年一度的《鲨鱼周》①播放。除了其独特的互动内容以外,探索频道高清应用程序还包括一个基于地理位置的电视时间表,能够自动地根据用户所处方位提供节目信息。

其他基于网络分类的第二屏幕应用程序包括 MTV's Watch With、HBO Connect,基于网址的 USA's Character Chatter,以及某些美国电视剧的脸书主页。尽管电视网络持续开发和加强它们自己的配套应用程序,市场里的其他竞争者们却致力于寻求能够跨网络的解决方案。要分辨哪一个更好尚为时过早。《综

---

① 《鲨鱼周》是探索频道播出的一年一度的、为期一周的鲨鱼主题电视节目版块。1988年7月17日《鲨鱼周》首播,此后每年的7月或8月初,节目会播出鲨鱼保护工作和纠正关于鲨鱼的误解。节目的知名度越来越高,在探索频道大受欢迎。由于社交网络如脸书和推特的大力推广,现在《鲨鱼周》在72个国家播出。——译者注

艺》杂志的安德鲁·华伦斯坦提出了在这个领域的利益相关者持续追问的问题：

> 最后到底是会出现一个公共枢纽供这些不同的应用程序运行操作，还是会像所谓的通天塔一般产生成千上万的应用程序，而这些应用程序基本上都只能用来传递基于各自的节目或者网络的配套体验？每个人都想努力回答这个问题，但是答案却并不简单。

对于所有的新媒体来说，在行业巨人、产业标准和互通性等概念更明朗之前，这一领域将会变得格外拥挤和更加复杂。

社交电视领域持续融合

在上一章最后一部分讨论过的社交电视应用程序 Miso 于 2011 年 9 月宣布与 DirectTV 合作，开发第二屏幕技术。现在 DirectTV 的用户能够通过电视接收器配合 Miso 技术，自动在电视上播放第二屏幕上的配套内容。当电视观众更换频道时，Miso 也会进行自动更新以提供同步的配套内容。

Miso 首个主要的同步内容应用于 2011 年 10 月 2 日发布，当时正值娱乐时间电视网①的《嗜血判官》第六季首播。Miso 的 iPhone 用户通过 DirectTV 收看该节目就会获得同步内容的额外奖励，包括剧中首次出现的演员和客串明星在维基百科上的介绍、轶事，以及通过 Miso 的"选择"功能推送的主动式媒体内容。通过计算被推送的配套内容播放的时间与相关情节在电视剧中实际出现的时间长短，Miso 增强了内容的相关性。通过其自身的推送通知，Miso 能够在每次发布新内容的时候对用户进行提醒，而不是使他们在电视机屏幕前分心。

2011 年 5 月，Miso 发布该公司与 Boxee②（将在第 9 章讨论的互联网电视）合作的关于第二屏幕实验结果的细节报告。被命名为 Miso Sync 的软件，通过 Boxee Box 向电视观众们传递带有弹出式视频体验的观看内容。该实验旨在回答 3 个问题：当人们观看电视的时候，他们想要获得信息吗？他们想要获得什么样的信息？第二屏幕到底是个主动的工具还是个被动的工具？

这个实验持续了四个星期，交叉使用了 6 个不同类型和长度的，并使用第二屏幕辅助的电视节目。基于用户样本行为和反馈结果，Miso 最重大的发现之一就

---

① 娱乐时间电视网是美国一家付费有线电视网，隶属于 CBS 集团，总部在纽约。电视节目主要是院线电影、原创电视剧、拳击和混合武术比赛。——译者注

② Boxee 是一款适用于 Mac 操作系统的软件。软件除了具备常用的播放电影、音乐、图片等功能外，其插件功能可帮助用户浏览众多的网络视频、音乐、图片等网站。——译者注

是：每种类型的电视节目的第二屏幕体验随配套内容的类型、推送频率和推送时机的不同而变化。例如，Miso发现在真人秀节目中，观众反应最强烈的是在节目播出过程中以高频率推送的小道消息和偷拍的照片，而电视剧中的情况则大不相同，观众希望能够以较低的频率收到高质量照片和片中重要情节的配套内容，而且接收时间最好是在节目播出的前后阶段，而不是正在播放期间（广告节目除外）。

Miso认为，只要第二屏幕配套体验能够与电视节目的题材、进度以及风格相一致，所有的电视节目都能拥有相应的第二屏幕体验。随着越来越多的配套平台的建立和影响力的扩大，它们对广告起到日益重要的作用。

第二屏幕上的内容和广告能和睦相处

这些年来的发展变化都表明，电视与观众之间要建立反馈机制。因此，当我在观看电视时，我不仅能与这些节目互动，我还能与其中的广告进行互动。这也是互动电视一直在承诺却从来没有实现的。如果这一切真能大规模发生，那么电视领域将会出现大量具有全新价值的发明，从而真正地成为电视的第二春。

——《消失的遥控器》博主　科里·伯格曼

电视网络正在经历一个全新的广告模式，在广告中植入配套内容。例如，美国广播公司的《实习医生格蕾》的应用程序将赞助资格打包整体出售，赞助商获准全权使用剧中的音频资源，在广告时间内在第二屏上提供剧情细节或是视频。与之相反的是，美国全国广播公司现场直播应用软件提供点击式横幅广告，同时，在电视剧进入广告休息时间时播出插播式视频广告。美国全国广播公司现场直播的虚拟主持人也会在特定赞助商的广告播出之前或者之后发帖。

随着应用技术的加强和广告播出过程中新发现的不断出现，每一个网络应用程序向广告提供的机会都有其细微的差别，这些机会也在不断变化发展——以上也正好说明在接近第二屏幕时，广告商必须采取一种"尝试并学习"的态度的原因。正如《综艺》杂志的安德鲁·华伦斯坦所阐释的那样：

我认为第二屏幕体验并没有真正完全接近挑剔的大众，但是它正位于鼓励使用的兴趣中心。这不仅因为第二屏幕能够加深观众收视体验，还因为第二屏幕拥有能够在多个应用平台上播出广告的功能。因为广告在第二屏幕上具有互动性，第二屏幕改变了广告的本质。尽管我同意第二屏幕有可能成为强大的规则改变者，但我并不认为它在任何情况下都能稳操胜券。广告商拥有推动第二屏幕与广告融合发展的潜力。如果广告商能够推动改革，那么电视编剧们的参与是毫无疑问的。但是我发现电视编剧们正竭力让广告商参与进来。

如果商家仅从配套软件本身的规模和覆盖面角度来衡量其价值,那么他们就忽略了人们是如何进行媒体体验的。如果广告商将第二屏幕体验视作构建电视媒体购买综合体系的重要组成部分,使第二屏幕与其他屏幕相互作用,那么广告将会产生更大的影响力。

威瑞森公司在《英国偶像》中的赞助充分印证了这个观点。西蒙·考埃尔不仅是该节目的制片人和主要评委之一,还在广告时间播出的威瑞森无线通信电视广告中担任主角。此举推动了《英国偶像》第二屏幕配套程序的应用,而该程序也正是由威瑞森公司制作。

用户通过iPad能够与《英国偶像》直播节目进行同步互动,收看花絮或是对每个选手的比赛成绩评定等级。安卓版本的威瑞森应用程序使用户只需要一次点击就能够为他们最喜爱的选手投下合法的一票。

威瑞森与福克斯公司合作进行的媒体购买并不是传统的电视广告"收看"策略,而是电视"体验"策略。威瑞森公司提供了一个最佳的媒体平台,供观众收看《英国偶像》,从而使自身成为一个广为人知的品牌。

同步广告是第二屏幕广告进化的下一个阶段

我们正在创造一个全新广告形式:同步广告。从本质上讲,第一屏幕上的电视广告的表现非常出色,满足了人们的情感和即时性的需求,与此同时,第二屏幕上的数字化广告的表现也毫不逊色,起到了互动、交易和收集数据的作用。

——第二屏网络公司创始人及执行总裁　赛斯·塔珀

作为广告集团的第二屏网络公司①(SecondScreen Network)立志成为现代社会中社交电视及其配套领域的翘楚。该公司致力于加强观众的第二屏体验,实现真正与电视同步的广告模式。

第二屏网络公司技术的核心在于通过内容自动识别平台向用户提供电视收视内容。当某个广告商的广告开始播放的时候,平台就会向广告所覆盖的所有第二屏幕发送一条推送消息,提醒观众打开相应同步的数字化广告,数字化广告将在电视广告开始的四分之一秒内启动。

---

① 第二屏网络公司是一家专注于将品牌介绍给日益增长的在线社交电视观众的广告技术公司,从事数字广告销售及服务。——译者注

例如,2011年9月14日,美国网络公司(USA Network)联合第二屏网络公司在《辣女队医》①第一季大结局播放期间为美国福特公司的林肯-水星(Lincoln-Mercury)系列汽车进行同步广告。在林肯-水星电视广告播出的同时,美国网络公司通过其角色讨论的配套应用程序进行富媒体投票式广告。第二屏幕网络公司的研究报告,早期结果显示:同步广告获得的参与率远远高于传统的(非同步的)电视广告。

由于电视节目的相关信息能够通过配套应用程序的使用得到强化,双屏同步的广告很有可能拥有更高的观众接受率。然而要达到这一效果,关键是要在广告网络内建立超大规模的双屏合作关系,并以此扩大收看同步内容播放的机会。正如赛斯指出的那样,这是一种鸡与蛋的关系:

> 没有哪一种第二屏幕广告体验能够真正拥有大量的观众。同步广告领域的广告机会源于电视广告,也就是说,电视广告商们正在寻找通向大众市场的有效渠道。从另一个角度来看,覆盖面广的第二屏幕广告技术仍然没有出现。

与此同时,随着配套应用程序用户数量的持续增长和市场的日渐成熟,第二屏网络公司正在为发展同步广告进行跨设备和网络的基础设施建设。

买还是建?某些品牌已经建立了他们自己的第二屏幕体验

2011年4月26日,喜力(Heineken,荷兰啤酒品牌)发布了被称作"明星播放器"的iPhone应用程序,为观众收看欧洲足球协会联盟冠军联赛提供第二屏幕配套体验。该应用程序的创意源于全球足球比赛观众逾10亿的事实。这个应用程序可在线使用,它的设计理念是在特定比赛中对比分和其他事件进行预测。例如,如果某个用户认为他支持的球队在接下来的30秒内能够进球,他就可以点击"现在进球"的按钮。如果该球队真的进球,这位用户就能够赢得积分,并能够将自己的实时得分与正在使用此程序的其他用户进行对比。

喜力的应用程序中内置脸书链接,使用户们能够分享他们的活动。这家啤酒公司也会在比赛节奏较慢的阶段对回答问题的用户予以奖励。该应用程序是喜力公司在90分钟的比赛时间里保持自身品牌持续参与的有力武器。2011年6

---

① 《辣女队医》从2011年6月29日至2013年8月21日播出的美国网络电视连续剧。2013年,美国网络公布推出第三季,共10集。2013年11月19日,公司取消播出三季的《辣女队医》。——译者注

月,开发该应用程序的雅酷公司①(AKQA)在法国举行的第 58 届戛纳国际创意节上荣获金狮奖——广告界最为出名的奖项之一。上述只是印证第二屏幕领域发展迅猛,而且将继续发展的另外一个例子。

行动起来:第二屏幕

当观众将电视当作主动式媒体时,他们采取一种更主动的心态来使用第二屏幕。以下是通过升级第二屏幕技术,从而达到既定目标的三种方法。

1. 合理干扰

并非所有人都在商业广告时间收看你的电视广告,认识到这一点是很重要的。如果你能意识到造成干扰的原因,那么突然之间,你就有可能打开新的一扇门,门后有着无限的、能引起共鸣的跨平台内容。当你将第二屏幕的内容进行创造性的运用时,你甚至不需要牺牲电视机屏幕上的目标。

2. 让两个屏幕水乳交融

第二屏幕的魅力在于其对电视节目内容进行补充,因此,整个体验效果要远胜两个单独屏幕体验的总和。对于电视广告来说,上述这一点同样适用。品牌商与电视网络或者第二屏幕广告供应商的携手共进,使得电视节目和第二屏幕广告实现无缝对接,以此来创造一个统一的、跨平台的同步体验。

3. 发出邀请,而不是单向倾诉

占主要地位的电视屏幕是一个单向的信息系统(尽管这一点已经开始改变),而第二屏幕则是双向和互动的。简单的条幅式广告和滚动式视频只不过是单向倾诉的其他方法。品牌的第二屏幕的内容应该根据播放媒介的特征来设计,因此,通过一个诱人的理由,邀请观众们参与品牌互动。

注意力分散现象并没有消失

实际上,随着科技(尤其是手机和平板设备)的不断进步,广告所带来的注意力分散现象只会愈演愈烈。讽刺的是,某些电视台为了提高收视率而在第二屏上提供配套内容,但这些内容却因为干扰性太大而被观众拒绝收看。合理使用第二屏幕的重点是捕捉和利用合适的干扰项,确保品牌在所有的屏幕上都能产生共鸣

---

① 雅酷公司是一家专门从事数字服务和产品的数字广告公司,全球拥有 2000 名员工。雅酷在欧洲(阿姆斯特丹、柏林、伦敦、巴黎),北美(亚特兰大、纽约、波特兰、旧金山、华盛顿),南美(圣保罗)和亚洲(古尔冈、上海、东京)设有办事处。——译者注

的影响力。

扫一扫获取更多信息

使用你的手机扫描下方二维码获得本章所引用案例的相关视频信息。

手机上没有二维码识别软件？不用着急，请登录http://www.socialtvbook.net/tagged/chapter4 直接获取相同内容。

第五章

社交电视收视率

为测量电视受众规模增加新指标

由网虫变身而来的秘密特工查克·巴特维斯基于2007年9月24日首次亮相，NBC每集时长一小时的动作喜剧《查克》很快拥有了一大批忠实粉丝。

在第一季首映中，查克的大学室友，后来成为中央情报局特工的布莱斯向其发送了一封加密的邮件，引发了一连串的意外事件。当查克从昏迷中恢复过来之后，他发现自己的大脑充斥着大量的、被下载的、美国国家安全局和中央情报局的顶级情报。这就是该部电视剧情节的基础，带给观众一种有趣的集动作片、冒险片、推理片和喜剧片于一体的综合大餐。《查克》在首映期的观众数量就超过了900万，这个数字代表着迄今为止电视剧收视率的最高等级。

在《查克》第二季结尾的时候，美国全国广播公司宣布了2009年秋季电视档黄金时间节目安排的大规模变动。夜间节目主持人杰·雷诺将要离开《今夜脱口秀》转而主持黄金一小时的《杰·雷诺秀》，为了适应这一变化，美国全国广播公司需要砍掉五部连续剧，而《查克》很可能是其中之一。

这一变化导致《查克》的观众数量持续下降，从第一季到第二季平均减少了1200000名观众。有报道称，美国全国广播公司打算将《查克》第二季大结局作为整个系列的终结。积极热情的查克迷们可不会坐以待毙等待最终决定。相反，他们证明了自己是一股必须被认真对待的力量。

观众们借助网络发起了一场声势浩大的运动，希望能够说服美国全国广播公司续拍《查克》第三季。在许多代表他们呼声的在线请愿、讨论组、论坛、博客文章和视频大规模涌现的同时，一个特殊的网址起到了带头作用。2009年4月6日，"我的遥控器我做主"网站贴出一篇文章，其标题表示力挺"书痴组织"，而"书痴组织"正是查克在虚构的电子商品商店"买更多"的技术支持组的名称。

"做个书痴……加入组织，救救查克。"这句简单而有力的口号帮助《查克》迷

社交电视——运营商如何通过电视关联网络、社交媒体及手机来吸引并留住观众

们获得了大量的帮助,使更多的人收看该剧,从而提高其尼尔森收视率,而尼尔森收视率正是电视网络公司用来判断电视节目是否成功的重要标准。如果查克迷们能够将这个宣传口号落实为切实的收看,并在第二季剩下的最后三集里"救救查克",也许这些举措就能够增加收视率。在该文章下方成百上千条回复中有一个署名为"StephanieP"的用户这样写道:

> 我无法想象没有《查克》之后这个世界的样子。《查克》是我挨过周一的指望。口口相传是促使人们收看《查克》的有效途径。去年在一位朋友的介绍下我开始收看该剧,在这一季播放期间我又将它介绍给另一个朋友。现在我们三个人每周都聚到一起共同收看《查克》。

这场"救救查克"运动鼓励影迷们在他们的脸书上更新状态,表达他们对《查克》的热爱,并提醒朋友们在每周一的晚上八点准时收看该剧。可供下载的"救救查克"式明信片、胸章以及推特背景都被创造出来,影迷们互相鼓励并转发任何与《查克》有关的推文。在推特上,标有"♯救救查克"的话题标签被迅速采用,成为连接影迷们讨论的工具,使任何人都能轻松地跟随和加入推特应用平台上的这个话题。

除了努力争取美国全国广播公司的注意力以外,影迷们还团结起来鼓励大众去距离他们最近的赛百味餐厅(该品牌在剧中频繁出现)购买一个潜水艇三明治,以感谢这家公司对《查克》的广告支持。2009年4月26日,这场"救救查克"运动到了决定性的阶段,查克的扮演者扎克瑞·莱维在美国带领一个由上千人组成的队伍进入当地的赛百味餐厅。扎克瑞站在人群前说:"要让赛百味的广告遍布网络,要让它遍地开花。碰巧有包括我在内的这么一群书痴来帮忙,我们一起来把赛百味的食品全部卖完。"甚至有一次,扎克瑞站在这家流行的潜水艇三明治餐厅的柜台旁,亲自招待这些友好的"暴徒"。

清算日于2009年5月19日来临,当时美国全国广播公司发表声明,宣布续拍《查克》第三季。"续拍意味着在赛百味公司支持下,在网络和推特上开展'救救查克'运动的影迷和电视批评家们获得成功。"美国全国广播公司新闻发布会的副标题这样写道。网络不仅认可了日益高涨的影迷支持力,而且帮助赛百味公司在《查克》第三季中进行广告交易埋下了伏笔。

尼尔森收视率是广告商和电视网络公司进行交易的货币

尼尔森评价指数绝对是决定网络与广告交易的默认机制。每天早晨醒来,我

第五章 社交电视收视率

们就面对尼尔森收视率结果,到目前为止,它仍然是一个非常有用的工具。

——ABC 营销总裁　格瑞·王

1950年,负责全球信息收集与测量的尼尔森公司开始使用观众测量方法,该方法最开始应用于播音系统,后期经过改良,应用在不断发展变化的电视媒介上。尽管现在很多人可能认为尼尔森公司是一个提供收视率信息的公司,但实际上,该公司不仅评估大多数通过不同平台呈现在观众屏幕上的广告,还向市场营销人员和消费者提供有用信息。正如尼尔森的媒体与机构高级副总裁乔恩·吉布斯所阐述的那样:

> 我们的电视收视率是购买和销售电视广告的产业化标准,它能够从根本上决定电视产业内的金融交易。鉴于尼尔森公司的发展历史,其电视领域的业务更像是一家审计公司,职责在于提供数字,这些数字是广告商和电视网络公司进行交易的基础。

正因如此,尼尔森公司必须履行非常严格的审计程序,并确保其报告中每个数字的可解释性。因为这些数字和数额庞大的美金的命运息息相关。考虑到大型的媒体购买就是以这些数字为指标,数据所代表的含义必须绝对可靠,万无一失。

尼尔森评级的基本程序是这样的:尼尔森收视率中的1分代表全美有电视机的家庭中的1%。因此,如果某个电视节目收视率为6分,这就表示在所有电视用户中大约有6%的用户收看该节目。然后尼尔森公司每年8月对这个数字进行换算——当前6分的收视率约代表114600000名用户——从而为新的秋季档电视剧做准备。

尼尔森电视收视率在早期以用户手写记录的自述报告为基础,20世纪90年代引进了物理连接的设备测量法在电视机上安装"信息采集器"。基于用户在尼尔森公司样本集内的收视行为,在全国范围内任意一个时间段里,平均每分钟的电视收视率都能被计算出来。

从那以后,尼尔森公司提出了C3收视率①这一概念,为特定节目的广告标记观众数量。C3收视率是在剧集首播时实时收看广告的平均分钟数加上三天内通过DVR观看广告的平均分钟数。在三天时间内使用快进方式跳过的广告时间不参与收视率统计。

尽管尼尔森收视率并不是完美无缺的,要改变这种已经成为模式的评级系统却远远不像其表面上看起来的那么简单。虽然重点的数据来源必然是家庭中的电视机顶盒,但这种方法受到了诸多限制,过时的硬件及缺乏关联性尤其阻碍其

---

① C3收视率又叫广告收视率,其中,C代表commercial,3代表三天时间。

进一步发展。实际上,在尼尔森收视率统计开始之前,大量孤立的系统就需要被组合在一起。此外,仅靠机顶盒数据并不能提供完整的答案。目前机顶盒数据并不能说明用户家中收看电视的人群特征,或者电视机是否真的开着,因为现在家庭中机顶盒通常都不切断电源。

考虑到尼尔森数据具有一致和可靠性特征的重要性及需求,在电视收视率计算方法的改进问题上,公司总是采取极其谨慎小心的态度。既然电视网络继续将尼尔森收视率当作衡量节目成就的事实标准,那么社交媒体的出现则带来另外一个需要考虑的层面,我们将其称为"社交电视收视率"。

社交媒体为电视节目创造了一个反馈圈

作为电视网络,我们相信我们的品牌价值超越了 C3 收视率的价值。我们能够针对某个电视剧如《绯闻女孩》组织一场展示会,对其进行更细致的描述以便进行评价。在某种程度上,《绯闻女孩》并不只是尼尔森数据所代表的内容。

——CW 电视台营销执行副总裁　艾莉森·塔兰特

在第一章中我们讨论了反馈平台如何驱使人们再次收看直播电视节目,在第三章中我们探讨了电视收视领域,在第四章里我们论证了第二屏幕如何为电视提供配套内容。所有这些电视社交活动都在人们观看电视时发生,而且随着观众的参与,在这个过程中产生了大量的原始数据。

推特上每秒钟出现的新内容、被提到的电视节目的名单、电视收视率、网上发帖的数量和话题敏感度……这些都只是社交媒体通过电视网络产生的几个显而易见的指标。社交媒体同时也提供了除尼尔森收视率之外(尽管不是替代)的网络信息。社交媒体能够在尼尔森指数无法涉及的领域进行补充,并揭示其隐含的意义。美国广播电视台的《灵书妙探》正是这样一个例子,正如该电视台数字化媒体副总裁瑞克·曼德勒所说的那样:

尽管《灵书妙探》从一开始就很成功,但也不是那种非常令人瞩目式的大获成功——然而它在网上的反响非常热烈,这一点说明该剧拥有需要我们耐心深入才能发现的观众群——而此举最终也证明了《灵书妙探》取得了好的效果。

因为数量持续增长的电视网络都通过社交媒体挖掘数据背后隐藏的含义,所以我们考虑这是否会影响衡量电视节目收视率的产业标准。但是,尼尔森的高级副总裁乔恩·吉布斯却对电视收视率和社交电视收视率这两个大相径庭的概念非常清楚,并指出这两者不可能合二为一:

过于关注收视率中的社交媒体意义不大,因为前者只关注一个特殊点,也就是说,观看节目的人数。现代市场需要人们了解社交媒体在推动收视行为中的作用,因此,扮演市场营销角色的电视公司要明白要如何与社交媒体打交道才能让更多的人来观看他们的节目。但是仅仅通过社交媒体数据的增长来提高收视率是毫无必要的。

尽管尼尔森收视率与社交电视收视率这一概念并不等同,但不可否认的是,社交媒体在电视网络和电视广告领域日益成为富有价值的信息源泉。如何处理两者之间的关系这个问题一直萦绕在每个人的脑海中。

社交媒体的参与和收视率相关吗?

早在2010年8月,为了观测新的秋季档电视剧首播期间在反馈平台上参与讨论的程度与对应的尼尔森收视率,也就是观众人数之间的关系,我们进行了一个小实验。鉴于每年都有超过三分之一的剧集惨遭删档,我们可以考虑用这个数据来预测哪些剧集会面临危险。

我们选定了19部不同的首播电视剧,使用流行的社交媒体监控软件六度弧来提取首播期间各个电视剧在反馈平台上的推特活动情况。使用容易获取的推特数据是非常有意义的,因为推文具有公共性,它是我们所能获取的具有统一标准的反馈平台资源。

对于每个首播的电视剧,我们将其在推特中被提到的次数和该剧的尼尔森收视人数排名进行比较。我们还使用六度弧软件对每个剧集播放前期、中期和后期观众的正面评价进行抽样,并使用线状图表记录其中的任何变化。尽管我们意识到自动情感分析法还不尽如人意,但是它给予了我们在不同剧集之间进行比较的基础性指导意见。

我们在研究数据的时候发现,CBS电视台的《天堂执法者》在首映期间脱颖而出,在所有的样本电视剧中拥有最多的收视人数和最大的推特讨论量。该剧也是为数不多的在剧集播出期间以及后期正面评价持续增长的秋季档新剧之一。

反面教材则是NBC电视台的《法网恢恢》[①],该剧在收视人数和推特讨论量上都处于劣势。《法网恢恢》在开播之前的正面评价相对来说要高一些,在播放期间

---

① 《法网恢恢》围绕美国最高法院的法官Cyrus Garza展开剧情,Cyrus Garza曾经是个花花公子,还是一个不折不扣的赌徒,但他做起事情总是按照法律的条文公正执法。然而他发现,即便是严谨的法律体系也存在着漏洞,于是他辞去工作建立自己的事务所,立志要伸张正义。——译者注

呈现微乎其微的增长,到了中后期则呈下降趋势。因此,不久后当 NBC 电视台在宣布该剧被砍时,大家丝毫不感到惊讶。

尽管在典型例子(即两个数据指标同时处于高或低的状态)中,受试电视节目的命运显而易见,大多数电视剧却不是处于非黑即白的状态。在我们的样本结果图表中,NBC 电视台的《秘谍夫妻》①是唯一一个推特讨论量显著超过收视人数的(收视人数以百万计)。在播出期间收视率遭受几次显著的下跌之后,该剧的总体正面评价退回到预播阶段的中等水平。尽管它在推特上屡被提及,但是由于收视率不太理想,在《秘谍夫妻》仅仅播出 7 集之后 NBC 电视台就宣布取消该剧。

《法律与秩序:洛杉矶》②的情况则正好相反。该剧在首播期间拥有非常多的收视人数,但是推特讨论量仅处于中等水平,因此,在该剧上映期间其正面评价处于下降趋势。然而,该剧在社交媒体上引发的平淡反馈似乎无关紧要,因为《法律与秩序:洛杉矶》是被我们称为"尼尔森收视率之王"的电视剧。这部剧也重申了本书一贯的观点:剧本型电视节目倾向于在播出时产生较少量的反馈意见。

因此,在每个人的心头反复斟酌的问题是:在社交媒体上的讨论会推动电视收视率吗?由于缺乏科学数据支撑,目前关于这个问题仍然没有直接和精准的答案。

电视网络正在见证一个关系

现在我们越来越频繁地听到这样一种说法:电视制片人先通过推特制造悬念,改变直播类电视节目的产出模式,以此来尽可能地推动高收视率。过去我们在节目播出后期才会揭开最大的谜底。然而,2011 年 Lady Gaga 为 MTV 音乐录影带大奖颁奖典礼带来了开场秀,而以往她通常在颁奖仪式中期,或是进行到三分之二时才开始表演。现在制片人在推特上先卖卖关子、吊人胃口,然后很快就会公布谜底。

——推特内容规划负责人 克罗伊·斯拉登

---

① 《秘谍夫妻》是一部于 2010 年 9 月在 NBC 播出的 13 集美国动作、间谍电视剧。该剧主要讲述一对离开间谍工作 5 年的间谍夫妻重返间谍生活之后紧张、惊险、刺激、浪漫的故事。由于该剧的收视率不高,于同年 11 月被取消播出。——译者注

② 《法律与秩序:洛杉矶》是一部关于美国法律和秩序的电视剧,剧中的场景以及该剧的制作地都在洛杉矶。该剧于 2010 年 9 月 29 日在 NBC 首播,是 2010 年 5 月完结的电视剧《法律与秩序》的后现代演绎。该剧中途因演员变动而推迟播出,直到 2011 年 4 月才重返荧屏,并定于同年 7 月播出最后一集。——译者注

第五章 社交电视收视率

尽管电视剧在反馈平台上所引发讨论的规模和其相应的收视率之间是否有直接相关性尚待进一步科学考证,但是电视领域越来越多的人正在提供轶事证据。甚至连尼尔森的媒体与广告分析师及资深副总裁拉达·苏布拉曼研也承认,两者之间存在着某种程度的关联,并且不是那种可以被简单定义为"交叉"的关系:

> 几年以前人们宣称,社交媒体和电视之间完全没有关系,两者之间互不相干,因此我们忽略它会发生什么。在最近一两年里又出现了另外一种极端的看法,认为收视率和关于电视的所有的一切都是由于朋友的推荐,或者归功于社交媒体,这种看法显然也不对。我们认为这两者之间显然存在某种联系,因为这是人们在生活和文化领域消磨时间的两个主要阵地,但是这两者之间的关系并不简单,因为这种关系会随着年龄,在某些情况下,还随着性别和电视内容的不同而变化。

真人秀竞技类节目能够清晰地说明以内容主导的社交媒体和电视节目之间的关系,如我们在第一章中谈到过的《好声音》。该节目与社交媒体合作并取得巨大成功,在反馈平台上也引发了持久、热烈的讨论。NBC 电视台在节目播出期间同时监控尼尔森收视率和其社交媒体反馈情况。网络数字和电视广播营销研究高级副总裁朱莉叶·德塔拉歌莉娅表示,推特讨论量和节目首播期间《好声音》收视率的上升之间有着明显联系:

> 通过数据变化证明社交媒体活动会引起收视率的变化,这是非常困难的,但是《好声音》在这个方面是一个极佳的例子。我们预先在社交媒体上做了大量的拓展工作,然后坚持不懈地使用真正能够推动讨论的推特话题标签。在《好声音》首播期间,我们见证了推特上所有的活动,整个晚上每过一刻钟收视率都在上升。尽管我们并不将两者直接联系起来,但是要否认社交媒体的作用是非常困难的。

其他证据陆续出现。2011 年 8 月 6 日,尼尔森公司发布了一项针对 250 档电视节目的研究结果,该研究旨在探讨电视节目的网络讨论规模与收视率之间的关系。研究结果表明:两者之间存在着关联,尼尔森公司甚至能够在这种关联最为显著的新剧首播期对其进行量化。尼尔森公司发现,在新电视节目首播前数周,推特讨论量 9% 的增长会带来收视率 1% 的增长。在播放中期和末期要达到同样的收视率提升则需要在线网络讨论增长 14%。

由于我们是在 2010 年进行试验的,时至今日使用更先进的方法收集和分析数据,研究社交电视收视率的新兴公司已经出现。尽管电视核心产业的参与者们现在可以使用这些工具更加稳定地获取更大规模的数据,但在理解社交电视收视率所代表的确切含义,以及最大限度地提高收视率的方法等方面,我们仍然处于起步阶段。

Bluefin 分析印象和表达之间的关系

  假设有这样一种人工智能,它观看了所有的电视节目,聆听了全世界公开的社交平台讨论并将其关联起来,然后创造出一种能够有助于做出实时决定的、富有洞察力的分析软件,使得所有数据能够有效地整合。通过这些数据,你能够放心地进行超大规模的投资交易。

——蓝鳍实验室联合创始人及执行总裁 德布·罗伊

  2011 年 2 月,蓝鳍实验室走出其隐形模式,发布了第一代产品,命名为"蓝鳍信号"(Bluefin Signals),它的功能是发布社交电视中有关电视网络、品牌和广告机构的分析报告。蓝鳍信号的系统软件由麻省理工学院的媒体实验室开发,拥有包括卫星电视传播在内的大规模数据输入,能够 24 小时不间断地处理电视内容,同时进行数字化标记。字幕是另外一种类型的输入,对电视节目中的语言对话进行逐字记录,可用来与实时社交反馈平台中的讨论进行交叉参照,以此对特定节目直接进行分类。

  当我们收看由论坛媒体(Tribune Media)提供的电视节目时,我们就获得了蓝鳍实验室提供的严谨的系统。该系统能够对交际模式和数据驱动的语境进行分析,从而对推特或公共脸书发帖与特定电视节目内容相关的可能性进行定义(基于充足的确定性)。

  通过对美国两百多家有限电视网络公司所提供的逾 210000 个电视节目进行标记,蓝鳍实验室能够针对电视节目观后印象进行语义分析,以便了解消费者对所观看的内容发表的评论。蓝鳍实验室联合创始人及执行总裁德布·罗伊对我们做出如下解释:

  当你在电视网络上发布一条内容时,它会向四周扩散,观众收看后会对其产生印象。人们总是在讨论他们收看的电视节目。只要观众收看电视后产生印象,电视节目的内容就会被转化为反馈意见。因此,大概的模式就是输入印象、输出反馈。目前表达这种意愿有其专属的网络通道,所以就像电视内容通过电视网络传递给观众一样,观众们的反馈又通过社交网络平台传递给其他人,反馈又会反过来影响印象。如果你和我同时坐在沙发上一起看电视，我扭过头对你说了句什么，那么我所表达的内容就形成了印象，这一个循环就结束了。但是实际上，我是通过推特发表观后感，谁知道这个信息能够在网上走多远和走多久呢？这是一个从私人到公众的渗透过程——一旦你所反馈的内容具备了公众性，你就拥有了类似蓝鳍实验室的科技能力——这个能力如果大规模使用，有助于理解印象和反馈之间的因果关系，我们认为这将改变游戏规则。

用户登录蓝鳍信号后，他们首先会看见一个摘要控制板，这个摘要控制板提供过去 30 天内的电视节目分布走向，用折线图表示。在示意图下方是当前最为热门的电视节目，按照节目名称和有线电视频道分组排列。尽管列表默认基于上一周的时间显示统计结果，用户还是可以切换选取其他时间范围。在创作本书期间，在摘要控制板上显示的热门电视剧包括娱乐与体育节目电视网（ESPN）的《周一足球夜》①、福克斯电视台（FOX）的《欢乐合唱团》和《英国偶像》（其社交电视收视率得分与全球音乐电视台（MTV）的《泽西海岸》有密切联系）。

整个控制面板充满了带有翻转效果的图片和下拉框，为用户挖掘更多的拓展性信息提供了可能。例如，用户能够通过点击标签云中的流行关键词查看对于每个节目的原始评价，此外，用户还能获取关于某节目的讨论记录以及与该节目相关的其他节目。表格视图能轻松排序，数据能够以 Excel 格式输出，方便进一步操作。

除了摘要控制板之外，蓝鳍信号的用户反馈特色能够使用户获得以下指标：在特定时期内，按电视网或单个电视节目，或节目类型进行分组的聊天记录和性别信息。用户可通过设置大量条件对数据进行过滤，从而查看不同时间段和不同类型的结果。

蓝鳍信号软件的观众互动特色能够将数据变成可视化的图表，体现节目与节目，或是品牌与节目之间的关系。例如，在热门剧集《欢乐合唱团》播放前后期以及正播放过程中（我们选定了其中任意一周），蓝鳍信号软件对该剧展开讨论的人群进行识别。由于该讨论人群中的大多数人具有相同的爱好，在同一周时间里，

---

① 《周一足球夜》是在美国娱乐与体育节目电视网（ESPN，Entertainment and Sports Programming Network）现场电视直播的国家橄榄球联盟（NFL）周赛。从 1970 年到 2005 年，它在 ABC 播放。该节目也在加拿大、英国、西班牙等地播放。——译者注

社交电视——运营商如何通过电视关联网络、社交媒体及手机来吸引并留住观众

他们也会参与《孕育希望》①和《全美 K 歌大赛》②的讨论。蓝鳍信号软件能够通过收集反馈平台的讨论内容,解读这其中的关联。

对于各个品牌商家,蓝鳍实验室也采用了相似的方法。蓝鳍信号软件的用户输入某品牌名称以后,检索结果就会显示在特定时间段里讨论了该品牌的其他用户所观看过的,并且也出现了该品牌其他的热门电视剧。让我们继续使用上文中提到的《欢乐合唱团》这个例子,我们从中可以发现一个流行的快餐品牌,在《大西洋帝国》③以及改编自电影的电视剧《幸福终点站》④和《侠影之谜》⑤中,这个品牌也都曾出现过。

除了按照品牌名称分类,蓝鳍信号还能够按照观众类型进行检索,如"父母类"或者"咖啡爱好者"。这种大规模的、由数据驱动得出的结果在电视网络领域具有非同寻常的意义:它既能帮助电视网络开发新的广告商,也能帮助品牌商找到新的广告购买渠道。使用以往传统的方法处理上述任何一个问题绝对不可能得出相同的答案。人们对这种现象不应该感到惊讶。相反,通过广泛收集反馈意见扩大输入从而带来灵感,蓝鳍信号软件应该被当作媒体和营销计划的另一个机会。基于大量社交印象所产生的反馈意见数据,现在以一种更好的方式被收集,

---

① 《孕育希望》又名《家有喜旺》,是福克斯电视台(FOX)出品的喜剧。故事讲述了 23 岁的吉米与在逃女重犯露西一夜风流之后,对方生下了一个女儿。糟糕的是,女重犯露西随后被判处死刑,吉米必须承担起独自抚养孩子的责任。而他自己和他的家人却问题重重。在这样一团糟的环境下,吉米开始了抚养女儿的生活。——译者注

② 《全美 K 歌大赛》是美国周五晚播出的歌唱竞技类节目。该节目通过各地区最佳男女卡拉 OK 歌手比赛竞技的形式,选拔全国最佳卡拉 OK 歌手,最后为卡拉 OK 歌王和歌后颁奖。除了歌王歌后的称号外,获奖歌手还会赢得爱尔兰卡拉 OK 世界锦标赛的竞赛之旅和好莱坞唱片公司的唱片录制机会。——译者注

③ 《大西洋帝国》又名《海滨帝国》,是一部在家庭影院频道首播的罪案剧。2010 年首播,2014 年完结,共 5 季。它是根据作家内尔森·约翰逊(Nelson Johnson)的畅销小说改编而来的。故事设定在 20 世纪 20 年代大西洋城颁布禁酒令期间,黑帮组织为争夺黑市控制权展开了你死我活的争斗。该剧获 57 项艾美奖提名。2011 年获第 68 届金球奖剧情类最佳剧集奖。——译者注

④ 《幸福终点站》是一部于 2004 年播出的美国喜剧电影。影片讲述男主角在前往美国途中遭遇家乡政变被拒入境,又不能回国,被迫滞留肯尼迪国际机场期间的故事。故事部分情节源于 1988—2006 年在法国戴高乐国际机场一号航站楼居住 18 年的迈赫兰的真实事件。——译者注

⑤ 《侠影之谜》是一部改编自 DC 漫画公司的经典漫画《蝙蝠侠》的超级英雄电影。影片于 2005 年全球公映,是诺兰执导的蝙蝠侠系列三部曲的第一部作品。影片重启了蝙蝠侠系列电影,讲述布鲁斯·韦恩从惧怕蝙蝠到经历父母双亡后成为蝙蝠侠,使高谭市免遭混乱的经过,细致地描写了一个超级英雄的心路历程。——译者注

从而有效地帮助使用者做出决定。

Trendrr 率先将社交电视收视率排行榜推向市场

实时数据从多个角度对电视产业发展有着指导意义，包括科学研究、广告和广告营销、收视率和观众参与度以及产品制作。每一个角度有其独特的视角。

——Trendrr 首席执行官和联合创始人　马克·甘奈姆

2005 年，Trendrr 最初名为 Infofilter，通过对网站 Delicious and Flickr（因为当时推特尚未出现）中的来自社交书签和分享图片进行数据分析，专注于为营销人员和机构提供社交媒体反馈意见。在过去的几年时间里，Trendrr 提高了其社交媒体监控能力，并于 2011 年 4 月 4 日发布了 Trendrr.tv，使自身成为第一个将以表格形式呈现的社交电视收视率作为特殊商品推向市场的公司。

目前，Trendrr.tv 覆盖了包括推特、Miso 和 GetGlue 收视数据在内的大量资源，同时还包括脸书帐号状态更新。根据推特、脸书发帖和电视收视的总体情况，Trendrr.tv 在其免费的社交电视排行榜上提供 10 部最受欢迎的电视剧。用户们可以在 Trendrr.tv 的日排行榜和周排行榜之间来回切换，选择他们感兴趣的内容。

除了提供某个特定电视剧的社交媒体收视率，Trendrr 还提供关于该剧的正面和负面评价，以及在上一个报告周期中的得失。尽管 Trendrr 提供了深入更多细节信息的选项，但是真正要获得这项服务的用户还需要进行付费注册。付费用户能够进入包含更多细节的节目页面，按照社交网络类别和观众性别分类。推特上的活动通过两个可视性版块展示，分别代表 24 小时或 30 天的收看时间。高端地域市场也按照特定电视节目所产生的活动量进行等级排序。最有影响力的推特则由各自的 Klout score 指数（基于社会参与度和传播扩散度对影响力的评价）进行衡量。

Trendrr 允许用户大量使用过滤和排序功能，在宏观范围内采用不同方法对其数据进行分割和组合。而且，Trendrr.tv 通过自然语言处理，能够预测最受欢迎的电视节目，帮助探测卖座的重要电视事件。例如，2011 年 9 月初，Trendrr.tv 开始推出其备受瞩目的秋季试播剧名单，并引导用户探讨这些剧目是否会正式播出。早期排名较靠前的名单（按名次顺序排名）包括：ABC 电视台的《童话镇》[①]，

[①]《童话镇》于 2011 年 10 月 23 日在 ABC 电视台首播，主要讲述了艾玛在缅因州的一个充满魔法的小镇上，遇到各种神奇经历的冒险故事。剧中将童话故事和现代故事相结合，童话、现实的人物来回穿插，充分显示了编剧超凡脱俗的想象力，童话、魔法、玄幻、现实题材、平行宇宙等元素交织，各种童话故事人物彼此牵绊，弥漫着浓厚的后现代哥特色彩。——译者注

社交电视——运营商如何通过电视关联网络、社交媒体及手机来吸引并留住观众

NBC 电视台的《花花公子俱乐部》①，ABC 电视台的《复仇》②和《霹雳娇娃》，以及 CW 电视台的《秘社》③。

Trendrr.tv 也通过合作提供一系列数字信息综合处理工具，如 2011 年 8 月宣布的"天气频道社交工具"。美国推特用户每分钟发送 200 条与天气有关的推文（在天气变化剧烈时期这一数字可能高出一倍以上），这一事实是该社交工具的设计基础。合作关系使与天气相关的推文不仅能够在电视上直播，也能够出现在天气频道的网络或者手机设备上。依据其社交智能系统，Trendrr 对推文进行分类，以确保这些推文的内容与天气有关，确定其地理位置和过滤脏话。

尽管 Trendrr 和 Bluefin 都能够提供社交电视收视率排行榜，但是由于双方在数据来源和算法上的差异，二者得出的结果并不相同。例如，当我们随机选取一周的时间进行对比时，Trendrr 分别将《欢乐合唱团》和《泽西海岸》列为收视率第一的电视剧和有线综艺节目，而蓝鳍相应的结果分别是《美式足球之夜》和《共和党候选人电视辩论》。

社交指南并不只是社交电视收视指南，它也提供社交电视收视率

当查看我的脸书和推特账号时，我发现很多人都在谈论电视，并且很多条对话都是对正在播出的电视的评论。如果我和我的朋友正在就我们所观看的电视

---

① 《花花公子俱乐部》是由艾伦·泰勒执导的剧情电视剧，由艾梅柏·希尔德、艾迪·斯比安等主演。该剧讲述了 20 世纪 60 年代的企业家道尔顿在芝加哥开办第一家花花公子俱乐部，在花花公子俱乐部结识第一代兔女郎，以及那些倾慕她们的男人们的故事。20 世纪 60 年代，带有传奇色彩的芝加哥花花公子俱乐部是一个能让所有的幻想都实现的地方，其关键就在于它是一种很受欢迎的"社会地位"的象征——在这个充满诱惑的"兔女郎"的世界里，无论是臭名昭著的黑帮匪徒还是冠冕堂皇的政客，无论是小老百姓还是当红艺人，他们都能坐在一起享受美酒佳肴和软玉温香的服务。——译者注

② 《复仇》描述一个名叫艾米莉·索恩的神秘女人来到富人云集的汉普顿，租下一栋靠海的房子，对外宣称自己是来度假的。她很快赢得了邻居的信任。但他们都不知道，这个女人所做的每一件事都有目的——她要让多年前使其家破人亡的格雷森家族血债血偿。——译者注

③ 《秘社》改编自 L.J. 史密斯同名小说，由安德鲁·米勒制作，由布丽特妮·罗伯森等主演，该剧于 2011 年 9 月 15 日在 CW 电视台首次亮相。剧中主角凯西·布莱克是一个快乐、普通的少女——直到她母亲艾米莉亚突然死于一场火灾。成为孤儿的凯西心情低落，无处容身，只好搬回母亲的家乡——华盛顿郊区一个叫命运港的小镇，与慈祥和蔼的外祖母简（阿什利·克劳扮演）共同生活。在小镇里，凯西解开了体内禁锢的魔法能力。然而凯西和她的朋友们并不知道，她们并非世上唯一的魔法生物，一股黑暗力量正蠢蠢欲动。——译者注

剧进行网上讨论,我认为,在电视播出的同时找出所有相关的讨论内容将是一件非常有意思的事情。

——社交指南创始人和首席执行官　肖恩·凯西

尽管我们在第二章关于社交电视收视指南的讨论中首次介绍了社交指南(SocialGuide),实际上该公司扮演着双重角色,提供社交电视收视率和社交电视数据分析。与 Trendrr.tv 提供表格模式的社交电视收视率的做法相似,社交指南出版了《社交电视 100 名》,面向公众提供 100 部最具社交价值的电视节目。此外,它还针对黄金时间电视节目、电视剧、运动赛事和网络进行社交排名。通过使用来自脸书和推特的应用程序编程接口(APIs),社交指南对 177 个电视频道的社交活动进行观测,平均每月涉及 4000 个以上的节目。社交指南与论坛媒体(Tribune Media)的合作使上述这些活动都成为可能(论坛媒体同时也为蓝鳍实验室提供数据)。《社交电视 100 名》分周刊和月刊出版,而前 10 名的排行榜则每天都公布在社交指南的网址上。

社交指南的数据同时被用来支持其麾下社交指南情报软件,这是一款社交数据分析工具,它使用户能够查看和挖掘社交指南所捕捉到的关于美国电视节目所有社交活动的数据。电视网络的用户群、品牌和机构也同样通过蓝鳍和 Trendrr 来进行定义。社交指南情报软件不仅提供了关于社交电视观众的独特看法及其影响因素,还提供了关于网络、节目以及平均每集电视节目层面的数据。

社交电视高收视率的最终价值是什么?

社交电视与其引发的讨论的关系有点类似鸡与蛋的关系:如果你制作出一部好的电视剧,那么理所当然的,人们就会讨论它。如果人们开始对它进行探讨,那么这部电视剧的影响力就会被放大。因此,这就有点像鸡与蛋的关系中"哪个先出现"的问题。我认为最重要的一点来自电视节目中精彩的内容。

——NBC 新闻网社交媒体负责人　瑞安·奥斯本

鉴于社交印象能获得潜在的支持和认可,我们在第一章里讨论了其价值。虽然并不是所有的社交印象都能带来同等的影响力(随接收人的变化而产生差异),但是毫无疑问,反馈平台是一个有影响力的存在。尽管电视网络公司想知道的是,在反馈平台上制造关于节目的大规模讨论是否会有助于收视率的提升,蓝鳍实验室的德布·罗伊提出了另外一个值得参与方思考的问题:

我明白人们为什么对这个问题感兴趣。他们想知道推特上的讨论越多,是否意味着代表观众数量的收视率就越高?另外一个相关的问题是:在观众

社交电视——运营商如何通过电视关联网络、社交媒体及手机来吸引并留住观众

规模保持不变的情况下,评论量的变化所代表的意义是什么?它一定有着某种含义。假设在所有条件均衡的情况下:电视网络公司熟悉人口统计学,并对推特上参与讨论的人群的所有情况都清楚——然后该公司有两部都拥有1000万观众的电视剧,一部电视剧中有5万人参加讨论,另一部中则有50万人。这意味着什么?又将对谁产生意义?有的人关注节目内容,有的人则关注广告。我想,对他们每个人来说都有一定的含义。如果50万人的讨论结果对你来说有意义,而对我来说,要想获得有价值的信息,就需要将这个数据乘以10,那么我就会想去提升这个数字,而不考虑人们说了些什么。并不是我不重视人们的反馈意见,而是这些反馈意见都来自于不同的层面。

如果越来越多的人参与电视的反馈平台,那么其他网民发现新的电视剧并进行收看的机会就越来越大,毫无疑问的,这会给电视编剧们带来最大的收益。另外一个重点是大型反馈平台,它是一座金矿,提供完善且期待被发现的、有价值的反馈信息。如果电视网络商和广告商们还没有准备好承认社交媒体有益于收视率的提升,那么他们至少要参考社交电视收视率数据制定发展策略和行动计划,并从中受益。

对反馈平台的观测使原始数据成为有用的信息

在2011年的前三个季度中,蓝鳍实验室对一组电视剧中社交电视收视率等级最高的剧集进行观测,试图找出在这些特殊的剧集播放的时候决定反馈平台讨论的因素。2011年9月5日,娱乐与体育节目电视网(ESPN)在东部时间下午6点播出的《体育中心》中,围绕马里兰州"丑陋的制服"展开了有史以来最热烈的反馈平台讨论。纽约的同性婚姻成为2011年6月4日CNN的《安德森·库珀360度观点》[①]所引起的最大型的讨论话题。2011年5月2日,当客串明星威尔·法瑞尔在直播中给柯南刮胡子时,TBS的《名侦探柯南》收获了其最高的社交电视收视率。

Trendrr发现美籍西班牙裔或拉丁美裔观众是反馈平台人口统计中非常健谈的一类。当比较两种不同话题标签(♯missuniverse和♯missuniverso)在环球小姐大赛所引发的社交讨论级别时,Trendrr的研究宣称,带有西班牙口音的话题标签(♯missuniverso)引发的讨论量是前者的3倍。Trendrr还比较了《欢乐合唱团》第二季和第三季在首映期间的社交收视等级,结果表明第三季的推特讨论规

---

① 《安德森·库珀360度观点》是一档由记者安德森·库珀主持,在CNN电视台播出的新闻节目。通过美国国际有线电视新闻网在全球播出。——译者注

模下降了 40%,尼尔森收视率也下降了 29%。

社交指南研究了 2011 年 7 月 28 日首播的第九季《天桥风云》,发现在所有反馈平台中 8% 的讨论量与该剧有关,并发生在该剧的直播期间。80% 的与天桥风云首映内容相关的评论发生在节目播出的 4 小时内,而 53% 的内容是关于节目本身。推特上通过"@答案"形式进行的对话构成了讨论的主体。相关数据说明:与以往存在的大量单向自我表达相比,《天桥风云》的反馈平台更大程度上是一种虚拟的、有问有答的互动共视体验。

当然,尽管所有这些信息都非常有趣——人们在制作 PPT 时可以使用这些信息来增加一些趣味性的内容——如果这些信息还不足以帮助人们做出决定。

广告商该怎样通过反馈平台帮助做出决定

广告商从社交电视收视率获益最多的一种方式是从自身品牌讨论量的增长中发现并锁定目标客户。正如我们在第一章里谈到的那样,反馈平台讨论并不局限于电视节目本身,还包括电视广告。

例如,无糖百事可乐的"海滩推特"广告在 260 个不同的电视节目中播出了 746 次。由于蓝鳍实验室的视频指纹技术也覆盖了广告,所以他们能够隔离控制组和测试组来观察品牌讨论量的增长。

测试组由 180 万人组成,他们都观看了反馈平台上包含无糖百事可乐广告在内的电视节目,并对这些节目发表评论。控制组则由 220 万人组成,他们具有相似的背景,但是没有收看无糖百事可乐广告。通过在反馈平台上观测广告前和广告后讨论量的变化,蓝鳍实验室计算出在受试组的品牌讨论量提升了 19%。上述测量结果强调了"反馈效应",而这正是传统的电视所不曾拥有的。

上述这个例子也引发了社交电视收视率对广告商的第二个重要用途。目前我们都意识到,某些特定类型的电视节目更能够产生热烈的讨论。正如尼尔森公司的拉达·苏布拉曼研所说的那样,"基于你的内容的变化,社交影响力也会有所不同。作为一部电视剧,它可能非常成功,但是在社交媒体上也能够同样大获成功的可能性则要小得多"。

上述原则也同样适用于电视广告。在一个拥有适当目标的主动式媒体电视节目中,将主动式体验融入电视广告创意中更容易成功,从而获得观众的大范围参与。由于节目的实际特征,一旦电视观众参与到第二屏幕应用中,即便随后出现的是与电视节目相匹配的主动式电视广告,观众也不需要在心理上(或是在实际操作中)采取任何变化。

使用社交电视收视率来发现并接近主动式或被动式电视节目,这种方式使媒体规划者和购买者从目标性和创造性的层面上把握广告机会。

我们可以通过分析、了解产品与广告的密切关系获得更多信息。在无糖百事可乐的"海滩推特"广告中,蓝鳍实验室发现,当电视节目中的主要产品与无糖百事可乐呈密切关系时,品牌讨论率提高了两倍,而如果节目中播出其他低关联广告时,品牌讨论量则呈下降趋势。

尽管社交电视收视率会给电视节目带来大规模的反馈意见,但是广告商要记住这些节目有可能并不适合某个特殊品牌的目标定位或者核心价值。广告商只有通过使用能够确定双方密切关系的工具,才能够提高自己品牌的社交电视收视率,以此作为有价值的参考意见并帮助自己做出决定。

行动起来:社交电视收视率

尼尔森数据持续成为决定媒体购买决策的重要信息来源,但是,它并不是唯一的来源。下面的3条建议概括了如何善用社交媒体优化媒体规划及购买策略。

1. 进行首次尝试

如果你隶属的广告机构还没有与蓝鳍、Trendrr 或者是社交指南建立合作关系,那么你就失去了使你和你的员工获得帮助的大量信息。要想了解如何使用这些工具以及它们能够产生什么样的数据,最好的办法就是用你已经投入市场的电视广告进行一次尝试。每种工具定价不同,并且采取不同的方法衡量受众规模。

2. 进行实验

按照社交媒体数据得出的与你的品牌相契合的电视节目名单,将和传统媒体规划尝试下的结果大相径庭。如果在传统媒体名单上排名靠后甚至榜上无名的电视剧爬上了社交电视排行榜的顶峰,其目标定位适当,那么在该节目后播放广告来进行尝试,并比较发生在不同电视剧和网络平台媒体购买中的反馈性言论。

3. 评估你的社交值

什么才是与你的品牌相匹配的社交印象?在第一章中,我们讨论了这类印象的放大效应。当一个最初无针对性的电视广告最终产生出大量正面的、带有选择性的社交印象时,我们见证了一个大有前途的晕轮效应[①](halo effect)。如果这些对你的品牌确实有价值,那么现在你有了优化你自身的创造力和媒体购买的另外一个基础。

---

① 晕轮效应又称光环效应,属于心理学范畴,指人们对他人的认知判断首先根据个人的好恶得出,然后再从这个判断推论出认知对象其他品质的现象。

社交印象的数据库在规模和价值上都持续增长

随着越来越多的人参与社交网络应用的行列,电视的整体反馈平台的规模只会持续扩大。当这一切发生的时候,衡量社交电视收视率的数据库内容也会变得更加丰富,更能代表公众意见,而这些反过来又能带来更好的洞察力,有助于产生更能引起观众共鸣的内容。

扫一扫获取更多信息

使用你的手机扫描下方二维码获得本章所引用案例的相关视频信息。

手机上没有二维码识别软件?不用着急,请登录 http://www.socialtvbook.net/tagged/chapter5 直接获取相同内容。

第六章
桥梁内容

推动电视剧播出空档期的参与度

电视观众与南福克农场尤因家族首次结缘是在1978年4月的第一个周日,当时正值CBS的5集迷你剧《豪门恩怨》播出。但是最终,这部迷你剧一点也不迷你,《豪门恩怨》结束时一共有357集,播出了整整13年又1个月零1天。

这部现在仍然非常有名的电视剧,描绘了始于老约翰·乔克·尤因的富豪石油家庭中8个主要成员奢侈、阴暗而又复杂的生活,故事情节纯属虚构。老约翰最大的儿子,小约翰 J. R. 尤因——尤因石油家族的顽固而又精明的总裁——很快成为该剧中的焦点,这是有其充分原因的:他的性格被巧妙地塑造,让观众们忍不住对他又爱又恨。

《豪门恩怨》第二季(或是第三季,如果算上早期的迷你剧)的结尾成为电视播出历史上的一个重要时刻。命名为《家庭纠纷》的最后一集于1980年3月21日周五播出——正是吉米·卡特总统宣布美国抵制莫斯科夏季奥林匹克运动会的同一天。事实很快证明,在普通民众中,一个虚拟电视故事所引发的讨论甚至会超过对当前真实世界里新闻的关注。

离那个原本并不出名的第二季的最后一集结尾还差110秒的时候,观众们看到J. R. 尤因在他的高层办公室里工作到深夜。除了桌上台灯所带来的少量光线外,房间里面非常黑暗。电话铃响了,他接起电话说"我是J. R. 尤因",另一端却只是一阵沉默。"哈罗?"J. R. 尤因问道,但是只听到两声飞快的"嘀嗒",然后就是电话被挂断的声音。

当观众注视着J. R. 尤因在办公室里徘徊近一分钟后,画面突然变为黑色,同时传来一阵不祥的脚步声。当画面回归的时候,观众发现镜头似乎在以一个旁观者的角度打量J. R. 尤因的办公室。突如其来的咔嗒声和同时出现的碰撞声将J. R. 尤因从他的沉思中惊醒,"谁在那?"他猛然问道,可是没有人回答。

J. R. 尤因快步走向发出动静之处查看,然而正当他转入通向他办公室的漆黑的入口时,随着"呼"的一声枪响,J. R. 尤因转过身来,手捂着肚子。"呼"的又一声枪响,第二颗子弹穿过他的身体,J. R. 尤因摇晃着,试图保持平衡,最终不得不松开紧紧抓住的门框仰面朝天倒在地上。

当 J. R. 尤因挣扎着呼出他最后几口气时,镜头聚焦到他脸上,同时背景音乐也明显达到高潮。似乎失去了生命的 J. R. 尤因的尸体上方出现了一行醒目的黄色黑体大字:"制片主任菲利普·卡帕斯和李·瑞奇"。观众所熟悉的《豪门恩怨》的片尾演职人员名单列表的出现,毫无疑问地表明这部倍受欢迎的电视剧第二季已经结束,而电视观众对刚刚发生在他们电视机屏幕上的这一切深感意外。

《豪门恩怨》不仅重新定义了悬疑电视剧的概念,随着全世界的观众着迷般地猜测谁才是杀死 J. R. 尤因的凶手,该剧也引发了一场流行文化的大爆发。由于 1980 年夏天爆发的(美国)影视演员协会大罢工,《豪门恩怨》第三季延期,观众找出真相的等待时间要比他们原来预计的时间要长一些。

第二季和第三季之间的大量疑问点燃了公众的好奇心,也造就了 CBS 电视台及其热门剧梦寐以求的宣传机会。大量印有"谁杀了 J. R. 尤因?"的 T 恤和收藏品进入市场。1980 年 7 月 14 日出版的《人物》杂志报道称,关于 J. R. 尤因的保险杠贴纸数量甚至超过了卡特和里根总统竞选活动中自发产生的贴纸数量。1980 年 8 月 11 日,《时代周刊》的封面首页标题为《电视界的豪门恩怨:谁干的?》。

最终,在《豪门恩怨》第三季的第四集中,来自世界各地的、充满渴望的观众们找到了他们的答案。据估计,收看了名为"谁干的?"这一集的美国观众数量达到 8300 万,这一数字远远超过了 1980 年总统选举中到场的选民总数。同样都发生在 11 月,该剧首播仅仅早 17 天,与收视观众数量相比,总统选举到场的选民总数令人汗颜。

即便是现在,在史上得分最高的电视剧中,《豪门恩怨》仍然排名第三,仅次于第 44 届美式足球超级杯和《风流医生俏护士》的大结局。因为全球共计 3.5 亿的观众一起寻找"谁杀了 J. R. 尤因?",1980 年 11 月 21 日的这个周五被永远记住。

内容使剧集之间的等待变为值得分享的期待

《豪门恩怨》中带有谋杀企图的神秘故事让人深深着迷,不仅因为最终被确认为持枪杀手的是克莉丝汀·谢波德(图谋报复的 J. R. 尤因妻子的妹妹),而且因为其通过内容帮助电视观众在电视剧空档期保持兴趣的独特方式。

这就是我们所说的"桥梁内容",它是使电视剧的忠实粉丝们在电视播出空档期始终将该剧作为心头要事,并持续进行讨论的动力源泉。桥梁内容能够使观众

社交电视——运营商如何通过电视关联网络、社交媒体及手机来吸引并留住观众

保持活力,促进宣传,从而最终达到提高收视率的目的。1980年的那个暑假,衣服、扣子、水杯和杂志都被用作《豪门恩怨》桥梁内容的载体,如今的电视网络则可以借助网络以及社交媒体的传播和放大功能。

针对TVGuide.com逾1500名用户进行调查研究,其结果显示,总体而言,人们更喜欢在他们最喜欢的电视节目播出之前和之后(之后阶段占更大比例)通过社交媒体进行讨论。在连续剧(如《豪门恩怨》)中,这一点表现得尤为突出。观众们被实际播出的内容深深吸引,所以他们更倾向于在节目播出之后而不是在中途分享收看感受。

采用这种模式的电视网络能够为其麾下电视节目中那些已经展开,而又缺乏活力的讨论提供一点有益的"内容推动",起到增强活力、引起观众注意的作用。这就要求制片人、剧本创作者和运营商要分工合作,将上一集的线索与即将播出的下一集的核心内容有效连接,使之首尾呼应,从而使相关节目被讨论的水平得到保障(或提高)。

脸书是电视节目桥梁内容的理想参与平台

据报道,2011年5月,在脸书上至少对一部电视节目点过"赞"的人数逾2.75亿,而在社交网络中被"赞"过的节目数量总计超过5亿。更耐人寻味的是,脸书上获赞最多的17个页面都与电视节目有关。例如,2011年9月,脸书上获赞最多的电视剧是《恶搞之家》[①],被赞3500万次。

我们非常清楚所有脸书用户都期待被"赞"的原因。一旦有人赞了你,那么理论上来说,这些人会默认在他们的新闻推送中接收你的新帖子。你就不需要再担心他们要如何才能浏览你的主页,现在你的内容会直接传递给他们。但是,并非所有赞了你的主页的人都会去看你的其他帖子。据估计,点赞之后再进入对方脸书主页进行浏览的用户人数可能只占总数的10%~12%,这使得你的内容是否能够出现在脸书用户新闻推送端显得非常重要。

在脸书上获赞只是成功的一半。脸书粉丝中仅有3%~8%的用户会确实浏览他们新闻推送中的特定帖子。这是因为脸书采用了一种名为EdgeRank的算法,基于每个帖子所获得的回应量,给予那些被视作或是看起来像顶级新闻的帖

---

① 《恶搞之家》是一部由福克斯电视台推出的成人动画情景喜剧。故事围绕格里芬一家展开。家中成员包括父亲彼得、母亲路易斯、大儿子克里斯、大女儿梅根、小儿子斯特威和拟人化的宠物狗布莱恩。故事发生在罗得岛一个名为圆蛤市的虚构城市,以幽默方式恶搞美国文化。——译者注

子更高的优先权。

回应量通过百分比来表示,由每个帖子所获赞和被回复的总数除以其页面的粉丝总数来确定。这样做的目的是使脸书发帖能够从根本上获得粉丝反馈。你获得的评论越多,收获新粉丝的机会就越大,那么就会有更多的人看到你的帖子。这要求电视网络(与之相关的所有的品牌)在脸书上发帖的内容要能够引起观众的共鸣。

但是你要怎样才能知道你的品牌或者你的发帖是否符合你现有的以及将来的粉丝的口味呢?脸书用户能够实时监控某个特定帖子所获得的反馈规模,或者使用脸书旗下的名为"Insighs"的工具来对数据进行更加细致的分析,根据反馈量进行评分、展示和排行。这使得脸书用户能够找出最受欢迎和最不被待见的帖子的主要特征,从而增加恰好能够引起正面反馈评论的内容,减少或者完全清除起相反作用的因素。

鉴于每月在脸书上被分享的信息数量多达 300 多亿条,争夺用户新闻推送空间的竞争非常激烈。擅长标新立异夺人眼球从而快速获赞的帖子(相对于因优质内容而获赞的帖子)同时也会遭受反馈信息不足和社区总体活动量低的困扰。① 因此,电视节目的内容策略必须要包含目标粉丝识别方法。

如果花时间在电视节目的脸书主页做上述这些事情,相关电视网络公司能够接触到 50% 的脸书用户,这些脸书用户每天登录社交网络。如果每个用户平均有 130 个朋友,与这些用户互动的桥梁内容就有机会被朋友们分享和有效传播扩散。

正如 2011 年 5 月脸书创始人马克·扎克伯格在巴黎举行的网络八国峰会互联网论坛②(the e-G8 Internet Forum)上所宣称的那样,电视(同时也包括书籍和电影)通过网络而成为具有社交性的下一代产品。

CW 网络电视台确保向其脸书用户粉丝提供有价值信息

社交媒体观众是我们现在最重要的营销对象之一。如果我们要依赖这个群

---

① 有些帖子能够博眼球,因其反应快、内容新而收获大量的赞,但是由于内容简单,回帖和讨论数量少,因此帖子显得反馈信息不足和活动量低。

② 网络八国峰会互联网论坛是在全球公共政策环境下政府和行业领袖专注互联网的特邀峰会。2011 年 5 月 24 日至 25 日,论坛在巴黎的杜乐丽花园由阳狮集团举办、法国前总统萨科齐召集举行。参加的人员包括法国官员和科技领军公司的高管,如推特、脸书、谷歌等。——译者注

社交电视——运营商如何通过电视关联网络、社交媒体及手机来吸引并留住观众

体,我们就要采取非常细心、周到的方式来对待他们。我们非常尊重这个群体,我们不会一年365天都对他们进行信息轰炸。如果我们没有什么有价值的内容要公布,我们就不要浪费他们的时间,堵塞他们的新闻推送渠道。

——CW综合销售与营销执行副总裁　艾丽森·塔兰特

2009年9月10日,《吸血鬼日记》在CW网络电视台首播。这部电视剧改编自L.J.史密斯的小说。作为这部电视剧主线的两名吸血鬼兄弟——达蒙和斯特凡·萨尔瓦多,同时爱上回到他们家乡弗吉尼亚神秘瀑布镇高中的一个女孩艾琳娜·吉尔伯特。随着剧情的发展,兄弟俩发现在19世纪他俩曾经与一位名叫凯瑟琳·皮尔斯的冷酷无情的女吸血鬼陷入同样的三角恋爱中,而这个女吸血鬼和艾琳娜·吉尔伯特相貌极为相似,《吸血鬼日记》里增添了时空交错的情节。

目前,《吸血鬼日记》正播放到第四季,其脸书主页是CW电视台在线社区最具活力的区域之一,拥有逾900万的粉丝量。该剧第四季首播前三周,公布在主页上的新的剧组照片获得了36000多个赞和4000条评论。

与照片发布时所获得的巨大关注形成鲜明对比的是,在剧组发布照片的前后阶段,脸书发帖所引发的反馈仅占粉丝数量的七分之一。这种反应清楚地说明《吸血鬼日记》的粉丝最热衷于与独家的或者最原汁原味的内容进行互动。例如,在2011年美国圣地亚哥国际动漫展上抓拍的一些照片在脸书上获得了近32000个赞。

在如何使《吸血鬼日记》脸书页面内容多样化方面,CW电视台颇有建树。有一个页面使用了Spotify①流音乐服务,以第三季中的音频自动播放列表为特色。另一个页面则直接提供了iTunes的链接,使用户能够预览或购买最新发布的剧集,以便能够"接着看"。除此之外,该网络电视台还有用来进行民意调查的"脸书问答"特色板块,询问粉丝他们最爱的是哪一集——收到的评论超过100000条。

ABC电视台的《摩登家庭》通过征求粉丝意见吸引粉丝

《摩登家庭》第三季每集时长1小时,为给首播制造人气,该剧背后的ABC电视台贴出两张几乎相同的剧组海报,只在介绍部分稍有差异。ABC电视台以一种

---

① Spotify是瑞典正版流媒体音乐服务平台,2008年在瑞典首都斯德哥尔摩正式上线。美洲、欧洲大多数地方以及亚洲、大洋洲的部分国家可以享受这个服务。平台可以按艺术家、专辑、流派、播放列表或唱片公司搜索浏览音乐。截至2016年6月,Spotify拥有超过1亿的在线用户和约5亿注册用户,2016年3月付费用户达到3000万。——译者注

非常有技巧的方法要求他们逾 400 万的粉丝来做出选择:"我们需要你的帮助!我们无法确定哪一个版本更适合我们近期的海报,所以我们想知道你的意见。毕竟你们都是非常有品位的人。花点时间看一看,然后通过评论,或者给你喜欢的海报风格点赞来告诉我们你的答案。"

其中一幅海报照片收到了 2600 多个赞,而另一幅被赞次数则是前者的 8 倍。仅仅通过要求粉丝们点赞,ABC 电视台就制造了超大规模的社交印象,扩大了《摩登家庭》的影响。

在母亲节前夕,ABC 电视台同样发起一个投票活动,要求《摩登家庭》的影迷们在剧中角色卡姆和米奇之间选出谁更具有母性。最后卡姆大获全胜,超过米奇 35000 多票。这场投票的时机不仅恰到好处,而且表现了该剧和其中角色的幽默精神。

2011 年 3 月 23 日,为推动观众来收看《摩登家庭》中播出的名为"男孩之夜"的分集,ABC 电视台采取了一个简单的、内置的脸书页面设置,添加了一点具有创造精神的时空交错情节,从而取得了较好的效果。当剧中的角色之一杰伊意识到他的妻子格洛里亚和儿子曼尼要带他去听交响乐,而不是去参加弗兰基·瓦利①的音乐会(Frankie Valli concert)时,他与他们分开,最终来到一家酒吧。非常巧合的是,他的儿子曼尼和卡姆以及他们的三个朋友也在这家酒吧用餐。

既然这一集的核心内容就是这顿晚餐,ABC 电视台就推出了一个脸书活动,其核心创意在于邀请粉丝们在该集播出当天的同一时间和剧中的这些男性角色们共进晚餐。这场活动被命名为"和卡姆、米奇、佩珀、朗吉纳斯……以及杰伊一起度过男孩之夜!"这个邀请收到了 4000 多份正式回复。每个正式回复不仅出现在朋友们脸书的新闻推送中,同时也起到了提醒观众实时收看的作用。

CBS 电视台将《老爸老妈的浪漫史》的内容推向一个新的层次

CBS 电视台擅长将幕后桥梁内容与观众对下一集内容的好奇心巧妙又合理地结合起来,脸书上给《老爸老妈的浪漫史》点赞的用户人数超过了 18000000。该电视台在脸书上宣布《老爸老妈的浪漫史》在接下来的两年里会继续更新的帖子则获得了 42000 多个赞。

《老爸老妈的浪漫史》的忠实影迷和圈内人士对该剧如此着迷的原因之一在

---

① 弗兰基·瓦利,原名弗朗西斯科·斯蒂芬·卡斯特罗西奥(Francesco Stephen Castelluccio),他是美国当代著名男歌手,四季乐队的主唱,后来单飞,以极具魅力的假声唱法而闻名。——译者注

于其"真实版"网络内容。如果直播中出现了某个网址或者与网络相关的内容,那么这些信息是特意制造出来供粉丝发现和探索的。

例如,在第三季名为"一件不留"的一集中,莉莉和他的未婚夫马歇尔需要钱来进行价格不菲而又必须进行的家庭装修计划。在极度需要大笔现金的情况下,马歇尔提供的解决方案是建立一个网站,专门出售莉莉那些昂贵的服装。这个网址不仅在节目中被提到,在现实生活中也的确存在(LilyAndMarshall-SellTheirStuff.com)。该网站将剧中的道具进行实时直播拍卖,所得的钱捐给洛杉矶儿童医院。

《老爸老妈的浪漫史》是制造桥梁内容的高手。剧中花花公子巴尼·斯廷森在一家虚拟银行工作,但是该银行在现实生活中有真实的网址(GoliathBank.com)。此外,粉丝们还可以购买巴尼的《兄弟宝典》,观看他的视频简历,浏览他的博客,该博客被直接命名为"巴尼的博客"并以"巴尼"的名义进行更新。

其实早在第二季中就出现了一幕令人捧腹的剧情,罗宾·舍巴斯基在加拿大的时候是一位年轻的波普艺术家,所以被称为"闪闪发光的罗宾"。当回到剧中的时间2006年时,有这样一个剧情:罗宾的一个音乐视频被放到了聚友网①(MySpace)。顺理成章的,CBS电视台为此在聚友网上创造了一个主页,并且附上了这个音乐视频。目前,"闪闪发光的罗宾"的脸书主页上已经有10万多名粉丝。

尽管所有这些真真假假、虚实结合的内容存在于网络的不同网址,CBS电视台利用《老爸老妈的浪漫史》的脸书主页综合这些网络信息,从而增加其被发现的可能性。由于脸书页面上很大一部分内容实际上源自CBS电视台网站的转帖,再加上脸书用户数量持续增长且活动频繁,脸书的影音推荐链接也使电视台网站受益匪浅。

并非所有的桥梁内容都通过脸书传播

说到底,我们是一家以内容为主的公司。公司业务不是要创造科技噱头,而是要创造出人们乐于参与的顶尖内容。尽管我们的操作方式基于受众不断进化的数字化行为,但我们操作的起点在于拥有出类拔萃的内容。
——维亚康姆传媒电视网社交收视负责人 雅各布·史威驰

---

① 聚友网是一个提供朋友、个人资料、博客、群组、照片、音乐和视频的互动社交网站。总部设在加利福尼亚州,2005年7月被新闻集团收购。2005—2008年,它是世界上最大的社交网站,并于2006年6月超越谷歌成为美国访问量第一的网站。2008年4月被脸书超越,之后用户逐年减少,排名逐渐下降。——译者注

第六章　桥梁内容

原产于加拿大的《迪格拉丝》系列第一部叫作《迪格拉丝街上的孩子们》，共 26 集，于 1980 年上映。1987 年该系列更名为《迪格拉丝初中》，共拍了三季，通过公共电视网（PBS）在美国播放。该剧以棘手而又经常引起争议的青少年问题为主线，描述了多伦多一所虚拟中学的学生群体生活。当这个系列的故事情节推进到高中时，《迪格拉丝初中》于 1989 年更名为《迪格拉丝高中》。从第一集开播到 1991 年 2 月 11 日最后一集，该系列总共播出了 96 集。

随着加拿大影视公司 1992 年拍摄的电影《假期来临》的上映，《迪格拉丝》系列于 2001 年回归，被命名为《迪格拉丝中学的下一代》。这部新剧（当前正播到第十一季）以《迪格拉丝高中》的青少年为主人公，并保持了原剧情节跌宕与热门话题息息相关的特色。当进入第十季的时候，该剧更名为《迪格拉丝》，在美国的尼克儿童频道①（TeenNick）播出。

《迪格拉丝》利用网络开展彻底的改革，为该剧建立了跨平台的、激动人心的信息资源空间，里面充满了桥梁内容，供影迷们在等待下一集播出期间打发时间。在过去的两季中，通过《迪格拉丝》系列的作者和尼克儿童频道数字化营销团队的共同努力，24 名《迪格拉丝》的主要成员在推特上开通账号。这种被首次采用的跨平台的互动性故事讲述方式使粉丝们能够跟随自己最喜爱的角色，了解在《迪格拉丝》播出期和空档期该剧的进展情况。位于尼克儿童频道网站《迪格拉丝》的主页提供包含剧中所有角色的推特信息总览，被命名为 Degrassi DL。此外，脸书还提供了与剧中角色的推特内容相关联的信息。

尼克儿童频道的《迪格拉丝》的桥梁内容最吸引人之处在于其运用剧中角色的推特账号来集中相关网络资源。2011 年 8 月 30 日，正值《迪格拉丝》播出有关毕业季的那个上午，剧中的八卦天后仙缇·布莱克在推特上发文"今天毕业了！还记得我们刚进入迪格拉丝中学的情景吗？♯怀旧 http://ow.ly/6gssV."。仙缇提供的超链接通向发表在迪格拉丝日常八卦博客的一个特殊的帖子，帖内展示了仙缇以往的剪辑照片，这使观众们对即将播出的剧集更加感到兴奋。迪格拉丝日常八卦博客是迪格拉丝系列制片人用来丰富节目内容的另一个应用平台，帮助观众体验网络故事。推特和博客同时作用，缔造出一个多层面的迪格拉丝立体网络空间，每天均有新内容出现，包括照片和以剧中人物身份发表的言论。

《迪格拉丝》大部分剧中人物的推特账号——在该剧直播期间也会发表推文——拥有至少 5000 名粉丝。有几个账号的粉丝数量则要翻倍。剧中角色之一以利亚·戈兹沃西的推特账号"@真实的以利亚"拥有接近 16000 名粉丝。很显

---

① 尼克儿童频道是面向青少年的美国数字有线电视和卫星电视频道。该频道拥有原创节目和尼克国际儿童频道（Nickelodeon）的系列节目，并收购针对青少年的节目。截至 2015 年 2 月，该频道拥有七千多万付费电视家庭用户。——译者注

然,他是剧中最受欢迎的角色之一。

桥梁内容是将电视节目内容延伸到其播出范围之外的载体。维亚康姆传媒电视网①(Viacom Media Network)社交收视负责人雅各布·史威驰将社交媒体看作开放创造机会和培养跨团队合作的催化剂:

> 社交电视打破了电视人和运营商之间的壁垒,两者在节目制作、内容编排和人事方面有着越来越多的合作。消费者和粉丝都越来越渴望参与到节目制作的每一个过程中来。他们希望在每个环节中,制作方都能考虑到他们的意见,不仅仅在节目已经被编辑好放上网络之后,而且是在更早的环节。数字化技术人员和电视人合作联系越紧密,我们就越能够提供炫酷的收看体验。

包括尼克儿童频道在内的电视网络目前正在日益频繁地使用社交媒体来为他们的数字化内容锦上添花,尽管桥梁内容的概念早已不是什么新鲜事。

2006年Sci-Fi使用桥梁内容连接电视剧的上下季

2003年12月,改编自1978年出版的外太空科幻系列小说《太空堡垒卡拉狄加》②迷你剧上映。该剧分为上下两集,总计时长3个小时。由于该剧在幻想频道收视率排名第三,电视台决定将其改编为成熟的电视剧,并在2004年8月18日首播。

《太空堡垒卡拉狄加》第二季的结尾设置了一个突如其来的悬念:剧中作为主要角色的家园的新行星被他们所一直逃离和躲避的敌人(赛昂人)所发现和占领。这个结局当然会令观众们感到焦虑,因为他们将不得不再等7个月才能从新的一季中获知解决方案。

为了满足焦急的影迷们的需求,科幻频道在第三季首播一个月之前发布了由10个视频组成的网络版合集,每个视频不超过5分钟。每周在科幻频道主页、YouTube和iTunes上面发布两个网络视频。这一系列的桥梁内容有效地填补了第二季有意设计谜团和第三季有效揭露谜底之间的空白。

---

① 维亚康姆传媒电视网是维媒体巨头维亚康姆的分部之一,负责监管电视频道和互联网品牌,创建于1984年。——译者注
② 《太空堡垒卡拉狄加》是一部美国军事科幻电视连续剧,是1978年播映的《银河战星》的二次创作和发展。该剧讲述了机器种族赛昂人毁灭了12个人类殖民地后,近5万名幸存者齐聚唯一幸存的太空堡垒,并在舰长阿达玛的带领下组建舰队,寻找人类的第13个殖民地地球的旅程。——译者注

尽管近年来许多电视网络都为其电视节目研制了在线配套内容,科技的进步,尤其是不断增长的社交媒体及手机的应用,将为人们继续体验和分享这种内容提供新的方式。

精彩电视台的桥梁内容影响直播内容

在过去,桥梁内容仅被当作以数字化形式拓展的内容,但是我们并不想提供延伸体验,我们想提供能推动总体收视率的数字化体验。无论使用哪种平台,数字化内容和电视节目本身同等重要。

——精彩电视台数字化媒体执行副总裁　丽莎·夏

精彩电视台的《顶级大厨》第一季于 2006 年 3 月 8 日首播。这场真人秀节目采取竞争机制,以一群有志向的厨师们完成各种与厨艺相关的挑战为卖点。烹饪结果则由四位食品和餐厅领域的专家进行评判。在节目过程中,选手将被逐步淘汰直至最后一人,此人就是最终的"顶级大厨"。

2011 年 11 月《顶级大厨》第九季首播,并推出了全新的"跨媒体"环节:一个与电视节目平行的网络系列视频《顶级大厨:回到厨房的最后机会》,给予被淘汰的选手重新回到节目的第二次机会。由首席评委汤姆·克里希奇奥主持,每周电视系列中被淘汰的选手与上周网络系列中的冠军进行 PK。《顶级大厨:回到厨房的最后机会》中最后两名选手进行决战,争夺回到直播电视节目中的机会。

网络版《顶级大厨:回到厨房的最后机会》标志着精彩电视台的数字化内容首次对其电视直播内容产生影响。通过使用桥梁内容推动电视节目收视,这是网络的一个非常聪明的举动。迫切想了解内幕的《顶级大厨》的粉丝们需要同时收看电视版和网络版节目才能知道谁会有可能重回舞台参与季末的决赛并取得胜利。

在社交电视领域,精彩电视台已经展示了一种"尝试并且学习"的方法,让人能够持续保持好奇心并且意志坚定。精彩电视台数字化媒体执行副总裁丽莎·夏对我们如此说道:

> 改革并没什么样板可言。目前我们对社交电视的了解仍然处于原始时代。你手中有一块石头,而你试图将它做成一个箭头,或者一只碗,或者乳钵和乳钵槌。我认为我们尚不能断言什么有用或者什么没有用。在我看来,要切实地了解社交电视的各个组成部分以及用户对它们的反应,从而不断改进围绕这一切的体验。

通过网络使其桥梁内容的重要性升级,精彩电视台的《顶级大厨》跨媒体的体验几乎与电视内容并重,而这一切很有可能只是刚刚开始。

社交电视——运营商如何通过电视关联网络、社交媒体及手机来吸引并留住观众

NBC 电视台从一开始就将数字化成分融入其节目中

数字化内容并不总是桥梁内容,它是我们 NBC 电视台的核心。我们的直播节目时长为 30~60 分钟,然后我们在网络上继续这个故事。我们试图在网上营造额外的体验,推动粉丝在线参与,从而使观众在节目非直播期间也能够保持同样的——如果不是更多的——兴趣。

——NBC 网络社交媒体高级主管　黛娜·罗宾森

作为顶级娱乐网站的 NBC 电视台主页充满了其麾下各个电视剧五花八门的网络内容。从社交游戏到知识竞赛,再到独家网络视频短片以及视频混搭,NBC 网站将其线上产品作为整体内容策略的核心部分,而这些线上内容与 NBC 网络生态系统内的每个人都直接相关。

从 2006 年 11 月开始,NBC 电视台就推出了一个名为《问问蒂娜》的板块,在该节目中,《我为喜剧狂》[①]的蒂娜·菲回答观众提出的问题,问题的来源包括节目的留言板、脸书页面和推特。大约每月一次,蒂娜身穿便装,在视频中对一些突出的问题进行回答。这位喜剧演员从《我为喜剧狂》首播时期就开始参与上述节目,到目前为止,NBC 网站上有 40 多个《问问蒂娜》的视频。

观众的提问内容无奇不有,既包括对该系列喜剧的理解感悟,也包括对蒂娜超能力的质疑(顺便提一句,她的回答是"我能在一秒钟内变得像龙卷风一样残酷无情")。蒂娜将她的即兴喜剧天赋蕴含于回答当中,创造了成本低廉、操作简单、又幽默风趣、极具吸引力的桥梁内容。此举不仅吸引了更多忠实的粉丝,缩短了他们与电视剧的距离,还鼓励他们进行分享,从而产生社交印象。

尽管《问问蒂娜》与《我为喜剧狂》配合默契,但是这种模式并不适合所有的 NBC 节目,或者其他电视网络的节目。因为每个节目都各有特点,采用某种标准模式来统一对待无疑是行不通的。但是,正如 NBC 网络社交媒体高级主管黛娜·罗宾森与我们分享的那样,在 NBC 的数字化举措中,有一点是普遍适用的:

不同类型的节目体裁具有不同的特点。真人秀节目让你能够直接与选手交流,因为他们和观众一样,是使用社交媒体的活生生的人。对于剧情节目,我们发现网络视频、重头戏和视频混搭一向都很奏效。对于不同类型的节目,我们采取不同的方式,但是不间断的社区管理是将一切因素联系起来

[①] 《我为喜剧狂》是由蒂娜·菲创作的美国讽刺情景喜剧,于 2006—2013 年在 NBC 播出。描写的是一位《女子秀》节目的小品喜剧作家利兹·雷蒙的故事。剧情是基于该剧作家蒂娜·菲 1997—2006 年做《周六夜现场》首席作家的经历编写的。——译者注

第六章 桥梁内容

的普遍原则。一旦你开始和那些忠实的粉丝们接触，细心地维护他们，并确保他们如布道者一般宣传你的电视节目是非常重要的。当粉丝们发觉他们是在和某人交谈时，他们会感到自己更加重要、更被尊重。我们想让他们感觉似乎在与真人而不是与一个巨大的电视网络进行交流。

NBC 电视台在其摸索过程中很早就意识到，在粉丝们最喜欢的节目处于停播、空档或者季与季之间等待期的时候，给予他们可供讨论的内容是非常重要的事情。2006 年，最早出现的网络系列视频源于《办公室风云》①，以电视剧中并没有占据太多时间的人物为主角。网络团队和该节目编剧及制片人的密切合作，是使《办公室风云：会计师篇》大获成功的主要原因。NBC 电视网络通过多年的努力，将这种合作一直延续至今。

《办公室风云》最近的网络系列源于第七季中提到的凯利和艾琳的女子乐队。网络视频讲述了这个名为 Subtle Sexuality 的女子乐队是如何拍摄她们的第一部音乐视频的。她们的第二首歌和视频《邻家女孩》于 2011 年 4 月在其乐队主页首发。围绕这个乐队的角色，乐队内部网络世界被创造出来，包括乐队粉丝俱乐部、演出时间安排表，以及真实的音乐会 T 恤的销售。

桥梁内容不再是节目制作完成之后附加的，类似于事后诸葛亮之类的产物了。实际上，"桥梁内容"这一术语此时好像带有一些贬义，被归为第二等级。随着越来越多的观众加入体验，桥梁内容或者由多方合作创造，或者突破节目播出时间的限制，与电视形成互补的内容，它必将成为未来电视的一个激动人心的组成部分！

是的，就连《芝麻街》也在开发桥梁内容

自 2006 年创立以来，《芝麻街》②YouTube 频道已经积累了近 200000 名注册用户。视频库包括 1000 条儿童教育类节目的最优剪辑，历年来总计收看次数超过 5 亿次。《芝麻街》的内容还包括几段近年来对流行文化的恶搞片段，流传甚广。

《芝麻街》的最有名的恶搞是针对 2010 年 2 月古风（Old Spice）发布的著名的

---

① 《办公室风云》是英国首创的流行伪纪录片情景喜剧，已经在许多国家翻拍，全球观众已达数亿。——译者注

② 《芝麻街》是由美国公共电视网（PBS）制作播出的儿童教育类电视节目，该节目于 1969 年 11 月 10 日播出。节目综合运用了木偶、动画、短片、幽默等表现形式，向儿童介绍基础阅读、算术等基本知识和基本生活常识。——译者注

"你的男人也能有这样的味道"广告。《芝麻街》版本的特色是用毛茸茸的蓝色怪物格罗弗取代了原广告中男演员伊萨阿·穆斯塔法。古风广告原本是对沐浴露进行促销,而恶搞视频则是在演示"上"这个词的意义。当视频进入到尾声,原广告中伊萨阿·穆斯塔法就要说出那句有趣的"我在马上"时,观众们却发现格罗弗骑在一头牛上。《芝麻街》的"闻起来像个怪物"视频于 2010 年 8 月 6 日上传至 YouTube,收看次数逾 800 万次。

《芝麻街》在 YouTube 上其他被恶搞的电视剧还包括《我为喜剧狂》《绝望的主妇》和《真爱如血》。此外,《芝麻街》还制作了一个与《广告狂人》[①]同名的视频,该视频源于 AMC 系列剧,其中有一个名为唐·德雷柏的木偶,因"疯狂"而总是发怒。目前该视频已经被观看 100 多万次。

尽管 YouTube 上《芝麻街》的网络内容并非特意或直接在电视剧集与集之间,或是播出季之间构成桥梁内容,但是这些内容确实能够重新点燃人们对公共电视网(PBS)上那些经久不衰的电视剧的怀旧之情,使更多成人和他们的孩子一起收看——或者至少,帮助扩散他们在《芝麻街》上所看到的有趣的内容。

广告商赞助将电视桥梁内容商品化

NBC 网络所有的《问问蒂娜》视频播出前都有一个 15 秒的广告。虽然这种方法是将品牌与桥梁内容相协调的方法之一,但除此之外还有其他方法进行综合型的赞助,这种方法会增强消费者对所传递信息的关注度。

诸如 NBC 之类的电视网络专注于品牌形象的有机整合。例如,《减肥达人》[②]的网络社区推出了名为"食物日记"的板块,供用户们发表博文来描述他们所吃的食物。这一板块由倡导健康饮食的品牌提供赞助,如牛乃家、益达和通用磨坊食品公司。

前面所提到的 Degrassi DL 桥梁内容则通过一个主流的女性卫生品牌呈现在观众面前。其品牌标志不仅创造性地出现在推特发文的合集中,还使用带有品牌

---

① 《广告狂人》是一部于 2007 年 7 月 19 日在美国经典电影有线电视台(AMC)有线网络上播放的时代剧,共 7 季 92 集,已于 2015 年 5 月完结。故事描述的是在 20 世纪 60 年代纽约麦迪逊大街的一家广告公司里,一群广告人的事业和生活,展示了他们追寻"美国梦"的种种遭遇,折射了二战以后 20 世纪 50 年代末美国经历的一系列变革。——译者注

② 《减肥达人》是 2004 年在美国开播的真人秀节目,展示了一群努力减肥的超重和肥胖选手为"减肥达人"的殊荣和奖金而战。全球各个国家有不同的改编版,但目标相同:尽力减去最多的重量,成为减肥达人。——译者注

符号的话题标签,在广告时间将品牌信息嵌入推特讨论中。

《顶级大厨:回到厨房的最后机会》网络系列由日本丰田汽车公司独家赞助。同样的,当CW电视台想为《吸血鬼日记》在脸书上的影迷做点什么特别的事情时,福特公司以剧中制片人(凯文·威廉森和朱莉·佩勒克)回答粉丝提问为特色,独家资助制作了一系列视频。福特的商标不仅出现在《吸血鬼日记内幕》视频系列的留言板上,更为给力的是,福特汽车直接作为视频中的交通工具出镜。

网络视频主持人、《吸血鬼日记》的女演员坎迪丝·阿科拉,在每一集视频开始时都要提到2011年福特嘉年华汽车的信息。尽管听起来像是一种过于明显的广告植入,但是实际上,桥梁内容的传达采取了一种更自然的方式。例如,在某一集视频中,坎迪丝要和制片人朱莉·佩勒克见面,并向她转达脸书上影迷们的提问。在去摄影棚的路上,坎迪丝停车去一家杯子蛋糕店买了一些点心来款待朱莉。观众在视频中看到,为了能找到那家蛋糕店,开着福特嘉年华的坎迪丝通过车里的免提电话得到方向指示。这当然是以一种非常自然而又间接的方式展示了福特汽车的某些特征。

但是,将品牌信息嵌入网络电视在线视频并不是广告商们使用桥梁内容来接近他们的目标人群的唯一方式,他们也可以创造出其他独特的方法。

电视广告已经尝试了他们自己的桥梁内容

2011年2月,针对其全新设计的丰田塞纳迷你厢型车,日本丰田汽车公司开始了广告宣传。这一系列广告描述的是四口之家,即父母双亲和两个幼童(一男一女)的生活。该系列电视广告幽默风趣,采取一种类似于《摩登家庭》或《办公室风云》的手法,能够引起观众共鸣。但或许是受到"越多就越好"观念的影响,丰田公司决定向电视广告观众提供一些额外内容,以期扩大其品牌接受率和推动观众做出选择,形成社交印象。

每一集丰田塞纳系列广告结尾都会出现一个画外音,"来YouTube上与四口之家和新型丰田塞纳见面吧!"同时,屏幕下方三分之一处会显示链接"youtube.com/sienna"。当时长2分36秒、令人捧腹的音乐视频《时髦的四轮车》播出后,电视观众和YouTube观众之间的差别清晰地呈现在丰田公司面前。

在一个内容即是广告的代表性视频中,广告中的父母随着音乐假唱饶舌歌《我的孩子在哪》。令人惊讶的歌曲改编不仅使这个网络视频非常有趣,还使观众们在收看之后迫不及待地想要对其进行分享,并且他们也这样做了。当前在YouTube上,该视频的收看次数已接近1000万。

电视广告的桥梁内容使广告商们拓展思路,煞费苦心地制作既具有故事性,又与品牌定位相匹配的内容,不再简简单单地把桥梁内容作为一个30秒的广告播出。桥梁内容不一定是异乎寻常的喜剧视频,也可以采取其他形式的故事结构进行延伸。

在 2011 年 8 月开始播出的婚礼故事广告系列中,普瑞纳宠物食品的珍喜猫干粮就采取了另一种方式进行宣传。六个月前普瑞纳公司播出的求婚广告大获成功,其独到之处是一只白色绒毛的猫咪的脖子上挂着一个徽章,上面写着"你愿意嫁给我吗?"婚礼故事正是这个广告的续集。

在婚礼系列广告中,普瑞纳公司选择用一组艺术卡片作为结尾,上面用醒目的字体写着"这个爱情故事远没有结束。现在就到 YouTube 去一探究竟吧!"那些执行了他们的选择印象的观众们,得以收看 3 分钟的加长版婚礼电视广告,解决了情感上的悬念,当然,广告结尾催人泪下而又充满幸福。

丰田和普瑞纳公司的例子共同说明了一个道理,即桥梁内容并不受到节目类型的限制。无论是喜剧还是其他类型的电视剧,能否给品牌经营带来成功不仅仅取决于桥梁内容的制作技巧,电视广告本身是否具有引起观众共鸣的能力,是否诱惑他们想知道更多,这些也同样至关重要。如果桥梁内容策略中缺乏好的内容,或者不能带领观众探索好的内容,那么它就根本无法奏效。

行动起来:桥梁内容

对于广告商来说,电视桥梁内容是他们嵌入品牌信息,争取潜在的顾客的有力武器。下面是关于如何使用桥梁内容将品牌信息最大化的三个建议。

1. 跨越屏幕

桥梁内容是使故事继续的独一无二的机会,因此,利用好品牌赞助。将品牌与电视系列及相关的桥梁内容进行有效整合,以此在不同媒体频道中巩固品牌信息并使之相互关联。

2. 成为故事的一部分

观众是因为内容而不是因为广告才关注桥梁内容的,因此,要想方设法使品牌信息融入电视故事情节或者背景中,以便同时达到提高品牌接受率和引起观众共鸣的目的。

3. 大力推动改革

关于内容最让人激动的一点在于其永无止境的创造力。当广告商赞助某个电视剧的桥梁内容时,应该与电视网络共同合作,同心协力打造让参与其中的电视观众欲罢不能的先锋式体验。

要记住桥梁内容是基于选择的

尽管"桥梁内容"这个词组听起来似乎有点"二等公民"的感觉,但那是不切实际的。这种令人梦寐以求的内容的价值在于其能产生基于选择的印象,源于观众们选择参与其中的行为。这对于电视网络和广告商来说都是非常有价值的。随着越来越多的跨媒体类型内容的诞生,品牌对目标观众产生影响的机会将会变得越来越多,越来越有创造性。

扫一扫获取更多信息

使用你的手机扫描下方二维码获得本章所引用案例的相关视频信息。

手机上没有二维码识别软件?不用着急,请登录 http://www.socialtvbook.net/tagged/chapter6 直接获取相同内容。

第七章

受众定址

运用网络和直邮广告锁定电视行为

1941年5月2日,美国无线电公司麾下的W2XBS实验电视台还只是美国联邦通信委员会颁发商业电视执照的10家电视台之一。两个月之后,也就是1941年7月1日,W2XBS实验电视台更名为WNBT,成为首家开始商业运营的电视台。这些代表(电台、电视台的)称呼的字母历年来发生过多次变化,现在它们被记作WNBC(纽约西部国家广播公司),WNBC是人们非常熟悉的一家位于纽约的电视台。

70年前,收看洛杉矶道奇队和费城队棒球比赛的球迷们会听到那句标志性的话语"美国以宝路华时间运行"。这家著名的手表制造公司广告费仅为9美元,10秒钟的广告内容只显示了一块覆盖在美国地图上的宝路华手表。

几十年以来,当品牌商们在本地市场或者全国性的网络平台上购买传媒服务时,他们基本可以保证所有的电视观众在同一个广告时间所看的内容都是完全一致的。尽管电视在帮助广告商们向广大受众传达一致信息时具有其他媒介无法比拟的优势,但是这种形式的广告也不可避免地有其短处。

随着将选择受众和优化配置作为基本功能的网络广告的出现,电视产业备感压力。电视不应该只是一个大众媒介,还要具备网络所擅长的目标设定和实时广告服务功能。由于不同的可寻址的电视技术和直邮广告模式的目标市场定位,人们有了准确追寻最可能购买自己产品的大规模客户的能力。所有这些技术的综合,为市场营销人员提供一个很好的机会。

在这本书中,我们一直尝试寻找电视仍然蓬勃兴旺的原因。电视这个具有70年历史的旧媒体如今要面对众多挑战,其中之一就是它不像其他媒体频道那样具有市场定位和责任。但是,正如我们在本章将要谈到的那样,数字化机顶盒的出现及其提供的数据,以及以传统方式直接营销的数据库如益百利或阿克西莫,都使电视具有减少负面印象的潜力，从而使之发展成为更加可靠的广告平台。

定址电视广告确保电视广告影响深远且定位精准

  视频具有讲述故事的能力，而电视能够有效地接近观众，定址电视广告不仅将这两种能力合二为一，还具备直邮广告的市场定位功能和网络广告的可测量性。对于电视运营商和网络公司来说，定址电视广告提供了更为有效和精准的方式来促销产品、提供服务以及播放电视节目。各种机构获得了创造更有意义且相互关联的广告的机会。广告商们则受益于信息优化和减少浪费的能力。于是对于消费者来说，它们的好处在于能够帮助他们看到更多与他们相关，对他们有意义的广告。

——视觉世界数字媒体公司执行副总裁 克劳帝欧·马库斯

  运营商们一直期待着有一天他们能够停止向全体电视观众发放广告，取而代之的做法是针对市场中产品的特殊性，对消费者进行有目的的广告宣传。养狗的客户将会收到狗粮广告，有婴儿的家庭则会收到尿布广告，遭受高血压症困扰的人们则会收到有关治疗高血压的药物的信息。尽管目前这种形式的定址服务已经成为可能，但是我们仍然处于开发其巨大潜力的起始阶段。

  历年来，定址电视广告一直被当作广告产业的重要一环。为什么不呢？电视的最大优势是能够面向大规模观众进行传播。如果能够找到一种方法，将广告推送到对所宣传的产品更感兴趣的、范围更精确的顾客群手中，广告商们就能够对所有的营销活动得心应手。

  当前，数字化机顶盒中所蕴含的科技使电视广告表现得越来越像网络广告或直邮广告。网络广告和直邮广告最近才完成了电视所不能胜任的工作，即向观众提供更精细及富有针对性的信息，从而提高相关性。

  你也许注意到，从你开始阅读这本书到现在，每一章都以同样的方式开始：首先用一段故事举例说明消费者对某种新科技的使用，或是阐释在以往历时性电视事件中，如果某种技术能够被使用，消费者是如何使用这种技术的。本章开头的处理方式则与以往不同，这是因为这一章的话题是关于定址广告的，这个话题并不需要受众改变他们的行为。相反，发生变化的是有线电视运营商技术和媒体销售模型内部。最终目的仍然是修正消费者行为，特别是增大消费者对电视广告关注度的可能性，因为现在广告与消费者们的关联度更高。

  尽管我们都认可这一领域具有巨大的潜力，但是有一些重要因素会使定址广告的运营滞后。这些因素包括隐私、科技、商业模型挑战，以及不断创新和购买媒体服务所导致的广告成本增加。此外，用来追踪电子目录的营销计划管理软件系统Donovan、Mediabank和Strata等还需要开发新技术,以便提供与其他媒体购买的电子清单的处理方式相似的服务。

对于运营商来说,定址就是市场定位

运营商首先要确定他们的目标客户组文件,并确保这些文件被清晰定义,能够区分彼此,这是开发定址广告的第一步。视觉世界和INVIDI等科技公司已经推出软件,帮助有线电视复合业务运营商(MSO)或卫星电视供应商通过机顶盒确认定位文件。基于应用软件产生的用户文件将会交由值得信任的第三方(如益百利或阿克西莫)进行保管,然后将注册用户文件中的家庭调查数据与市场营销数据库进行盲匹配。

对定址电视广告活动感兴趣的广告商们可以使用由值得信任的第三方机构提供的大型消费者信息数据库,在预先设定标准的基础上决定被精选的消费者家庭的数量。广告商们也可以将他们自己的消费者文件中的其他特征添加到第三方数据中,从而使整个数据库内容更加丰富。当这些信息整合完成之后,运营商就建立了其用户信息数据库。一旦广告商们按照设定好的标准选择某种类型的消费者,数据库中的相应区域就代表着一系列的家庭。每个家庭都有其独特的识别特征,从而使广告商们能够有目的地投放特殊类型的电视广告。

下一步就是要创造出针对每一组用户群的特别信息。假设某个广告商的目标客户是多民族的受众,那么该广告商可以分别提供面向非洲裔、亚裔和欧裔用户组的广告。大多数定址广告活动都有2~5个信息特征。虽然目前对于5个以上的信息表达有所限制,但是人们希望随着时间的推移,这些限制会逐渐被取消,从而带来更精确的用户信息分类。

对于有线电视运营商来说,定址就是确定客户名单和物流

探索频道或者娱乐体育节目电视网等有线电视网络公司将大部分的广告通过其名下的各个节目出售给客户。但是,每个小时有线电视运营商们要播出两分钟的本地广告。于是,运营商们将客户名单分成两个部分,一个是针对大众市场的广告,另一个则是定址广告。那么,什么时候是插入广告的最佳时机呢?当本地广告播出的时间到来的时候,有线网络公司会在节目流中插入一个亚音频音调作为提示,相关设备能够识别这个暗号并转接到负责广告播出的广告服务器。

一旦广告商从某个有线电视系统、卫星电视供应商、电信公司或者有线网络公司购买了定址广告客户名单,视觉世界或是INVIDI开发的软件会在恰当的时机切入有线电视节目,播放有针对性的广告。接下来发生的事情可称之为"无缝对接",将观众从一种类型的内容带入另一种类型的内容,实际上是从一个频道进入另一个频道。在定址内容传递过程的结尾,观众又被转入其开始的频道。电视观众并不会注意到这种转变,也不会意识到刚刚发生了什么。这是一个非常流畅的过程。

定址广告应用所面临的挑战

数字化机顶盒领域所取得的进步使定址电视广告成为可能。机顶盒的数字化定位使用户信息可以被提取收集并作为文件保存,然而这种能力同时也造成了定址广告应用滞后的困扰:隐私权。

隐私权是使用定址广告的主要困扰

对于定址广告中收集和使用用户信息的行为,消费者权益协会提出了对用户隐私权的担忧。电视产业密切关注真实风险或感知风险,对定址广告采取了措施,与网络广告相比,定址广告与直邮广告更相似。正如刚才讨论的那样,有线电视运营商们和受信任的第三方数据供应商(如前面提到的益百利)通过盲匹配的方式进行合作,使观众或者用户的个人可识别信息不会泄露给广告商。为有线电视复合业务运营商(MSO)或是卫星电视供应商客户收集用户数据的视觉世界和INVIDI等科技公司也在系统设计中采取措施,使广告商们能够在不侵犯用户隐私的前提下收集和分享这些数据。一旦广告商们按照某组标准匹配的结果选定一系列消费者时,数据库里的区域就代表着一定量的家庭,每一个家庭都有其独特的识别特征,将被作为特殊的电视广告的投入对象。

"有线电视运营商极度重视保护消费者的隐私。"视觉世界数字媒体公司营销副总裁克劳帝欧·马库斯这样告诉我们。他认为,已经投入使用的定址电视系统可以在有线电视运营商或者第三方数据供应商无需向广告商泄露用户个人信息的前提下运行良好。他解释说,随着家庭定址电视广告系统的不断完善,与其他任何有争议的网络市场定位行为相比,它与当前直邮广告的运作模式更相似。

科技所带来的压力开始得到缓解

有线电视复合业务运营商(MSO)是否能够迅速地掌握必要的科技来处理定

址广告,这是开发定址电视广告业务所面临的第二个挑战。科技水平不仅是广告商们所感兴趣的领域,也推动了电视运营商和网络公司的变化。马库斯认为,除非定址广告的使用已经形成规模,或者电视运营商和网络公司能够满足广告商要求,展示他们有足够能力来开展定址广告服务,否则很多广告商们对于是否采用定址广告仍然犹豫不决,不过广告商们可以通过加速使用定址广告来鼓励电视运营商们开发这种技术。因此,马库斯对定址广告持乐观态度,指出"对于电视运营商和网络公司来说,投身于定址电视广告技术开发意味着一件事:广告商们对定址广告非常感兴趣,而且他们想要的更多"。

定址广告技术所面临的一个主要挑战来自机顶盒。这是由于机顶盒种类繁多,既有来自不同生产厂家的,也有适用于不同操作系统的。电视产业开发了一种技术,将各种机顶盒使用环境整合为共同的界面标准,命名为"增强型电视二进制交换格式"(简称为EBIF)。EBIF推动了应用输入和运营商系统要求之间的交流,从实用的角度帮助有线电视供应商在数量庞大、不同类型的机顶盒之间推行可定址的互动技术。

光电视觉公司(Cablevision)是首家正式大力发展定址电视广告的有线电视复合业务运营商。该公司拥有通用的数字化机顶盒,98%的机顶盒由科技亚特兰大公司生产。时代华纳、康卡斯特以及其他由收购其他公司发展而来的大型企业拥有更加多样化的机顶盒,但是他们都积极采用了EBIF来开发可定址性互动应用技术。

广告销售模式应该改变吗?

第三个挑战则来自当前的商业模式。根据当前的情况,有线电视运营商和网络公司所提供的目标客户名单要么覆盖全国,要么覆盖整个市场,广告商享有对其麾下广告完整的所有权。定址广告使广告商们能够专注于他们认为最有可能购买其商品和服务的某一个地区,甚至每一个具体的家庭。因此,他们的广告生意并不覆盖所有装有电视机的美国家庭,范围要小一些,这样能够减少不必要的浪费。对于广告商来说,这一点听起来很不错,但是给销售领域带来了困难。

比如,某个品牌的定址广告生意覆盖了全国25%的范围。销售者们将剩下的四分之三的家庭作为一个整体,对其提供三个广告。这就要求有线电视运营商和网络公司将剩下的客户清单卖给其他的广告商,因此,他们需要额外的人力资源和系统。然而,运用实时管理工具来对剩余的客户名单进行分配是非常困难的事情。网络公司和其他机构担忧的是,在当前的这种模式下,如何通过目标客户清单盈利仍然是个未解之谜。独木舟广告公司(Canoe Ventures)的前首席执行官大卫·维克林在 2010 年《广告周刊》发表的一篇文章中指出,网络公司通过规划避免浪费而赚了不少钱。然而,通过提高效率,他们是否能赚到同样多,甚至更多的钱,这一点还有待证明。

广告商们为推行定址广告所付出的代价是否能够弥补为此增加的工作负担,是否能补偿剩余的未能售出的客户清单所带来的损耗呢?系统层面上要投入资金,有线电视公司和其他机构的投入主要在电脑网络资源上。有线电视公司要对格式设置进行投资(如 EBIF)。为了平衡不断增长的开支,销售人员们(包括本地的和全国性的)宣称所提供的信息更具有相关性,广告商们将会见证品牌的大幅提升,那么,成本应该增加多少呢?

变革似乎来自电视产业之外

正如其他成熟的产业一样,电视领域科技和经营模式的进步常常来自该产业外部的变革。视觉世界和 INVIDI 正是此类变革的两个先锋。我们也见证了由光电视觉公司(Cablevision)和康卡斯特公司①(Comcast)为有线电视运营所带来的显著进步,作为多家先进有线电视公司联合企业的独木舟公司(Canoe Ventures)也功不可没。

鉴于将定址广告服务投入市场需要大量的精力和成本,其在可行性上尚存在大量的疑问。"在全国范围内为发展定址广告所付出的努力、时间和资源是否有价值?唯一能够回答这个问题的,当属最先在这个领域开始尝试的那部分人,也就是运营商,"独木舟公司的首席产品官亚瑟·奥尔杜纳说,"如果广告商们愿意在定址广告上花钱,那么付出还是值得的。"

---

① 康卡斯特公司是全球最大的有线电视公司,总部设在宾夕法尼亚州的费城。业务遍布全国 40 个州和哥伦比亚特区,是美国仅次于 AT&T 的第二大互联网服务供应商和最大的有线电视公司和家庭网络服务提供商。1963 年由 3 位创始人于密西西比州的图珀洛市创办,公司原名为美国电缆系统(American Cable Systems),为城市提供有线电视服务,用户仅为 1200 人。之后数年,公司投标密西西比州、宾夕法尼亚州附近区域的有线电视服务专营权,经过不断发展,于 1969 年在宾夕法尼亚州的费城成立了现在的康卡斯特公司,并于 1972 年在纳斯达克上市。之后通过购买股票、并购公司、加强合作,成为传媒巨头。

视觉世界科技推动定址广告发展

　　成立于 1999 年的视觉世界数字媒体公司(Visible World)的唯一目标就是加强电视广告的关联性,其定址分发平台具有向特殊群体——从相邻地区有线电视区域一直到某个具体的家庭单位——发送信息的功能,从而使媒体公司能够向广告商提供不断增长的大量信息,其中包括消费者的相关度和参与度。

　　视觉世界为国内领先的多系统有线电视公司提供的广告标注和定制服务进行技术支持。标注技术使广告商们能够对某一个广告进行自定义改制,从而使其与某个地理位置的观众更加相关。例如,对于一个在某区域内有几个不同地址的零售店,按照目标客户群在数据库中的地域分布,通过不同的店址或是电话号码对其进行标注。定制技术则允许广告商们跨越市场或不同区域,自动播放同一类型、不同针对性的广告。例如,汽车制造商可以借助该技术同时播放下列广告:面向城市居民的是省油的四门轿车广告,向郊区推送的是面包车广告,而农村地区观众则会看到剽悍的卡车广告。

INVIDI 的技术也推动定址广告向前发展

　　当我 2003 年加入公司的时候,时间表上对可定址广告技术研究的计划时间是六年,即到 2009 年。现在我们处于 2011 年,我们的客户人数占美国家庭总数的三分之一。每个营销人员都期待定址广告能够走向市场,因为它能减少电视内在的浪费,增加责任感,使广告效果更有影响力、更具可追踪性。

——INVIDI 执行副总裁　迈克尔·顾斌

　　目前为止,我们已经讨论了所有影响定址广告应用的不利因素,如隐私问题、科技因素和经营模式。

　　基于数字化机顶盒必将改变电视广告播出方式这一理念,INVIDI 于 2000 年在加拿大艾伯塔州埃德蒙顿成立。公司的目标就是在满足一定条件的基础上,使电视广告的分布与单个家庭相对应,也就说将传统的"一对多"的电视模式变为"一对一"。INVIDI 麾下功能强大的系列工具使电视运营商能够以如同直邮广告般的准确性选择电视观众进行市场定位,同时确保使用的数据库资源不会泄露客户隐私。实际上,按照 INVIDI 执行副总裁迈克尔·顾斌的观点,公司在成立之初就极度重视保护客户的隐私,公司名称 INVIDI 的意思就是"不可见"。顾斌解释说:"隐私是一个敏感话题。我们的系统尊重和保护观众的隐私权。"

INVIDI 的专利技术使电视服务供应商在同一广告时间,自动向不同家庭或不同机顶盒用户发送形式多样而又各具特色的广告信息。隐身在机顶盒内的专利技术能够获取相关电视观众的信息(基于经常被收看的频道和遥控器使用行为),然后选取最适合这位观众收看的电视广告。

毫无疑问,为了让上述这种技术得到应用,INVIDI 需要和有线电视公司进行合作。目前,INVIDI 已经与 DISH 网络、DirectTV 和威瑞森签订合同,其中,威瑞森的注册用户达 4000 万个。从 2010 年开始,INVIDI 已经成功与威瑞森合作,目前正在对 DISH 网络、DirectTV 的机顶盒进行兼容改装。INVIDI 希望在 2011 年底其专利技术的应用能够覆盖 2000 万个家庭。

要想达到上述交易,必须说服有线电视运营商内部的两个部门,促使他们采用新技术,这也是 INVIDI 所面临的困扰。INVIDI 指出,他们要做通有线电视公司高层及科技人员(因为广告商们需要他们将 INVIDI 专利技术植入机顶盒)的工作,让他们了解定址广告的作用,并相信定址广告技术的使用不会干扰用户体验,而这一切都并不容易。与摩托罗拉公司的直接合作使 INVIDI 将其软件植入摩托罗拉公司所生产的机顶盒。INVIDI 期望这一举措将在不需要有线电视公司科技人员参与的情况下,加速推广定址广告技术应用。

光电视觉公司体现了定址电视广告技术的早期成果

光电视觉公司是率先采用定址广告技术的公司,此举在各个方面都会对其他公司产生借鉴意义,因此,其方法和营销结果在该领域影响深远。光电视觉公司在营销活动中利用定址电视广告向其注册用户群播出相关度更高的广告。为衡量与大众市场广告相对比的定址广告的有效性,该公司进行了定址广告使用效果的调查。

光电视觉公司采用了严格的试验与控制方法,并针对每个市场定位的客户群建立了测试组和控制组。测试组面对的是他们仍需要适应的有针对性的促销服务,而控制组则面对默认的广告。为衡量定址广告的效果,该研究对比了在测试组和控制组所产生的预订销售业绩,其结果有显著差别:收看定址广告的客户群所产生的订购服务要持续高出非定址广告客户群所产生的订购服务,并且呈两位数的百分比增长趋势。

光电视觉公司也目睹了电视领域之外营销举措的成功。在无线网络、部队,以及旅游业方面的尝试也得到了好的反馈。相对于非定址广告而言,定址广告能产生更高的认知度或带来参与度更高的观众。

社交电视——运营商如何通过电视关联网络、社交媒体及手机来吸引并留住观众

康卡斯特的尝试也带来了希望

康卡斯特有线电视公司的广告销售部门 Comcast Spotlight[①] 也进行了技术测试，向不同家庭播放不同类型的广告。最开始的两个测试——在亨茨维尔、阿拉巴马和巴尔的摩、马里兰进行——都表明在防止用户关闭广告这点上，定址广告的有效性要高出三分之一。测试结果还表明，如果用户认为他们是被当作一个特殊的群体而播放专门的广告，他们更换频道的可能性就会降低。

尽管目前尝试的以家庭为单位的一对一的电视广告模式取得了一定的进展，然而一对多的广告模式仍是许多有线电视运营商们乐于尝试的。国内广告商们可以在康卡斯特公司的 2500 万注册用户中按照时区进行目标客户定位，康卡斯特公司也能够识别某些定位指数较高的用户群体。

这方面一个绝佳的例子是康卡斯特公司最近与金融服务/信用卡公司合作进行的一次尝试。广告商对康卡斯特公司某个地域的用户播放了为期 9 个月的定址广告。所选择的区域要符合两个条件：一是所选用户属于康卡斯特公司用户；二是根据益百利提供的数据，所选用户的家庭收入在 130000 美元以上，并且消费信用分数高于 700（消费信用分数高的记录意味着好的信用历史记录，这一点非常重要）。接下来康姆斯科[②]（ComScore）对康卡斯特定址电视使用区域用户的本年度数据和美国其他地区用户去年同期的数据进行对比分析，以此说明季节、国内金融服务/信用卡广告，以及其他一些基本因素与定址广告的关系，分析内容则包括从基准期到测试期各个小组的情况对比。

康姆斯科设计了测试组和控制组的实验内容，用来衡量品牌表现能力（通过信用卡在线申请率和使用率）。受试组位于特定的地理位置，而控制组所处的地理位置相似，但是没有特定的广告内容。在实验结束后比较实验前后的差异，结果是非常显著的。在收到特殊推送广告内容的区域，信用卡账单的按时还款率上

---

① Comcast Spotlight 是康卡斯特一个地方广告销售部门，总部设在纽约，业务涵盖美国 80 多个市场。该部门为地方和国家广告商提供电视、网络和视频点播广告、广播和点播，还提供各类广告选择，如互动电视广告。电视广告在约 50 个有线电视网播出，在线广告则在康卡斯特的消费门户网站播出。——译者注

② 康姆斯科是美国一家为全球最大企业、媒体和广告机构、出版商提供市场数据和分析的全球媒体测量和分析公司。公司于 1999 年 8 月在弗吉尼亚州雷斯顿成立，负责互联网统计、互联网流量跟踪分析、市场调研工作，提供第三方数据营销报告和数据产品，研究市场行情，帮助客户设计市场营销计划、战略和策略，发布世界级的行业调查报告，服务范围涵盖全球六大洲的 35 个国家和地区。——译者注

升了51%，在线信用卡的申请人数则从13000上升至20000。

所有这些尝试使其资助者们掌握了大量的信息，明白广告要使消费者感到愉快的重要性。按照Comcast Spotlight战略行动副总裁安德鲁·沃德的看法，"你必须要有一个定义清晰的目标广告客户群，然后你需要一个创意十足的机构来与之相匹配"，这样才能让观众们对你的广告有所反应。对于消费者隐私，"我们需要小心谨慎地推进"。

全国范围内的定址广告可行吗

成立于2008年的联合企业独木舟公司(Canoe Ventures)，包含六家国内顶级的有线电视运营商：美国康卡斯特电信公司(Comcast Corporation)、时代华纳有线电视公司(Time Warner Cable)、考克斯通信公司(Cox Communications)、洽特通信公司(Charter Communications)、视觉世界有线电视系统公司(Cablevision Systems Corporation)和光明屋网络公司(Brighthouse Networks)。公司目标则是为国内电视广告和节目规划提供衡量标准、划分责任和促进观众参与。自诞生以来，公司关注的重点有四个：定址广告，互动电视，视频点播中的流动广告插入以及对机顶盒数据更细致的测量和分析。但是，由于隐私问题和不同有线电视公司之间在科技上的差异在国家范围内显得更为严重，定址广告成为一个长期目标。

独木舟公司明白，在全国范围内应用先进的电视技术是非常困难的事情。跨越不同的有线电视运营商推行新型业务所带来的工作流程非常复杂，令人难以招架，对于定址广告业务来说更是如此。但是独木舟公司也重视寻找产业支持，也就是说，不仅要关注在有线电视系统的权威设备上如何解决定址广告的操作难题，还要留意进行这种操作的环境，这种环境对于向媒体公司出售高级广告形成障碍。独木舟公司的首席产品官阿瑟·奥尔杜纳相信："如果我们能够登上多诺万或盈媒社的桌面，我们就有了实现目标的机会。那就说明我们实现了一个从尝试性阶段到产业性阶段的转变。"这正是网络电视广告所经历过的，奥尔杜纳认为，网络电视广告迈出了里程碑式的一步，应该抓紧时间大规模发展定址广告，这是我们要开始反复尝试的。

尽管视觉世界、康卡斯特电信公司，甚至卫星电视供应商都在定址业务上取得了一定的成功，但是相对其他电视技术的应用，全国范围内的定址广告的试运行进展缓慢。独木舟公司和其他一些曾从事定址电视广告开发的公司现在转向研究其他与电视相关的改革。电视广告中的互动、视频点播中的流动广告插入，看起来都要比定址广告更具吸引力。尽管在全国的范围内推行互动技术将面临技术和操作上的难题，但是独木舟公司和其合作伙伴仍试图建立一个跨越有线视运营商的多重编程应用平台。这样做的部分原因来自美国有线电视实验室和运营商为互动电视开发 EBIF 标准化交换界面的启发。

互动性广告在节目播出之初就已经开始。编程人员将互动的 EBIF 信号植入国内播出节目的信息流中。当机顶盒内的 EBIF 用户代理程式接收到信号时,对应的互动步骤就会在广告和节目中被执行。由于其运营商们在主要工程上的努力,独木舟公司在全国范围内的互动性广告获得成功,目前 EBIF 技术已经被 2500 万个家庭的有线电视所使用。有线电视运营商们将继续把 EBIF 技术引进到更多的家庭中,促进独木舟公司在全国范围内不断提供应用平台的能力。独木舟公司的互动广告在播出节目的基础上运行,也就是说,每个家庭播放的广告内容都是相同的,因此,它们没有特别的针对性。尽管在全国范围内推行定址广告仍然还存在着需要克服的隐私和技术问题,但是在加强互动电视广告领域所进行的尝试和努力无疑会对定址广告的技术开发起到借鉴作用。

视频点播中的流动广告插入则是另一个具有重要借鉴意义的项目。尽管当前电视收视的最大份额仍然是直播式收看和使用录像机进行回看,但随着越来越多的节目提供点播服务,这种状况必将得到改变。在点播内容中引入新的广告的做法,最终有可能使现在的广告播出模式黯然失色。随着视频点播数量的攀升,点播节目对其中所有广告进行动态更新的能力有助于提供大规模的收视印象。

独木舟公司的阿瑟·奥尔杜纳发表如下观点:

通向定址广告的途径各有千秋,视频点播就是其中的一种。收看点播节目的家庭会在某些方面具有共同的特点,所以可以向他们提供更有针对性的广告,这使电视运营商和广告商在不需要涉及科技和政策的情况下,可以通过反复尝试和努力来发展定址广告。问题是,这种思路是否比定址模型的理论更有价值,还是相反或是等价?

视频点播数据可以从机顶盒的角度来衡量,所以通过这种方式积累的数据也非常有价值。因此,我们可以开始收集关于这些家庭的信息,并掌握他们的收视习惯。鉴于我们正处于视频点播市场的初级阶段,现在正是尝试和学习的最佳时机。视频点播领域存在着不同的经营模式,而媒体公司才刚刚开始意识到如何从这些进行点播的观众身上赚钱。

大量的问题仍然没有找到答案

人们仍然需要了解很多开放性问题的答案来决定定址科技是否能够成功改变电视节目购买和销售的方式。例如:提供定址广告客户名单的公司是否能够获得利润？购买客户名单的运营商是否也同样能够获得利润并且乐于再次购买？从本质上看，千人成本（CPMs）是不是更有效？运营商会不会这样说："我宁愿将我的下一组资金花在你的定址广告业务，而不是直播类电视节目上！"我们是否会进入所有电视节目和活动都默认需要定址服务的阶段？

  广告商们已经开始使用不同的方法来解决定址技术所引发的一些问题。定址广告也需要运营商们额外付费。广告商们可能会为他们试图接近的不同观众提供一系列的广告，从而导致生产成本的增加。但是如果通过避免不必要的浪费来降低广告商们的总体开支，并确定他们的广告能推动更多的人购买产品，那么成本仍然会下降。

行动起来：受众可寻址性

  尽管这一领域持续存在挑战，但是回顾定址广告，互动广告和视频点播中的流动广告插入的初级发展阶段仍然是非常有启发性的。这个起始阶段的目标是当定址技术与媒体成本，创新发展和系统配置发生关联时，解释说明该技术的优势。下面是关于如何在这一领域取得成功的几点建议：

1. 睿智地选择产品客户

  如果你的客户在广告中推广的商品越多，那么需要的花费也就越多。但如果产品单一，那么预算的经费也就很有限。广告商必须采取一种"边尝试边学习"的态度，必须掌握消费者的人口统计数据，以便进行目标客户市场定位。

2. 市场定位至关重要

  确定想要接触的目标客户群体，并将你的信息进行准确传递，这能使媒体公司和创新团队通力合作。此举并不只为定址广告带来好处，其他各个领域也能从中受益。

3. 数据推动成功

  采用数据驱动的心态，确信你的方法能够恰当地衡量你的举措是否有效。与直销渠道保持密切合作关系。

期待一个学习的曲线

  我们已经反复说过，定址广告这一领域仍然处于初级阶段。尽管到目前为止它也取得了不少成绩，但是媒体公司仍然在对这些新的科技进行测试，而且很有可能面对失败的结果。因此，我们期待的应该是一个处于不断学习中的曲线前进过程。找出有助于电视产业前行的途径非常重要。要认识到衡量电视产业进步的数据分析方法与传统的尼尔森测量方式之间的差异。新的数据将来自电视机顶盒,无法与通过尼尔森收视率衡量的其他电视购买的数据的价值进行比较。和所有的统计结果一样,数据规模太小会导致市场有效性降低,从而对定价和其他因素产生影响。

扫一扫获取更多信息

使用你的手机扫描下方二维码获得本章所引用案例的相关视频信息。

手机上没有二维码识别软件?不用着急,请登录http://www.socialtvbook.net/tagged/chapter7 直接获取相同内容。

第八章

电视无处不在

随时随地看电视

28岁的克里斯·布拉姆是一所特殊教育学校三年级的老师,同时也是波士顿大学的一名全日制的博士研究生。克里斯·柏源则是波士顿一家住宅房地产公司的销售总监。虽然这两个一起生活在马萨诸塞州的人在收视习惯上截然不同,但是他们确实有一个共同点,那就是:他们有一半的电视收看经历是通过移动设备进行的。

克里斯·布拉姆每周只看5小时的电视,看电视的时间低于美国平均值。由于工作和学习所带来的压力,布拉姆总是忙忙碌碌的,但是他不管走到哪里都会随身携带iPad。在图书馆学习的间隙里,他会登录ABC、HBO、HGTV,或者Netflix的应用程序,抓紧时间收看一集最喜欢的节目,其中包括热门剧《真爱如血》《摩登家庭》和《广告狂人》。布拉姆更喜欢30分钟时长的情景喜剧以及稍长一点的扣人心弦的剧集,这些电视剧会让他精力充沛地重新投入到学习中去。

当他在家时,布拉姆喜欢在深夜看电视。如果他正好在客厅——或者这对夫妻想(与朋友们)一起看电视——他们会打开传统意义上的电视机,安装TiVo机顶盒,使用DirectTV卫星数据传播。然而,身处客厅并不是决定他们是否在大屏幕上看电视的唯一因素。有时候布拉姆躺在沙发上想看电视,但是如果恰好正在使用iPad登录脸书网站或是查看邮件,他就会选择将iPad以一个舒适姿势摆在胸前收看电视,而不是不得不起身寻找遥控器将电视机打开。

在使用的四种流媒体应用软件中,布拉姆常用的是HBO Go和Netflix,因为这两者在他想观看的时间里能够提供内容。但是布拉姆最喜欢的应用是ABC Player,他说这是因为其"界面清晰、规划整齐"。布拉姆也喜欢把iPad竖在他旁边的枕头上,然后躺在床上看电视。iPad使收看电视成为布拉姆独有的、可移动的定制化体验。

社交电视——运营商如何通过电视关联网络、社交媒体及手机来吸引并留住观众

克里斯·柏源则很少收看实时电视。他所收看的 20% 的电视是通过客厅的 Tivo 录制下来的，而剩下的 80% 则全部来自 Netflix 流媒体。柏源使用一个与其客厅电视机相连接的苹果电视设备收看约一半的 Netflix 内容。柏源通过 Netflix 收看的所有视频都是电视节目而不是电影，每周通过不同设备和平台，他总共收看约 14 个小时的电视。

作为一名房地产经纪人，柏源的工作绝不轻松。很多时候他都需要外出，经常使用手机中的 Netflix 应用收看《太空堡垒卡拉狄加》《星际之门》①和《火线重案组》②之类的电视剧来打发等待的时间。柏源没有使用任何其他的影音播放软件，因为他觉得 Netflix 能够满足他所有的收视需要。虽然柏源也有一个 iPad，也喜欢在更大的屏幕上看电视，但是在外出时他很少随身携带 iPad，因此，iPhone 也就被默认为另一个最佳屏幕了。

柏源利用迫切想收看电视续集的愿望来作为对锻炼的鼓励。他会把一些自己非常想看的电视剧攒起来，留在跑步机上燃烧卡路里的时候观看。将收看自己最喜欢的电视剧作为一种目的驱动，这种方法帮助柏源提高了锻炼频率。

尽管各自观看电视的方式迥异，但是有时候布拉姆和柏源确实一起在客厅里看电视，如他们会在一起收看共同感兴趣的电视剧《真爱如血》的最新剧集。有的时候，他们都躺在床上，拿着各自的 iPad 使用不同的视频软件来收看《真爱如血》。

布拉姆和柏源的行为正好说明了"电视无处不在"这样一个概念，描述电视不再局限于客厅电视机的场景。电视的发展趋势不可预测，电视已成为一种非常便携且让人们可以随意接触到的媒体。

便携式电视的历史可追溯至 50 年以前

1960 年至 1970 年，尽管市面上出现了一批体积更小、更方便携带的电视机，但是直到 1982 年，可供人们拿在手中进行收看的电视机才出现。索尼随身看（Sony Watchman）毫无疑问是最早的宽频电视机，它只需要 4 颗三号电池提供能

---

① 《星际之门》是军事科幻片，围绕能够实现瞬时旅行的外星星际之门而展开。1994 年 10 月 28 日，由米高梅电影公司和卡洛可电影公司共同发布。1997 年米高梅电影公司以此为蓝本延伸制作了电视剧，共 10 季。该剧衍生了相关书籍、视频游戏、漫画书和 DVD 电影。——译者注

② 《火线重案组》是 2002 年上映的美国罪案电视连续剧。在美国的 HBO 有线电视网播出，于 2008 年完结，共 5 季 60 集。它讲述了毒品引发的涉及吸毒者、毒品商、警察和政客的犯罪链。——译者注

量，重量不超过 1 磅（1 磅≈453.59 克）7 盎司（1 盎司≈28.35 克），玻璃屏幕大小仅为两英寸（1 英寸≈2.54 厘米）。

作为 1982 年 11 月《流行科学》①杂志的重点介绍对象，索尼随身看在其他所有便携式电视竞争者中遥遥领先。它采用光滑的铝质外壳，以及厚度仅为 1.25 英寸的紧凑型设计，索尼随身看能够轻松地放进使用者的口袋。

除了黑白的液晶显示屏，索尼随身看的面板还包括一个狭长的扬声器，右上角则是调节各个频道的按钮，背后可折叠式的撑架能够让设备直立在桌子或是床头柜的水平支架上。索尼随身看的电源按钮位于右上角，附近的声音装置提醒使用者在电池即将耗尽时转换外界电源。

该产品的广告着重宣传其便携性、宽幅屏幕和轻薄机身。1983 年 6 月《黑人企业杂志》②刊登了以黑体字"苗条的索尼"为标题的广告，其中这样写道：

其他的小型电视机们也想有如同索尼随身看一般苗条的身材，但是它们的显像管太过丰满，而索尼的新型宽频显像管就像一张煎饼一样薄，让你在收看时能够轻松拿在手里，结束收看时也能够轻松地放进口袋。索尼随身看能让你随时想看就看，因为它是第一台真正意义上的个性化电视。

孩子们无疑是这一产品的销售对象。1983 年，索尼与通用磨坊公司合作推出"有看有玩"游戏赠品派送活动。游戏卡片被放在外包装印有大写字母 G 的不同类型的麦片里，如幸运护身符③（Lucky Charms）、崔丝④（Trix）、可可泡芙⑤（Cocoa Puffs）和贝瑞⑥（Boo Berry）。每周六上午的卡通片中会播放时长 60 秒的电视广告，两个孩子坐在桌前评点大赛，并宣布本周的特色图片。如果用户收集的"有看有玩"系列正包括这张图片，那么他们将能赢得送出的 1000 台索尼随身

---

① 《流行科学》是美国科普双月刊杂志，为普通大众撰写科学技术主题的文章。该杂志已经获得 58 个奖项。自 1872 年始创起，杂志被翻译成 30 多种语言，至少在 45 个国家发行。——译者注

② 《黑人企业杂志》是始创于 1970 年的美国月刊杂志，拥有 370 万读者。该杂志最著名的版块是 1973 年出版发行的全国最大非洲裔美国公司 100 强排行榜。2002 年该杂志发行了一本名为《青少年企业家》的青少年杂志。——译者注

③ 幸运护身符是 1964 年通用磨坊食品公司创立的麦片品牌。麦片包括烘烤麦片和多彩棉花糖魔法麦片。商标设计是一个可爱的小精灵，在广告拍摄中也曾出镜。——译者注

④ 崔丝是通用磨坊和其合作伙伴于 1955 年为北美市场创建的早餐麦片品牌。崔丝麦片有水果味、甜味、玉米味。1991 年，原本的球形谷物麦片也变成膨化果形麦片。2007 年，美国出售的麦片恢复到原来的形状，但墨西哥仍然保持了膨化果形。——译者注

⑤ 可可泡芙是通用磨坊生产于 1958 年推出的一款巧克力味膨化麦片的品牌。产品是可可与玉米、麦片、大米的混合口味。——译者注

⑥ 贝瑞是通用磨坊公司推出的怪物主题早餐麦片，是早期在北美推出的五个怪物系列品牌之一。——译者注

看中的一台。

在将近20年的时间里,索尼随身看经历了65个不同型号的发展历程,最终索尼随身看系列产品于2000年停止生产,这是因为从无线电信号到数字化传播方式的转变使随身看必须配备数字化转换器才能接收信号。

随着电视变得越来越数字化,延时收看也越来越普遍

对电视节目进行录像早已不是什么新鲜事。在20世纪70年代晚期,随着视频录像技术的广泛应用,人们已经能够推迟收看他们喜爱的电视节目。然而在20年之后,另一种电视录制设备的出现才永远地改变了电视节目播出的线性特征。

1999年1月,在洛杉矶举办的国际计算机电子展览会上,一个名不见经传的小公司TiVo推出了数字化视频录像机的原形。DVR绝不是VCR的类似产品,TiVo公司大力宣传,该产品具备对实时播出的电视节目进行暂停、回放和重播的功能,这带给了电视观众全新意义上的内容掌控能力。

一家名叫"重播电视"的公司在展会上也推出了相似的创意,但TiVo打败了对方并于同年3月31日的周五发售其首批机器。热切的消费者们能够以不到500美元的价格(不包含每月使用费)购买TiVo最低配置型号的机顶盒,它能够储存录制14个小时的电视节目。

1999年10月2日,《纽约时报》刊登的一篇文章中对于TiVo有这样一段描述:"分析家们认为这种个性化的电视录像技术将会成为消费者电子市场迅速发展的全新组成部分。"事实也确实如此。这个使电视收看更具互动性的设备,向数百万美国人提供了跳过电视广告的能力。

目前,40%的美国家庭使用DVR,数量几乎是四年前使用率的3倍。虽然DVR的使用率将持续增长,但是对于广告商们来说机会仍然存在。与没有DVR的家庭相比,那些拥有这一设备的家庭能够收看更多的黄金档电视剧,而且他们也没有像人们曾担忧的那样,大规模地跳过广告。实际上,根据尼尔森数据,在电视剧首播后的3天内使用DVR重播电视剧,使电视广告收视率增长了44%。

视频点播减轻了DVR的负担

TiVo机顶盒进入大规模生产后不久,时代华纳公司在美国的3个城市进行了试点工程,对一项赋予注册用户任意浏览和观看视频内容能力的服务进行了测试。从20世纪90年代早期第一次提到的"信息高速公路"开始,坐在沙发上就能

租到电影带的梦想即将实现。7月29日出版的《福布斯》杂志评论道,"虽然不知道何时以何种方式才能实现这个梦想,但是视频点播必定会受到有线电视观众的欢迎"。

得益于高速数字化网络的发展,2001年早期,有线电视注册用户开始尝试视频点播服务。媒体分析公司麦格纳全球公司的视频点播预告图显示,2001年仅有300万家庭使用视频点播。2012年的数据则有可能是其20倍。公司认为,到2016年视频点播会覆盖58%的美国家庭。

尽管早期的视频点播服务在所提供的电视内容方面还存在很多不尽如人意的地方,但近年来这种情况已经大为改观。2011年4月27日,康卡斯特公司(Comcast)成为第一个提供视频点播服务的公司,能够提供主要来自4家电视网络公司的内容,并宣布将ABC电视台和FOX电视台的许多流行电视剧在首映结束后的第二天纳入点播范围。康卡斯特公司的发言人在产品发布会上声称:"我们的目标就是随时随地向消费者提供最好、最新的娱乐选择,以便他们跟上潮流,赶上他们最喜爱的电视节目。"

2011年5月25日,康卡斯特公司庆祝了另一个里程碑式的胜利:自从2003年开始这项服务以来,其视频内容被点播的次数高达200亿次。2003年该公司可供点播的视频仅有740个,而到了2011年观众的选择则有25000个。较受欢迎的点播节目有《南方公园》①《明星伙伴》②和《欲望都市》③。正如康卡斯特公司所言:"对于如今的美国人而言,延时收看电视已经成为日常生活的主流。"

---

① 《南方公园》是由喜剧中心电视台于1997年推出的一部美国成人动画情景喜剧,又译为《衰仔乐园》(香港版)和《南方四贱客》(台湾版)。该节目围绕四个男孩在科罗拉多镇的离奇冒险而展开。此剧为了吸引成年观众,使用了一些粗俗语言、黑色幽默、超现实讽刺,虽受到了批判和争议,但一直保持着良好的收视率。此剧获得多个奖项,包括艾美奖和皮博迪奖。——译者注

② 《明星伙伴》是于2004年播出的以年轻人的都市生活为主题的HBO原创系列喜剧,2011年完结,共9季。该剧讲述年少成名的一线男星文森特·蔡斯和他3个住在纽约皇后区年少时就要好的朋友的故事。——译者注

③ 《欲望都市》由HBO于1998年推出的美国都市剧,共94集。该剧拍摄背景设在纽约,根据作家坎迪斯·布什内尔1997年的同名小说改编,展示了纽约曼哈顿4个女人——专栏作家凯莉、律师玛兰达、理想主义者夏洛特和公关经理萨曼莎——的故事,她们事业成功、时髦漂亮,虽然不再年轻,但总能保持自信。她们共享友谊,在充满欲望和诱惑的纽约寻找爱情和归宿。——译者注

社交电视——运营商如何通过电视关联网络、社交媒体及手机来吸引并留住观众

网络为电视带来新的转变

2006年5月,随着越来越多的人放弃拨号上网转而投向宽带服务,ABC电视台做出了让公众意想不到的事情。继2004年与iTunes签订合约对旗下内容提供下载和购买之后,ABC电视台将其所有受欢迎的节目在网上免费提供。看电视首次成为一个不再受限于具体电视机的活动。数百万的美国人可以在他们最喜爱的节目电视首播之后,打开电脑,通过网络进行收看。

ABC电视台的网络行为受到了消费者的大力表扬,认为这一举措真正地满足了他们内心深处的愿望。2007年,该公司播放器的功能进一步加强,使用户们能够全屏收看,使公司在同年后期流媒体高清电视节目的推送更加简单方便,从而提供了一个更丰富的"电视"体验。

从2006年秋天开始,四家主要电视网络公司全部涉足网络流媒体业务,然而ABC电视台在那一时期仍然保持最受欢迎的地位。现在,超过四分之三的用户通过网络收看电视节目。无法在喜爱的电视剧首播时进行收看而又忘记了设定录像功能的忠实影迷们,有了与电视剧更新保持同步的另一个选择。对于某些"掐线"用户来说,他们唯一的选择是通过网络收看电视,"掐线"这一概念我们将在第9章详细阐述。

电视网络合作葫芦网诞生

2007年3月22日,美国国家广播环球公司①(NBC Universal)和新闻集团②(News Corporation)合作,建立了主要提供视频服务的Hulu(葫芦)网,2009年迪

---

① 美国国家广播环球公司是一家美国跨国媒体集团。该公司于2004年5月创建,总部设在曼哈顿洛克菲勒广场的康卡斯特大厦。公司主营媒体和娱乐行业,最著名的两个部门是美国全国广播公司和环球影业。公司原本的标志是美国全国广播公司的"孔雀标志"和环球影业的"地球配文字标志"的组合。2011年该标志被重新设计,以反映康卡斯特的所有权及两个主要部门的融合。——译者注

② 新闻集团起初是一家美国跨国媒体公司,总部设在纽约,2014年按营业额计算,是世界第四大传媒集团。2012年6月28日,默多克宣布,鉴于股东关心的丑闻问题和更大的长远利益,新闻集团的资产将被分成两家上市公司,一家媒体公司,一家出版公司,2013年6月正式执行。新闻集团在此更名为21世纪福克斯,主要涵盖新闻媒体,并承担出版工作和澳大利亚的广播节目。——译者注

士尼和 ABC 电视台相继加入。当时葫芦网被形容为"最大的在线视频网络平台与最吃香的电视电影内容的组合"。备受关注的流媒体网站于 2008 年 3 月 12 日成立,与其成立周年纪念日相距不远。

在其成立之初,葫芦网号称其视频库拥有跨 50 多家电视网和有线电视台的 250 多个电视剧的完整内容。在其成立之后的四个月也就是 2008 年 7 月,尼尔森数据显示,在 10 家视频流媒体网站中,葫芦网排名第 8,增加的视频流个数逾 105 个,两年以后葫芦网用户所产生的视频流个数则是 2008 年的 2.5 倍。

葫芦网使用播放广告的方式来提供免费视频,这种方法能够减轻传统电视广告的成本压力。基于尼尔森数据(Nielsen/IAG),葫芦网宣布其广告的有效性是电视广告的两倍。在葫芦网平台上每半个小时所产生的广告收入要比有线电视和 DVR 产生的都要高,这是由于葫芦网能够更好地锁定目标人群,增加了相关性并减少了不必要的浪费。

业内人士继续探索在线电视流中可容纳的广告规模。广告商提供内容,是想要确保潜在利益最大化,而流媒体网站需要发展新用户,因此对使用率的下降非常敏感。尽管看起来过大的广告量会导致观众拒绝收看广告,2010 年末的两份不同研究则发现事实并非如此。

特纳广播公司[①](Turner Broadcasting)的研究对象是时长为 30 分钟的情景喜剧视频,分别配备不同的广告负载,其中一个的广告时间只有 90 秒,而另一个的广告时间则为 16 分钟。研究结果显示,后者所导致的收视下降微不足道。特纳公司另外采用一个时长为 1 小时的电视剧进行重复实验,也得到了相似的结果。

流媒体内容汇集公司拓展点播业务

网飞公司(Netflix)在发展过程中将观众类型延伸到互联网平台和手机应用平台的用户,这一行为使有线电视运营商、卫星电视供应商和电信公司认识到,如果继续将他们的业务局限在客厅电视机的机顶盒上,恐怕要让消费者们失望了。这就是导致"电视无处不在"这一概念出现的背景原因。

——VideoNuze[②] 编辑及出版商　威尔·瑞奇蒙

---

① 特纳广播公司是一家美国媒体集团,1996 年被时代华纳收购,成为时代华纳旗下一个半自主的公司。该公司目前的节目包括 CNN、HLN、TBS、TNT、卡通频道、成人动画频道、重播台 Boomerang、真实频道 TruTV 和特纳经典电影。——译者注

② VideoNuze 于 2007 年 12 月 6 日发布的在线视频新闻博客,是发布在线和移动视频分析及新闻的在线出版平台。——译者注

社交电视——运营商如何通过电视关联网络、社交媒体及手机来吸引并留住观众

1997年，当网飞公司开始其DVD出租邮寄业务时，网飞公司就成了一个家喻户晓的名字。随着公司的发展和技术的成熟，网飞公司开始将一部分注意力转移到网络，并于2007年建立其视频库，开始推行"即时收看"业务。

网飞公司最初的流媒体内容仅包括1000部电影和电视节目，而其DVD视频库有7万多个项目，如今网飞公司所能够提供的流媒体内容数量已是最初的50多倍。2010年11月数据显示，所有视频中的一半内容是电视节目。不久有消息传闻说，网飞公司计划在电视内容领域进行更多投资。公司于2011年2月宣布与CBS电视台进行合作，将四家主要电视网络公司的内容引入其视频库。

2011年8月，知网出版的互联网电视报告结果显示，年龄在13至54岁的观众平均每周通过网飞公司观看两集电视剧和一部电影。研究还表明，当收费标准按照视频流量大小衡量，且并不一定要计算出总体持续时间时，网飞公司的普通用户收看的内容更多，平均每周收看5个电视节目和3个半电影。

尽管由于技术所限，早期的网飞公司流媒体内容只能在台式机上播放，2008年，Mac用户开始率先享受手提电脑流媒体播放服务。网飞公司有着非常清晰的战略思想，要使其应用覆盖所有的联网设备。2011年8月，网飞公司视频能够在450多种不同的设备上播放。其中三种主要设备播放了网飞公司45%的内容，它们分别是索尼PlayStation 3、微软的Xbox和个人电脑。

随着时间的推移，网飞公司逐渐摆脱其早期作为DVD出租公司的形象，发展成为提供网络视频订购服务的公司。2011年的第二季度，该公司宣布，75%的新注册用户使用其流媒体服务。网飞公司在北美拥有2500万注册用户，有人指出，单就其用户人数而言，其规模已经和有线电视巨人康卡斯特公司（Comcast）不相伯仲。

Netflix的竞争者Hulu Plus出现

2010年6月29日，葫芦网发布了即将推出名为Hulu Plus的视频订阅服务的声明，这是对已存在的Hulu网站应用平台的补充。尽管Hulu Plus也播放广告，其与早期免费的Hulu应用的区别在于其视频库中能够提供当前所播放电视剧的完整季的内容，同时也包括所选节目过去已播季的所有内容。

这项应用的试用版于2010年11月推行，每月使用费为7.99美元。公司的目标是要在2011年底达到100万注册用户，而这项任务已经提前完成。

在2011年的第二季度，也就是Hulu Plus发行八个月以后，公司对其发展状况进行评估。除了完整剧集的数量翻倍以外，电视剧的数量也从950部涨到了2100多部。和Netflix一样，Hulu Plus也大力加强与其他设备相关联的合作，合

作对象从智能手机、平板设备到 DVR 和游戏机。

然而就注册用户数量而言，Netflix 呈现压倒性的优势，其用户数量是 Hulu Plus 的 25 倍以上。现在随着其他播放器如 Amazon Prime 和 Vudu 进入市场，可提供内容的多少和使用是否便利则成为区分胜负的决定性因素。

iPad 真正成就了电视的便携式体验

2010 年 4 月 3 日，苹果 iPad 在美国销售，第一天就卖出 300000 台。在其面市第一年的 8 个月里一共卖出近 1500 万台，预计 2011 年还会卖出 4000 万台。它在短时间内被认为是史上销售最火爆的电子设备（仅次于 Xbox Kinect），毫无疑问，这个平板设备对人们收看电视的方式有着长期性的重要影响。

Netflix 在 iPad 发售初期就推出了与之合作的应用程序，ABC 有线电视公司也不甘落后，再次倡导用户通过 iPad 轻松快捷地收看其麾下所有的电视剧。在 iPad 的早期发展阶段，ABC 播放器是设计得比较好的应用软件之一，能够提供与 ABC 网站完全一致的内容，也能够使用户享受 iPad 的高品质画面。

该应用程序的主界面分为两大块，顶部是滚动播出的 7 部电视节目海报，各有特色，每一张都是对节目活灵活现的刻画，让人印象深刻。在每张海报的下方则提供该节目的名称以及播出的具体时间，写着"收看最新剧集"，大型的红色按钮是为了方便观众马上开始收视之旅。

界面下方默认显示 ABC 电视台受欢迎的 6 部电视剧，观众可以自行从中选择收看最新的剧集。应用最下方的导航指令栏有一个"计划"按钮，能够提供节目收视指南。"所有节目"选项则将可供收看的所有内容按照名称的字母顺序进行排列，选定后就会自动弹出最新的一期节目。ABC 数据显示，在其 iPad 用户群中女性所占比例为 60%，当前最受欢迎的电视剧是《摩登家庭》。该播放器下载次数已逾 200 万次，播出内容占 ABC 有线电视台节目的在线播出总量的 10%。

很多其他的网络电视公司也依葫芦画瓢，发布 iPad 流媒体文件播放器。如 2011 年 9 月 NBC 电视台采取与 ABC 电视台相似的做法，通过使用广告支持的传播模式，对其 iPad 应用程序进行升级，使之能够播放该电视台 28 部完整的电视剧。

HBO 使流媒体能够立即提供首播之后的电视剧内容

HBO Go iPad 应用程序于 2011 年 5 月早期运行，在接下来的 6 周里下载次数超过250万次。然而要获取其播放内容有些费劲,因为HBO要求用户进行身份验证以表明自己的确是HBO的注册用户。一旦验证通过,用户可以解锁收看HBO的1400多部电视剧、电影以及特别节目。该应用程序也支持iPhone和安卓系统,不仅提供HBO的原创电视节目,还包括幕后花絮。消费者能够通过该程序收看HBO电视剧已播季的内容,甚至还可以收看那些已经停止续拍的电视剧。

在当前正在播放的HBO最新剧集在首播结束后,观众能够立即通过HBO Go进行收看。在更新剧集的片尾部分,屏幕上会出现以黑色大写字体书写的一行字——本剧所有内容现在可通过HBO Go收看。此举不仅让观众意识到收看HBO电视节目的灵活性,还强调了其视频库内容的新鲜度。

当新用户首次登录HBO Go应用程序时,他们首先要完成一个简单的身份认证程序,并从一组按钮型的选项中选定其电视供应商,然后输入电视收视账号的用户名和密码,应用程序会自动使用户在14天内保持已登录状态。这种身份验证的方式正在日趋流行,并被广泛使用,其原因在于很多用户从不或者很少使用他们的付费电视宽带验证码,因此必须采用这种有点麻烦的过程来强调其重要性。

HBO Go应用程序主界面以一种类似于屏保的方式自动展示视频节目的海报,每张海报都可供点击,并提供相关电视剧的链接。当用户想观看某个特别的电视剧或者电影时,位于界面底端的导航条能提供将视频内容按照题材类型进行分类的功能。点击"系列节目"将会在屏幕上显示HBO所有的相关内容。假定用户点击了《明星伙伴》,那么呈现的是该剧第8季的所有内容(第8季是目前最后一季),用户也能通过下拉菜单在其他任意7季之间进行浏览。

HBO Go应用程序也拥有一系列的附加功能,如嵌入了脸书的点赞按钮和鼓励社交媒体分享的推特发文功能。此外,HBO Go应用程序还增加了"心愿单"功能,使用户能够标记他们后期想要保存的内容,或者当新的剧集发布时自动将其添加到待收看的行列。

截至2011年8月,HBO Go应用程序的下载次数已经超过400万次,HBO电视台宣布打算将该应用与游戏机和联网电视进行整合。这使"电视无处不在"变得名副其实:不管人们使用何种设备,他们都能够随时随地通过既简单方便又稳定可靠的方式来收看电视。

iPad使收看电视真正成为一种便携式的体验,然而这种体验仍然属于传统"看电视式"的经历。HBO的"电视无处不在"式应用带给其注册用户大量的递增价值,使他们能够用无数的方法收看和体验他们所喜爱的内容,而不用进行额外付费。这一战略正在得到回报:据时代华纳公司报道,与不使用HBO Go程序的用户相比,该程序用户收看更多的HBO电视节目。

能够反其道而行之吗?

所有节目都是先通过电视首播然后才被放在网上,这似乎已经成了一个惯例,有些电视网络公司就别出心裁地不走寻常路。

2011 年 9 月 23 日,PBS 电视台在 iPad 和 iPhone 流媒体应用程序上发布了肯·伯恩斯导演的三集纪录片《禁酒令》[①]首集。这使观众们能够在 10 月 2 日首播日的 10 天前就体验该剧。网络播出的内容具有一定的桥梁作用,PBS 的策略当然是通过一系列相关的"早期观众"为即将播出的纪录片制造舆论,从而达到最终在节目电视直播时提高收视率的目的。

2011 年,福克斯电视台(FOX)在其系列电视剧《杰茜驾到》首播时也采用了类似的方法。在距离其电视首播日 9 月 28 日尚有 20 天的时候,将该剧首集放在 iTunes 上提供免费下载。尽管有人认为这一举措会影响电视剧的收视率,但在首播日收看《杰茜驾到》的观众人数逾 1000 万人次。由于该剧第二集的收视率也同样令人瞩目,福克斯电视台选择将《杰茜驾到》第一季设为完整的 24 集。

超无限电视(Xfinity TV)iPad 技术将内容和功能合二为一

尽管现在大多数主要的电视网络公司都有他们自己的 IOS 和安卓系统版本,但这并不代表他们是唯一有能力提供"电视无处不在"解决方案的。实际上,威瑞森电信公司[②](Verizon Fios)、DISH 和康卡斯特公司(Comcast)等付费电视供应商代表着部分首批推出流媒体手机应用程序的公司。

2010 年 11 月 10 日,康卡斯特公司超无限电视应用程序迎来了其发展的第一阶段,将第二屏幕的功能提高到一个新的层面。通过升级 iPad 独有的功能形成互动的电视收视指南,使用户能够轻松自如地浏览电视节目列表。观众们不仅能通过手中的 iPad 来给电视调台,还能够在任何有网络连接的地方操作和设定 DVR。

很多时候,当人们在饮水机旁边偶然谈起最近热门的电视剧,而他们的有线电视机顶盒又不在身边时,上文中我们所谈到的这种远程遥控就能大显身手了。

---

① 《禁酒令》是一部三集迷你纪录片,讲述《禁酒令》最终在 18 世纪宪法修正案中被通过的历程,其中包含不同的文化因素(如移民、妇女选举权和个人收入所得税)对该法令的影响。——译者注

② 威瑞森电信公司是在光纤通信网络上运营,向 9 个州超过 500 万的用户提供上网、电话和电视服务的光纤公司。公司于 2005 年创建,是美国较大的运营商之一,提供光纤到户服务。——译者注

趁着刚刚讨论过某节目记忆还清晰，人们可以在世界上的任何一个角落通过使用iPad、iPhone或者安卓系统设备立即开始录制该节目。

超无限电视应用程序还提供了一个更加流畅简洁的方式来浏览点播的视频内容。以往传统的VOD菜单占据了电视屏幕，使其他节目无法播放，iPad应用程序将第二屏幕作为浏览和选择感兴趣内容的阵地。当观众找到适合观看的对象时，他们所需要做的只是点击"马上收看"按钮，然后指定的内容就会在大屏幕上开始播放。

2011年2月1日，康卡斯特公司推出其应用程序的第二阶段，提供备受关注的"立即播放"特色功能，使用户能够在3000多个小时的电视和电影内容中即时收看点播内容。用户们可以按照电影、电视剧或者网络公司来过滤内容，他们也可以直接浏览整个视频库，如果超无限电视用户也将HBO作为其额外有线电视服务的话，库中也包括HBO Go的资源。

从点播到流媒体直播，iPad变身为电视机

在2011年6月举行的提升在线视频广告的峰会上，业内人士预测两年内75％的联网设备和手机会提供有线电视收视程序。此外，他们所指的便携式视频不再局限于提前录制的点播视频。

当笔者正在进行这一部分的写作时，正巧推特上爆出了一个重要的新闻故事。附近并没有可方便使用的电视机，因此笔者马上通过iPad登陆CNN的应用软件收看《时事观察室》[①]，通过实时流媒体视频来验证第一条推文所涉及故事的真实性，这一切就和笔者在电视机前的操作一样。

笔者能够进行上述行为是因为CNN在2011年7月18日升级了其已有的iPad应用程序，引入实时播出CNN节目和头条新闻的功能。对于希望解锁CNN现场直播视频的用户，该程序使用与HBO Go相似的身份验证机制，验证后提供视频资源。对于那些不想或者无法通过身份验证的用户，CNN iPad应用程序默认提供在其收费墙之外的大量相关且及时的非电视内容。

CNN当然不是首个通过iPad提供实时节目的电视网络公司。在CNN应用程序升级的3个月前，娱乐与体育节目电视网（ESPN）就借助苹果的IOS设备发布了WatchESPN应用程序。尽管设计理念相似，WatchESPN的使用范围被限定

[①] 《时事观察室》是于2005年8月8日在CNN播出的新闻节目。节目在刚开始时会简要介绍节目的讨论热点，涵盖时事、新闻、政治头条。该节目还网络连线CNN知名记者，邀请政治分析家共同参与讨论。——译者注

在为数不多的几家付费电视公司内(其中不包括康卡斯特公司)。该应用程序包含的导视功能非常有效,使观众更方便地了解娱乐体育节目电视网各台(ESPN、ESPN2、ESPN3 和 ESPNU)正在播放以及即将播出的内容。

Cablevision 于 2011 年 4 月 2 日推出其尚有争议的命名为 Optimum 的 iPad 应用程序,向其注册用户提供逾 300 家直播电视频道的内容,试图在 5 天之内打败 ESPN。一部分电视网络公司对此举甚感不快。传媒巨头维亚康姆集团(Viacom)甚至诉诸法律(所幸最后得到和平解决)。时代华纳有线电视台在 2011 年 3 月 15 日发布其首个电视直播 iPad 应用程序时也曾引起一时轰动。

如果漏掉了下面这个"电视无处不在"的最初的解决方案,那就是我们的失职:2005 年 6 月发布的 Slingbox 机顶盒使用户们能够通过网络在电脑上收看电视。现在机顶盒尺寸更小,通过配套的播放器可以在大量移动设备,包括在 iPad 上使用。2011 年 11 月 10 日,在脸书上可供使用的播放器 SlingPlayer 发行,使脸书用户能够直接观看和分享流行社交网络内的节目内容。

陈旧的经营模式与现代科技并不同步

在随时随地看电视这一点上,传统的电视机和 iPad 的进化模式截然相反。电视当然先从现场直播出发,然后逐渐进化,最终到达视频点播阶段。iPad 则正好相反,首先推出点播内容,现在正在发展实时电视节目。

为了达到随时随地看电视的目的而研发的科技现在已经存在一段时间了,但是维亚康姆公司(Viacom)和光电视觉公司(Cablevison)对簿公堂的例子不禁让人对同类之间互相残杀的现象心生恐惧。电视网络公司变得更谨慎小心,ABC 公司数字化媒体的副总裁瑞克·曼德勒的总结非常到位:

> 我们对于下一步行动采取非常谨慎的态度:一方面,我们并不想扮演提供掐线①催化剂的角色;另一方面,我们又确实想要前进。因此,我们到达了与合作伙伴们一起前进的中间阶段。我们要努力到达这一阶段并且尽量向前看,但是我们也要保护目前已经存在的分配系统,要求人们进行身份验证,表明他们是合法的付费电视注册用户。良好的中间阶段应该是这样的:无论用户身处何地,他们都能够看电视。但他们必须意识到他们不能不劳而获,而

---

① "掐线"现象正在美国挑起一场影像、电视广播和通信业务之间的风暴。线路意指为美国家庭提供电视影像连接,包括有线电视和数位卫星电视广播。目前,有线电视、数位卫星和其他服务的用户总数已超过 1 亿,而"掐线"则意味着终止所有这些服务合约,用基于网际网路的视讯配送技术来取而代之。——译者注

社交电视——运营商如何通过电视关联网络、社交媒体及手机来吸引并留住观众

我们现在所处的局面也不允许我们彻底打乱当前的电视生态系统。

2011年7月27日,福克斯电视台的这样一则消息成为头条新闻:该公司宣布仅对其付费电视观众在直播次日提供在线视频,而其他观众则需要在电视剧更新之后等上整整8天才能够在线收看。

尽管这一模式理论上听起来不错,但是由于和福克斯电视台合作进行身份验证的付费电视运营商仅有一家(Dish Network[①]),真正实施起来效果就大打折扣了。例如,康卡斯特公司的注册用户无法进行身份验证,所以他们也必须等上8天才能够在线收看福克斯电视台的更新内容。这导致视频分享网址出现了大量福克斯台电视剧的盗版内容。

当人们在某个时间特别想要收看某个节目时,他们一定会找到可行的办法。尽管我们希望他们采取合法的方式来达到目的,但是其中的大部分人还是会选择阻力最小、最容易——然而并不总是合法的方式。因此,电视网络公司和付费电视运营商的责任是在保持盈利增长的前提下消除影响观众收视的不利因素。

由于葫芦网受到网络电视内容播出障碍的影响,为追求更大的经济效益,2011年暑期,葫芦网为其自身寻找潜在的买家。同年10月13日,葫芦网宣布终止出售行为并专注于公司的战略性发展。葫芦网在广告收入和Hulu plus付费用户这两个领域内持续增长。

电视无处不在还是就在脸书上?

2011年11月22日于洛杉矶举行的年度f8开发者大会上,脸书宣布了对其主要应用平台升级的细节。众多的新特色和变化中包含着大量的媒体公司深层合作信息。脸书用户现在可以不用升级就能收看葫芦网和网飞公司的电视节目。例如,葫芦网的"Canvas app"使用户能够马上收看朋友们在脸书上分享的视频,也可以通过标签或者新闻推送发帖找到朋友们正在收看的内容并直接收看。

评价功能促进了实时讨论并且推动了观众所收看内容的扩散——从而增加了其他人发现这些内容的机会。这种被脸书公司称为无障碍分享的模式不仅增加了脸书用户的信息,也使其在微观层面上对广告商更为有益。

尽管在脸书应用平台上,消费媒体内容非常简单、方便,但是与大屏幕相比,人们更愿意在什么时候、以哪种方式、在哪种程度上通过脸书收看电视,这些问题

[①] Dish Network是美国卫星广播服务供应商,为美国商业用户和居民用户提供卫星电视、卫星网络、广播和交互式电视服务。——译者注

仍然有待于进一步探索。

消费者们将使用可获得的最佳屏幕进行收视

如果将所有相关因素纳入考虑范围，对于内容分配机制的争论似乎将永无止境。对于消费者来说，要找到满意的内容就像是在北大荒探险一样。尽管人们所渴望的随时随地看电视的能力已经获得了不少的提高，但是远远还没有达到"无缝对接"的程度。网络视频专业出版物 VideoNuze 编辑及出版商威尔·里士满对此进行了准确描述。

让我们来试想一下电视收视的终极阶段，如果真有这么一个阶段的话，那将是一种非常棒的体验。你注册成为付费电视用户，然后突然之间，所有能够通过你的电视机顶盒播出的节目内容同时也会在你家其他的联网设备上显示，包括你的智能手机和平板设备。不管你是在室内还是在室外，不管是直播节目还是点播内容，都能无障碍收看，这对于消费者来说，都是非常棒的体验，但是要到达这一阶段非常困难，需要付出巨大的努力。

几年以前，尼尔森公司宣称美国人将会通过可获得的最佳屏幕收看电视。在那个时代，客厅里的电视机仍然是人们的最佳选择。但是随着科技的发展和人们可接触到内容的方式不断进步，人们收看电视的最佳方式也会随之改变。

无处不在的电视为广告商们带来了新的机会

要加强应用平台的功能，我们一直都致力于开发数字化平台中电视节目的创造性。每个应用平台都有其独特的功能，而创造力有助于加强这些功能。

——ABC 数字化媒体副总裁　瑞克·曼德勒

尽管不同播放器的技术特色、功能和用户体验都大同小异，但这些应用平台各自所带来的广告机会则各有千秋。

第一种极左的代表包括 Netflix 和 HBO Go，不播出任何广告。第二类极右的代表则包括 CNN、ESPN 和 Cablevision 的播放器，是电视节目的复制品，包括其广告。Hulu、Hulu Plus 和 ABC Player 等其他播放器则处于中间地段，倾向于提供高度自定义的应用平台所独有的广告机会。

除了在剧集开始之前提供滚动广告，iPad 中的 ABC Player 还在每个固定的广告时间提供插播广告，播出的数量取决于广告的需求，一年之中会有所变化。

视频广告重播期间，在播放界面的底部会出现距离节目播出的时间的狭长倒计时区域。右上角则会有标有"访问赞助商网址"的按钮。点击该按钮会进入通向各个网址的链接界面。左上角的按钮则方便观众返回主页面继续收看剩下的视频广告。

与简单而又太过千篇一律的视频广告相比，商家们有机会通过嵌入的第五代超文本标记语言（HTML5）提交广告创意，从而带来大量全新互动产生的可能性。广告有可能成为完全互动的体验，如以游戏的形式，或者在广告中直接进行营销收购。为平板设备（或个人电脑）进行创造性广告设计的好处在于，这一过程中广告内容本身就代表着完整的品牌体验。因为观众们不需要离开他们感兴趣的内容进入另一个单独的网址，从而也就增加了他们进行互动的机会。

广告商们可以选择只购买 iPad 版本的广告播放方式，然而，完整的媒体购买通常也倾向于同时购买 ABC 网站上的播放资格。这对于广告商来说是行得通的，因为不管人们采取哪种方式收看 ABC 电视台的节目，广告都要和电视节目取得一致。

品牌商们无法使他们的广告对象目标化，或者将广告插入特定的 ABC 电视台节目中。相反，他们所获得的是在所有节目的广告时间里动态播出的广告所产生的总体印象。商家永远无法预知在什么时候，或在哪部电视剧播出期间会播出他们的广告，但是他们可以要求回避与品牌定位不一致的某些特定节目。

Hulu 广告的迷人之处在于其可供选择的播出机制

Hulu 提供大范围的广告模式，大约覆盖了当前 25% 的普通电视节目，其中当然包括视频流内插播广告、提供可点击的配套横幅广告。如果商家愿意额外付费，在其视频广告播出期间，围绕 Hulu 媒体播放器的整个区域都会出现醒目条幅和彩色背景。

对于在电视节目播出之前就希望给观众带来先入为主的第一印象的广告商来说，Hulu 的品牌化设置为其提供了选择。正式节目播出前会出现印有赞助商品牌标志的海报，海报下方印着一行字"接下来播出的节目由 ** 独家冠名播出"，同时会有画外音念出这行字并着重强调赞助商。

Hulu 广告中较受关注的模式之一是其"广告选择"机制，观众可以从他们所喜欢的 2 至 3 个视频广告中进行选择。在其广告业务规格表中，Hulu 给出如下的一个例子：某汽车公司可以提供一系列关于运动型多功能车、卡车或者双座四轮轿车的广告。如果用户选择的是运动型多功能车，那么在接下来的广告时间里就只会出现与其兴趣相关的汽车类型的广告。

上述的广告选择机制是产生选择性印象的极佳的例子。观众们能够主动地做出选择（而不是简单地忽略），然后收看与他们生活更相关的广告。由于用户被赋予一定程度的能力来控制这些广告播放的内容，他们对广告的接受程度也就更高。相关研究结果显示：与常规的视频滚动广告相比，具有选择机制的广告操作模式能够带来更高的点击率和广告记忆度得分。

2011年10月3日，Hulu宣布其在选择性广告业务方面的下一步举措：赋予观众替换广告的能力，用完全不同的另一组广告代替原始广告。在广告开始播出时点击"广告替换"图标，另一系列不同品牌的广告就呈现在观众面前，这些广告与Hulu用户个人文件夹信息具有相匹配的相关度。收看这些替换性的广告不仅不会产生额外的费用，相反，因为观众是主动选择这些广告的，所以广告内容更容易被接受。在Hulu早期进行的一些测试中，在收看替换性广告的观众中，不需要任何提示就能回忆起广告内容的人数占93%，并且其中35%的人表示要购买广告中提到的产品或者服务。

行动起来：电视无处不在

由于越来越多的观众能够按照他们的意愿随时随地收看电视，品牌商们需要具备跨越不同媒体设备锁定目标客户的能力。以下是有助于开展准备工作的一些要点：

1. 设计媒体内容

电视无处不在的概念使人们能够通过大量设备和应用程序收看电视节目。虽然电视节目内容可以跨越不同屏幕，你的30秒或者60秒的广告却不能这样。因此，可以在广告播出的各个频道和设备上加强设计，发挥创造性，记得要好好利用网络的互动性。

2. 内容为主

人们很难忘记《摩登家庭》中有一集的内容就是讲述费尔是如何渴望能够得到一部iPad作为生日礼物。使你的广告信息在各个屏幕之间来去自如的一个保险的办法，是将其嵌入电视节目本身的内容之中。故事情节中巧妙而又不易令人觉察的植入性广告能够引起观众极大的共鸣。寻找与你的品牌定位最匹配的电视节目，并与之建立冠名的合作关系。

3. 给予观众自主权

当观众自发选择收看你的广告而不是你强制性地向他们倾销内容时，你的广告的影响力将会最大化，有关这一点我们已经详细讨论过。尽可能地找到机会开发与Hulu的广告选择/替换相似的特色功能，使你在市场营销上的每一份投入都能为品牌发展做出最大的贡献。

电视的播出屏幕越来越难以预测

仅仅能够坐在客厅看电视的日子已经成为遥远的记忆。随着电视成为我们生活中的一个重要组成部分,其不断提高的便携性使我们能够随时使用迅捷、稳定的方式收看电视。因为无处不在的电视观众正在接收你的广告内容,无处不在的电视仍然是使你的品牌得到普及的另一个机会。

扫一扫获取更多信息

使用你的手机扫描下方二维码获得本章所引用案例的相关视频信息。

手机上没有二维码识别软件?不用着急,请登录 http://www.socialtvbook.net/tagged/chapter8 直接获取相同内容。

# 第九章

联网电视

网络内容与电视内容水乳交融

埃兹拉·恩格尔巴特和女友温迪住在曼彻斯特的波士顿西区。由于他在一家高端数字化营销机构担任客户企划,31岁的埃兹拉认为自己是科技产品的早期使用者。

大约7年前,《连线》①杂志的一篇文章提到了由Roku公司生产的可以与电视连接来展示照片和播放MPEG格式视频的设备,埃兹拉读后对此非常感兴趣。从2003年开始,埃兹拉已经将其手提电脑与电视机直接关联来收看在线视频,2005年,当他开始从iTunes购买电视节目时,他继续使用这种模式收看电视。

为升级其互联网电视体验,埃兹拉尝试了2007年发布的苹果电视,但是他认为其亮点乏善可陈。到2010年秋天,也许是因为受到苹果公司重新推出升级版苹果电视的影响,一小部分联网电视设备开始引起公众注意。

备受关注的联网电视中有一个埃兹拉非常熟悉的名字——Roku②,该公司刚刚推出一系列高端模式的新设备,受众只要花99美元,就能收看1080P的高画质视频文件。埃兹拉女朋友的父母了解到这一点之后,在2010年12月的圣诞树下方摆上了送给他的礼物——顶级配置的Roku XDIS。

---

① 《连线》杂志是全彩印刷美国月刊杂志,分为印刷版和网络版,报道新兴技术如何影响文化、经济和政治。该杂志于1993年首次出版,总部设在旧金山。现有英国版、意大利版、日本版和德国版。——译者注

② Roku公司主要生产数字媒体播放系列机顶盒。Roku流媒体设备通过有线或Wi-Fi连接至网络路由器获取数据。这些数据则通过音频线、视频线或高清晰度多媒体接口线输出。机顶盒可以连接到任何电视机或设备,并选择适当的输入连接,内容可从亚马逊云播放器、亚马逊视频、阿米巴电视等服务设备获取。截至2015年10月,Roku机顶盒已经生产了第4代产品。——译者注

社交电视——运营商如何通过电视关联网络、社交媒体及手机来吸引并留住观众

埃兹拉和温迪将 Roku 设备与客厅电视机相连，作为他们已采用的康卡斯特公司有线电视资源的补充。其联网电视 60% 的内容通过 Roku 的 Netflix 应用程序收看两个人都喜欢的电影和电视节目。每月 Hulu Plus 注册服务提供的流媒体电视节目则占联网电视 30% 的比例。最后 10% 的 Roku 应用则包括 Amazon Prime 播放的视频以及通过该播放器随机呈现的一系列大杂烩内容。

Roku 设备和康卡斯特有线电视盒能够形成互补。通过使用 Roku，埃兹拉和温迪收看了热门电视剧《单身毒妈》[①]的前 6 季，接着又借助有线电视视频点播库继续收看第 7 季。由于他们能够随时通过 Roku 收看他们想要观看的电视节目，如《吉米晚间脱口秀》和《摩登家庭》，埃兹拉的压力大为减轻，因为他不需要总是提醒自己记住设定 DVR，或者确保其有足够空间录制内容。

这对夫妻从来不会询问对方："你今晚要使用 Roku 吗？"因为每天晚上 Roku 都会被使用。大多数时候他们会在晚上和周末收看电视。埃兹拉和温迪通常先浏览他们提前录制在 DVR 上面的内容，因为 DVR 里面已经录满了电视节目。然后夫妻俩在遥控器上点击一下，就可以通过 Roku 继续收看之旅。

随着 Roku 的到来，埃兹拉自信地说："我们再也不会说'没什么电视可看的'这样的话了。"他刚刚彻底地打扫了卧室，找出两台满是灰尘的久被遗忘的 Netflix DVD。

联网电视并不是一个新概念

1996 年 9 月 18 日，也就是大约 15 年以前，WebTV 面市。作为设计师的史蒂夫·帕尔曼曾在雅达利[②]（Atari）和苹果公司工作过，他指出 WebTV 的目标就是使网络通过电视剧进入千家万户。在当时，仅有不到 15% 的美国家庭能够上网，网络覆盖面比现在更受限。

WebTV 的第一代产品主要针对基本的网络任务，如上网冲浪和收发邮件。该设备的外形就是类似于 VCR 的机顶盒，另外有一根与其内置的拨号上网调制

[①]《单身毒妈》是 2005 年到 2012 年由美国 Showtime 电视网播出的黑色喜剧电视剧。该剧讲述一个有两个儿子的母亲南希，在丈夫因心脏病去世以后，成为单亲妈妈。南希为了维持生计，做起了贩卖大麻的生意。随着剧情的发展，这个家庭卷入更多的非法活动。该剧一共 8 季，于 2012 年 9 月完结。——译者注

[②] 雅达利是一个 1972 年成立、由几个机构持有的企业和品牌名称，目前只属于雅达利互动娱乐。1972 年，雅达利成为家用视频游戏机和家用电脑的先驱。公司产品，如乒乓球和雅达利 2600，代表了 20 世纪 70 年代至 20 世纪 80 年代中期电子娱乐产业。——译者注

解调器相连的电话线。这是首个除个人电脑之外，独立存在的上网辅助设备，从而引发了网络家电这一分类的诞生，但是存在时间并不久。

索尼和菲利普玛格奈沃克斯①是最先开始合作生产和播出 WebTV 节目的两个公司，如果顾客同时购买红外线键盘，他们只需要支付 400 美金。1996 年，假期零售业的销售情况并不理想，到 1997 年 4 月，WebTV 的注册用户仅有 56000 人。尽管开始并不顺利，但是微软看到了这一领域发展的前景，非常迫切地想要收购 WebTV 网络公司。

1997 年的复活节，在接到比尔·盖茨的电话之后，史蒂夫·帕尔曼和其 WebTV 的合伙人很快达成一项协议。在 4 月 6 日于拉斯维加斯举行的会议上，微软宣布以 425000000 美金的价格收购 WebTV 网络公司。史蒂夫·帕尔曼成为微软 WebTV 分部的总裁，工作重心是开发网络优势，并将 WebTV 作为传统电视的补充。

在 WebTV 的发展历程中，有几个里程碑式的阶段很好地预示了多年以后的发展。美国著名网站"电子在线"（E! Online）将各网站按照产生的推荐流量大小进行排名，WebTV 名列第四。微软也通过和一系列酒店品牌签订协议，在美国各个酒店客房房间提供 WebTV。1997 年 5 月，与 Showtime 的合作使 WebTV 的注册用户能够对一场著名拳击比赛（比赛中泰森咬伤了霍利菲尔德的耳朵）的结果进行互动投票。

WebTV 过早谢幕

1996 年，85％的美国人从未上过网，再加上拨号上网的下载速度太过缓慢，令人痛苦，人们跳过这一累赘的过程直接转向电视这一较为成熟的媒介。为解决这一矛盾，WebTV 尝试加快其网页打开速度。

然而，这样做使 WebTV② 要教会人们如何使用网络，更糟糕的是，由于使用上网功能会占据电视机屏幕，人们被迫在上网还是看电视之间做出选择。

---

① 菲利普玛格奈沃克斯始创于美国，于 1917 年创立，现在是飞利浦电子公司的子公司。公司生产了世界上第一台家用电视游戏机奥德赛。——译者注

② WebTV 是网络公司开发的用电视屏幕展示的精简型电脑及网络服务的名称。WebTV 网络公司由微软公司收购，并入到微软旗下的微软服务网站 MSN。WebTV 是让电视机联网的适配器，主要用于网页浏览和电子邮件。虽然网络电视没有计算机的网络浏览功能多，但是作为计算机联网的另一种替代形式，网络电视价格更加优惠。该服务于 2013 年关闭。——译者注

WebTV无力改变已经存在了半个世纪之久的电视收看模式,再加上当时网络仅能提供非常有限的多媒体功能,WebTV根本无法与流畅播出的电视节目分庭抗礼。

2001年,WebTV更名为MSN TV,尽管微软仍然对已有客户提供服务,但其相关硬件已经不再继续生产。但是,WebTV所进行的努力并不是毫无价值的,其背后的理念和科技对微软取得大规模成功的Xbox系列产品,也就是现在覆盖面最广的"联网电视"有着深远的影响。

15年中变化颇多

如今80%的美国人会使用互联网服务。每月收看在线视频达70个小时的人数接近1.8亿。逾7000万的美国家庭安装了高速宽带网络接口,过去存在的阻碍被消除,大众能获得丰富的多媒体网络信息。

流媒体视频收视率得到了提高,此外,越来越多的人开始收看黄金时间的首播电视剧。一直以来,在线视频的收看率在下午6点至9点会显著下降。

随着科技的进步,当前人们收视行为最终走向一致,2010年秋天成为开始发展联网电视业务的大好时机。同年9月1日,苹果公司推出经过全新改版后的电视设备;9月22日,Roku发布其经过重新设计的联网电视设备;谷歌电视辅助产品于10月6日开始在索尼商店出售;11月10日,人们期待已久的备受关注的联网电视Boxee Box首次进入市场。此外,据弗雷斯特研究公司预测,到2015年将有三分之一的美国家庭使用联网电视辅助设备,而电子营销家①网站则称30%的美国家庭已经有了直接能上网的电视机。

联网电视各有千秋

究其本质,所有的联网电视,有时又被称作智能电视或者互联网电视,至少有一个共同点:将网络内容直接呈现在电视屏幕上,使人们的电视机变成一个巨大的电脑显示器。

---

① 电子营销家提供有关数字营销、媒体和商业的观察和趋势信息。1996年,该网站在纽约成立。用户可登录网站数据库,查找由分析师、预测家以及研究人员公布的行业报告、前景预测、比较预估、图表、文章、访谈、案例研究、网络会议和视频。公司还分析比较全球资讯,提供与广告、营销、媒体和商业相关的宏观解读。——译者注

提供收看在线视频的能力体现了联网电视的魅力。以往被限制在小的电脑屏幕上的内容，现在能够展示在客厅电视机的大尺寸屏幕上，向人们提供最受欢迎的媒体体验。

在联网电视被广泛应用之前，人们会采取将手提电脑和电视相连接这种不太体面的方式来通过电视机播放网络视频。这也是上文曾提到过的埃兹拉·恩格尔巴特在使用 Roku 联网电视设备之前的做法。然而，以上这些尝试都要面对的挑战之一是在观看电视的同时，人们有时也会有使用电脑的需要，而这是上述那些操作所无法满足的。因此，联网电视的优势在于它始终能够和网络保持连接状态，用户不需要频繁进行联网和退网的操作。

联网电视同时也提供了便于使用的图形界面，方便用户浏览和检索内容。既然联网电视实际上就是电脑，每台联网电视都拥有其操作系统和多种多样的应用程序。基于联网电视各操作系统的特点，其应用包括设备、频道或者播放程序。

事实上，联网电视经常在它所能提供的应用程序上展开竞争，并被评定等级。大多数联网电视能提供天气和旅游服务应用程序，也有很多联网电视甚至能够提供脸书和推特等社交网络应用程序。流行的网络广播应用程序如潘多拉网络电台①和 Spotify 已经成功加入联网电视应用中。但是大多数人真正想要的是获取流媒体视频内容的渠道。消费者是否做出购买决定，通常取决于联网电视是否能够提供 Netflix 和 Hulu Plus 应用程序。

消费者希望能够以简单的方式将流媒体电影和电视内容传递到他们的电视机上，其他的各种噱头只不过是起到锦上添花的作用。既然联网电视是通过有线或者卫星输送内容，那么这种形式的内容被专门称作互联网内容（OTT，over the top）。

运行联网电视操作系统的物理硬件，既可以是单独的机顶盒装置，也可以是电视机本身。无论消费者选择哪一种，用户体验基本上都是一致的，每一种都有其优缺点。

选择独立设备还是内置设备？

选择开发独立机顶盒业务的理由是，联网电视硬件和科技的变化速度远远超

---

① 潘多拉网络电台是一个音乐流和自动化的音乐推荐服务平台，现只在澳大利亚、新西兰和美国可以使用。服务平台根据用户对艺术家的选择来提供某一类型的音乐选择。用户对平台选择的歌曲进行反馈，反馈意见会用于之后的音乐推荐参考。用户可以借助个人电脑或移动电话的网络浏览器下载安装应用软件，登录平台，享受服务。——译者注

过电视机平均六年更新换代的速度。很多电视机顶盒制造商每年都对其产品进行更新改进，有时候这个频率甚至更频繁。相对于换掉整台电视机而言，重新买台机顶盒花费更少而且更加方便。

对于那些选择购买内置网络的联网电视机用户而言，雅虎公司发现平均70%的联网电视用户通过电视上网。但是这一比例会随电视机初始设置的难易程度而变化。例如，拥有内置Wi-Fi的电视能够以更快的速度联网。在使用联网功能的70%的用户中，每月主动使用该功能的人数占90%。因此，在顾客首次购买联网电视的时候，要找到方法说服并鼓励他们使用联网功能，这一点非常重要。

知识网络公司2011年6月出版的名为"联网电视"的研究结果显示，22%的拥有联网电视的家庭实际上并没有将电视联网，在这个群体中，仅有五分之一的人表示将会在年内采取电视联网行动。他们没有将电视联网的原因包括：没有使用此功能的必要，或者更愿意通过第二屏幕（电脑或平板设备）收看流式内容。知识网络公司估计，在2012年春，（确实接入网络的）联网电视将会覆盖45%的美国家庭。

由于联网电视具有非常乐观的前景，这一领域出现了大批的核心生产商，每一家生产商都希望能够通过增强其科技竞争力脱颖而出，占据市场份额。

第二代的苹果电视提供更多观看方式

第一代苹果电视于2007年3月21日投入市场。直到2010年9月1日，其第二代产品高调亮相，大众才开始对其感兴趣。体积仅为其上一代产品的四分之一，新型苹果电视更具设计感，安装极为简单。

苹果公司从其客户群了解到，用户需要的只是通过一个不会发热或者产生噪音的小型设备，并能以更低的价格收看高清电影和电视节目。大部分的苹果电视收看体验是基于iTunes进行的，iTunes早期应用与音乐有关，目前的应用范围正在进一步扩展。公司推出了0.99美元电视剧出租业务，作为苹果电视升级版的组成部分，此举增加了苹果电视用户在他们的大电视机屏幕上收看节目的方式。由于早期的设备并没有提供太多超越iTunes的内容，新型的苹果电视发布了包括Netflix在内的其他几个应用程序（Netflix后来成为很多人在安装联网电视时的核心必选应用程序）。

在发布之后7个月的时间里，苹果电视的销售量超过200万台。2011年10月，苹果电视对其软件进行升级，添加了Vimeo视频流应用程序，此外，通过iCloud功能，用户能够在电视上播放所有在iTunes上购买的内容。2011年10月下旬，苹果公司发现用户更愿意通过iCloud以购买的方式收看电视剧，于是早期出租电视剧的做法被取消。

Roku 通过其机顶盒提供大量娱乐活动

> 我们一直在与 60 年前的嵌入式电视收看行为做斗争,要对其进行改变的确非常困难。现在开始要以一种有意义的方式发生改变,让人们乐于进行改变的唯一原因是使收看电视成为一种很棒的体验,收看的价格也不是高不可攀,而是低价提供超值服务,也就是说,花很少的钱就能收看很多的内容。
>
> ——Roku 市场营销副总裁 查克·赛贝尔

Roku 成立的目的十分明确,就是要在电视上播放 Netflix 的内容。实际上,2008 年,Roku 已经正式成为快速发展的电影出租公司的一分子,后来从中脱离出来,成为独立的个体。Netflix 认识到要想成功,他们就不能够将自身的合作关系局限于某一个联网设备,同样的,Roku 也意识到,作为一个流媒体播放器,其成功绝不是仅仅来自单一内容。

2010 年 11 月 22 日,Roku 发布了跨越三个价格层的升级版产品,其中两个顶级产品支持所有 1080p 的高清流媒体视频。Roku 通过合理的价格和可靠的应用平台,向其不断增长的用户群提供高质量的视频节目。

2011 年 7 月,Roku2 的发布代表着该公司首次对其产品的硬件进行彻底改造。由于它使用体积更小、速度更快、设计更新的芯片,新产品不仅在外形上更紧凑,还增加了休闲游戏之类的新特色。只要配备一个蓝牙运动感应遥控器,Roku 就成为能够向用户提供令人疯狂的"愤怒的小鸟"电子游戏的首个联网电视设备。

Roku 公司 2011 年年初的用户数量仅为 100 万,到年底数量增长到 300 万,其用户群的男女性别分布均匀。尽管在购买该设备的用户中男性占 60%,实际上在家庭中男性和女性的使用率基本上是一致的。

Roku 拥有 300 多个频道,其竞争优势在于优惠的价格和不断增长的合作关系所带来的丰富内容。在试图成为联网电视领域的"瑞士军刀"这一点上,Roku 取得了极大的成功。正如该市场营销副总裁查克·赛贝尔所说的那样:"在这一领域,行动起来至关重要。在如何建立一个切实可行的、非传统的、可靠而又受尊重的品牌上,我想我们已经取得了一定的成绩。我们一直不走寻常路,总是在做一些能带给人们意外惊喜的、与众不同的事情。"

谷歌电视将获得第二次机会

令很多人感到惊讶的是,联网电视领域最大的竞争力量来自谷歌,因为谷歌电视正在重复其曾经在手机市场的遭遇。他们推出的第一版安卓系统非常糟糕,但是后来被很多不同的制造商采用,这是因为其操作系统免费、开放,并且能够向消费者提供大量的、不同的功能。我认为其在联网电视领域将会重演这一幕。

——GigaOM/NewTeeVee[①]　詹克·鲁特格

谷歌电视在发布之前就引发大量的猜测和探讨,最终于2010年10月6日面市,具有三种不同的硬件格式。Logitech Revue是独立的联网电视设备,专为索尼版的谷歌电视"索尼因特网电视"而设计,同时还可以用作蓝光DVD播放器。谷歌电视由索尼专供,提供四种不同尺寸的电视机。

从其最基本的层面来看,谷歌电视是将有线电视或者卫星电视与网络内容相结合的媒介。检索功能使谷歌电视用户只需要输入想要观看的节目的名字、类型或者其他关键词,屏幕上就会出现统一的检索结果,提供所有可供观看的选项,但不对内容来源进行区分。一部分检索结果可能来自网络视频,而其他则来自各电视台即将播出的节目。

谷歌电视发行之后不久,局面变得非常危险,因为电视网络公司开始相继禁止使用谷歌电视在各电视台的公众网址上收看电视剧。尽管电视节目名称会显示在谷歌电视的检索结果中,但是任何试图播放该节目的尝试只会收到一条冷冰冰的"无法播放"的回复。这绝不是技术问题,而是金钱因素在作怪。

讽刺的是,上面谈到的这些电视节目已经在其电视网络公司的网站上提供收看。人们在手提电脑上通过常规网络浏览器直接登录网站收看电视毫无障碍,但是通过谷歌电视的浏览器进行上述操作就会出现无法观看的情况。电视网络公司们一个接一个地封锁了谷歌电视用户收看网络节目的渠道。

尽管谷歌电视应用平台上提供了很多通过其他渠道获得播放内容的功能,索尼和Logitech公司都降低了零售价格。Logitech还推出了大型的广告活动,其中包含凯文·贝肯拍摄的电视广告。在从经验教训中得到提高,在为产品的再次发布做准备的这段时间里,谷歌电视要保持低调。

[①] GigaOM/NewTeeVee是一家于2006年在旧金山创立的博客网站,2015年3月9日停止运营,2015年5月由明知公司(Knowingly Corp)收购,并于同年8月开始在网站发布新内容。该博客网站提供新闻、分析、创业意见、新兴技术和其他科技相关的内容。

2011年5月的谷歌I/O开发者大会[①]上,谷歌电视公布了关于其重新设计的界面的部分信息,收到了较为正面的反馈。基于最新的安卓操作系统来提供更简单方便的用户体验,这可能是谷歌迷们一直期待的第二次机会。谷歌电视的升级版将会瞄准安卓市场,每天提供新的应用程序。

Boxee认为自己代表着电视的唯一需要

每个月都有越来越多的家庭在寻找能够减少他们有线电视支出的方法,于是那些了解Netflix产品的家庭很乐意为他们位于客厅的电视机购买一台机顶盒,以此达到上述的目的,从而通过点播获得大量的收视内容。

——Boxee市场营销副总裁　安德鲁·基彭

2010年1月9日,Boxee首次发布其社交媒体中心软件的公开测试版。根据其创始人的观点,通过使用这个可下载的桌面软件,用户可以稳定地收看任何格式的视频节目,客厅中心电视机的大屏幕也能轻松播放视频节目。

过去总是需要将手提电脑与电视机相连接才能够收看视频。2010年11月10日,大批Boxee用户们欣喜若狂,因为备受瞩目的、由D-Link生产制造的Boxee机顶盒在亚马逊开售,机顶盒时髦的倾斜式立方体外观设计、闪闪发光的绿色品牌标识,都是Boxee的特色。遥控器常规大小,背面带有完整键盘,使屏幕上的相关操作非常轻松。

从可下载的软件到联网电视机顶盒领域的扩张,这是Boxee公司发展壮大的重要一步。一旦Boxee机顶盒与电视机相连,它就会一直保持连接状态,并提供Boxee有名的、优质的用户体验。这个时髦的公司还因为其麾下充满活力且参与度高的忠实用户社群而闻名。与Roku用户群不同的是,该群接近90%的用户为男性。(你可以猜猜看,在2011年的SXSW嘉年华会上,本书的哪位作者参加了Boxee的后院酒桶派对?)

2011年5月,Boxee对其机顶盒进行主要硬件升级,修复了最初的一些漏洞,并向Boxee的用户提供Vudu和Netflix的内容,从而收到了大量的正面反馈。来自Boxee的安德鲁·基彭告诉我们:"我认为人们在购买联网电视设备时应该选择下列五个软件:Netflix、YouTube、Hulu、Pandora,以及一些视频点播类工具如Amazon或者Vudu。"

[①]　谷歌I/O开发者大会是由谷歌举行的网络开发者年会,讨论的焦点是用谷歌和开放网络技术开发网络应用。I/O意为"开放中创新"。从2008年开始,截至2016年,大会已举办过9届。——译者注

Boxee 内置的社交媒体特征使其用户不仅能够持续从其朋友处收到视频推荐信息,还能将他们在 Boxee 上收看和喜爱的内容直接分享到脸书和推特上。Boxee 的 iPad 应用程序于 2011 年 10 月 8 日发布,它综合了 Boxee 的大多数特色优势,并将其优化整合,专为平板设备提供真实社交体验。Boxee Box 的用户还拥有将 iPad 收视内容发送到电视机屏幕上的功能。

2011 年 8 月,Boxee 拥有近 200 万注册用户,出售的 D-link Boxee 机顶盒数量逾 10 万,在百思买(Best buy)、福莱斯(Fry's)和 Tiger Direct 都有零售点。2011 年秋,Boxee 与便携式移动硬盘生产商艾美加①(Iomega)合作发布了其二代产品。公司的发展战略是向众多联网平台提供其软件应用。

雅虎联网电视也走在队伍前列

随着消费者位置的变化,其收视内容能够在各类设备如电视、手机、平板设备或者个人电脑之间自由切换,这就是雅虎创造的个性化内容体验。

——雅虎产品营销部门高管　鲁斯·舍费尔

在你读到这本书的时候,雅虎联网电视应该至少已经进入 1400 万个家庭——这一数字是基于该公司的预测。尽管雅虎联网电视首次发布的日期可以追溯到 2009 年,白色的产品外观极大地隐藏了雅虎的商标信息,大多数消费者并没有意识到雅虎的参与。不过,这一代价背后的收益是雅虎成功地将其联网电视应用平台直接嵌入 160 种型号的电视机中,包括三星、索尼、东芝和瑞轩等知名品牌。

正如大多数的新产品,第一代雅虎联网电视的重点是寻求合作伙伴,打下坚实基础。为达到这一目的,雅虎着重宣传其用户体验、引人入胜的内容和开放性。通过雅虎电视的免费软件发展合作关系,开发商们将很多应用软件融入电视平台中。虽然这些应用的覆盖面广,但是品牌知名度低。到了 2011 年秋,雅虎联网电视开始成为焦点,其主要特色是将网络和电视成功结合在一起。雅虎的"节目互动"技术使消费者将网络内容与他们所观看的节目结合在一起。

例如,用户正在通过雅虎联网电视收看一部流行剧,其中预设的声频触发点会促使观众与该剧相关的内容进行互动。屏幕底端会出现一个精细的黑底白字的提示框,向用户推荐进一步的相关内容或者邀请他们参与问卷调查。用户只需

---

① 艾美加是 LenovaEMC 的前身,20 世纪 80 年代在犹他州创立。该公司提供网络存储和安全解决方案,其中最著名的产品是 Zip 驱动器。现在 LenovaEMC 已销售 4 亿多个数字存储驱动器和磁盘。——译者注

要点击遥控器上的"OK"按键,屏幕上就会出现侧栏,提供他们进一步参与的内容。

雅虎公司还进一步推出了一系列通过"通信设备"技术辅助的第二屏幕体验,作为其发布成果的一部分。雅虎电视联网用户能够通过智能手机或者平板设备等第二屏幕,而不是以往的电视机屏幕,来接受和参与配套内容活动。(我们已经在第 4 章中讨论过这类"第二屏幕"现象。)

方便、灵活是雅虎电视系列产品另一个值得一提的优势。以往用户一直是在不同型号的电视机之间做出选择,现在则是面对由 D-Link(该公司也是 Boxee 机顶盒的制造商)生产的、独立的联网电视机顶盒。这个独立的机顶盒使顾客在不需要购买新电视的前提下,就能获得雅虎联网电视应用平台的所有特色和功能。

Xbox 绝不只是一台游戏机

说起从视频游戏领域挖到第一桶金的 Xbox,人们想到的第一个词就是"机缘"。然而,这个时髦的游戏机正在持续发展成为一个典型的联网媒体中心,使用的家庭数量逾 5300 万,而其中 40% 的应用与游戏无关。

Xbox 最初的版本于 2001 年 11 月发布,其升级产品 Xbox 360 在四年后首次面世,而赋予该设备联网功能的则是 Xbox Live。从 2002 年冬天首次开售,Xbox Live 逐渐与脸书、推特等应用程序,以及流媒体视频供应商如 YouTube、ESPN、Hulu Plus 和 Netflix 建立合作关系,到现在已拥有逾 3000 万用户。

微软公司近期数据表明,其麾下的 Xbox 社群每台设备每月播放视频的时长超过 30 小时,并且花在看电视上面的时间将会持续增长。2010 年 11 月,Xbox 发布的时髦的体感游戏设备(Kinect)使用户可以进行无控制器模式的电视互动行为。通过动作/声音,Xbox Kinect 用户能够轻松地浏览 Netflix 和 Hulu Plus 视频库,甚至可以在无须使用遥控器的情况下播放和暂停电视剧。

联网电视并不只提供点播服务

我们认为联网电视应用平台在四个方面会有所遗漏:首先是新闻,其次是体育,再次是我们所说的真人秀,不过也包括《美国偶像》等,最后就是一些优质内容,如《明星伙伴》。对于前三种,你将会看到联网电视在与直播节目相融合方面的确做出了非常大的努力。

——Boxee 市场营销副总裁　安德鲁·基彭

社交电视——运营商如何通过电视关联网络、社交媒体及手机来吸引并留住观众

　　Boxee 所要推出的下一代产品将会配备无线电传输天线,使用户能够接收当地电视台实时播出的电视节目。将直播电视节目引入联网电视只是时间早晚的问题,对于这一点,Roku 也非常清楚。Roku 已经推出大量直播类的应用程序,能播出 Fox News、NHL[①]、UFC[②],以及 AI Jazeera[③] 的内容。2011 年 9 月,Boxee 宣布与《华尔街杂志》达成合作,将其最新的新闻节目向 Boxee Box 用户实时播放。

　　2011 年 6 月,微软宣布将向 Xbox 360 提供实时电视节目。此举将继续改造联网电视的适用范围和使用前景,将对人们该如何看待联网电视以及其对大众的吸引力产生影响。2011 年 10 月 5 日,微软宣布将与 Verizon 达成合作,通过 Xbox 向观众提供一组实时 FiOS 电视高清流行频道,并且引进了 Kinect 的动作识别功能。

　　微软指出,Verizon 只是 Xbox 40 个媒体合作伙伴的其中一个。其他的合作对象还包括康卡斯特公司的 Xfinity 电视点播视频库、NBC Universal(包括 Bravo 和 SyFy 的点播节目)以及 HBO Go。

联网电视会对传统的付费电视服务构成威胁吗

　　依兰·贝纳塔尔是住在曼哈顿的一名纪录片电影剪接师。由于对每月 80 元的有线电视收费感到愤怒不已,再加上本来就讨厌广告,依兰决定只在他 27 英寸的 iMac 上收看"电视"。他希望能够有一种简单的方法在电视机屏幕上观看视频节目,而不需要总是在电脑上费力操作。几年前在科技资讯网上读到一篇文章后,依兰对当时仅仅只为台式机提供服务的 Boxee 非常感兴趣,并在其发行之后迅速订购了连接 Boxee Box 的电视设备。当依兰不使用 Boxee Box 的时候,他总是使其处于睡眠模式而不是彻底将其关机,以便通过一次按键就马上得到需要的内容。

　　作为 Boxee 的 Netflix 应用程序的频繁使用者,依兰感觉每周当他坐下来看

---

　　① NHL 指国家冰球联盟,是由 30 个成员俱乐部组成的专业冰球联盟,是全世界最高级别的职业冰球联赛。1917 年 11 月在蒙特利尔创立,总部现设在纽约。每年赛季末会给联赛季后赛冠军颁发北美地区历史最悠久的职业体育奖杯——斯坦利杯。——译者注

　　② UFC 指终极格斗冠军赛,是目前世界上顶级的、规模庞大的职业综合格斗赛事。1993 年 UFC 在美国丹佛举办了第一届比赛,比赛擂台为标志性的八角笼,旨在为不同派别的格斗家提供公开统一的竞技平台,评出冠军。——译者注

　　③ AI Jazeera,指半岛电视台。最初它是一个阿拉伯语的新闻和时事卫星电视频道,现在已经发展成一个多网点的网络,包括多语播报的网络和专业电视频道。——译者注

电视的时候,他能够获得需要的所有内容。他并不是一个狂热的体育迷,所以使用 ABC 的新闻应用程序就使他能够了解当前的体育近况。依兰认为人们继续向有线电视公司付费收看电视的做法非常怪异,并宣称 Boxee 每年给他省下了几千美元。

依兰是一名"掐线者",完全放弃了传统的有线电视或者卫星电视服务,转而使用其他可替代性方法来满足电视收视需要,而这部分人所占的比例很难确定。在很多情况下,"掐线线路"只是消费者口头上说说而已,是针对高额的付费电视而言的。

掐线者所占比例从 0.11% 到 20%,统计方法各不相同

> 线路切割者的数量是否准确,这点无关紧要。重要的是必须了解人们这样做的原因,以及这一行为对于将来人们如何使用电视产生的指导意义。
>
> ——GigaOM/NewTeeVee 博客　詹克·鲁特格

每隔几周就更新统计数据似乎说明了掐线这一现象的严重性,然而,由于统计数据的来源不同,所提供的数据也具有极大的差异。2010 年 12 月,EXPN 公布的研究结果称,仅有 0.11% 的美国人脱离了他们的付费电视服务。

研究机构 SNL Kagan 预测,到 2015 年,10% 的美国家庭将终止其付费电视服务。Roku 则表示其 20% 的用户属于掐线群体,而且高达 50% 的 Boxee 用户没有使用有线电视。

让局面更混乱的是,市场研究公司 Diffusion Group 在 2011 年 7 月的一份研究中指出这样一个事实:32% 的 Netflix 注册用户正在考虑降低其有线电视服务的级别。然而这并不是真正意义上的掐线,而应被称为"线路削减"。

为了减少掐线者所造成的经济损失,电视网络公司开始加强对其在线视频播放权限的管理。正如前面所提到的,如果没有预先商量达成协议,很多网络公司会禁止某些特定的联网电视播放其麾下的电视剧。

2011 年 7 月,福克斯电视台(FOX)宣布其电视剧将不继续在首播之后的第二天向公众免费提供,人们需要等上整整 8 天才能够观看。但是,通过身份验证的付费电视用户则拥有次日收看的权利。在第 8 章中,我们将其称为正在涌现的"会员证明"现象。

你的有线电视也许将很快变为联网电视

如果将联网电视设备看作线路切割的催化剂,那么这种观点未免显得有些讽刺。因为有线电视本身就看起来或表现得就像是联网电视。2011年6月,康卡斯特电信公司主席和执行总裁布莱恩·罗伯特所做的关于Xfinity TV下一代产品的展示就证明了这一点。

布莱恩的展示包括一个经过彻底改造的互动性频道指南,它能基于用户正在收看或者录制的内容提出建议。一系列的应用使用户不仅能够迅速获知天气和交通信息,还能了解Pandora、脸书和推特上的内容。通过与脸书合作,Xfinity的用户能通过朋友的点"赞"行为发现新的电视内容。

Xfinity TV新产品仍然缺乏网页浏览器以及Youtube、Hulu Plus和Netflix的流媒体应用程序。没有这些服务,有线电视和联网电视之间仍存在着不小的差距。

联网电视所带来的广告机会在持续增长

目前,联网电视领域的广告业务仍处于萌芽阶段,它面临着两个主要的选择:到底是在应用平台上做广告,还是通过消费者获得内容的应用程序来做广告?

联网电视设备所提供的广告机会也不尽相同。Boxee处于其中的一个极端,不提供基于其应用平台的广告机会。公司认为他们应尊重用户,用户们把Boxee机顶盒放在他们的客厅,因而不能用大量的广告来打扰他们。

尽管谷歌电视非常有可能在其应用平台进入稳定成熟期时采取某种形式的广告业务,目前苹果电视和谷歌电视都处于无广告模式。

Roku在其开始的页面的确存在一个广告展示单元,但大多数时间里,广告内容被限制在应用平台。尽管Roku向品牌商们开放其广告空间,但是广告收入并不是公司当前关注的焦点。他们对广告的观点是:如果广告看起来不那么像广告,不那么具有侵略性,而能对用户提供更多互补性体验,广告的有效性将会得到大幅度提高。

雅虎联网电视拥有强大的广告能力

综合我们对所有联网电视企业的采访，我们最终发现，企业经验的共同点就是产品至上，用户体验和内容合作是其中较重要的两点。然后，也只有在这之后，才能开始考虑广告机会。雅虎公司就采取了这种策略，该公司在2009年发布其联网电视时专注于用户体验，直到2011年才推出广告。

在借鉴其长时间的网络广告运营经验之后，雅虎公司为其联网电视提供了一个精心打造的广告平台，包括展示类广告和视频广告。雅虎联网电视在发布时就和福特、美泰、微软等品牌进行合作，其广告以一种间接的方式与用户体验形成互补。广告商们通过对应用平台节目互动性功能的升级，能够在屏幕上提供一个可视信号，从而使观众选择是否收看与他们所收视内容相关的电视广告。相关的网络内容可以是产品视频、投票、优惠券、本地特惠服务，甚至可能是购买该产品的机会。

在某个特别的电视节目播出的时候，其品牌赞助商也可以采取相同的工作原理。在第10章中，我们会以福特公司赞助的黑人娱乐电视颁奖礼直播中的社交媒体分会场为例来做说明。如果观众使用雅虎联网电视收看这一盛会，他们就会看到，每次当该颁奖典礼直播镜头切换到福特福克斯冠名的社交媒体分会场时，屏幕上就会出现互动性提示信号，给予电视观众们更多了解福特福克斯的机会。

Xbox Kinect 将广告互动推向一个全新的水平

2012年春天，微软拟在Xbox应用平台上推出自然用户界面广告（又称NU广告），将融合Kinect的声音和动作感应功能。通过Xbox播出的电视广告，能够促进观众参与各种各样的互动。

例如，其中一个方案是让观众发出语音讯号"Xbox推文"后，通过使用声音感应自动在观众的推特粉丝之间分享这个特别的广告体验。另外一个尝试则是让观众口头发出"更多Xbox信息"的讯号，从而获取广告中特色产品的额外信息。

参与广告互动的第三个方法则是说出"Xbox 日程表",观众就会得到电视广告中将会涉及的事件的备忘录。说出"我周围的 Xbox"将提供广告中所涉及的品牌距离观众最近的商店地址。如果广告观众想要参加与收看内容相关的调查,他们可以采取最后一个,也就是第五个方案,使用"挥手"的动作感应功能。

尽管这些科技都非常先进,但是到底在多大程度上,电视观众们真正需要通过联网电视参与主动式广告互动呢?这个问题还需要进一步的探索。但是,这种类型广告的迷人之处在于其自身与独具特色的广告播放平台之间的完美无缝对接。用户参与内容时喜欢采取的行为和方式是雅虎联网电视和 Xbox 设计广告互动的基本出发点。

在联网电视上通过应用程序做广告

联网电视应用平台的许多应用程序能播放视频内广告,并且其中很大一部分能够跨平台使用。例如,Crackle 就是能在 Boxee、Roku 和谷歌电视等联网电视上运行的热门应用软件,能够免费播放未经剪辑的电影和电视节目,并且对视频内广告提供支持。观众无法跳过这些广告,所以较高的收视率得到了保障。

随着联网电视逐渐成为主流,新的和已经存在的广告网络公司如 YuMe、Rovi[①] 和 AdRise[②] 将其业务扩展到这一领域内的批量媒体购买。对广告商来说,要具备跨越不同媒体、扩大有效购买的能力,并能通过一个统一的平台进行衡量和优化。

你该从哪里开始呢

在起步阶段,联网电视看起来似乎比较复杂,运营商们也许会存在一点畏难

[①] Rovi 指乐威公司,其总部设在美国加州。电子制造商、有线运营商、网站和社交网络都使用乐威的元数据。该数据包括电影、电视节目、名人、音乐、游戏和书籍的深层信息,推动了数字娱乐消费。公司现今在全球拥有超过 5000 项专利。2016 年 4 月,乐威宣布收购 DVR 制造商 TiVo 公司。合并后的公司以 TiVo 命名。——译者注

[②] AdRise 是一个于 2011 年成立、实时竞价的 OTT 服务(通过互联网向用户提供各种应用服务)信息传播和广告平台。该公司使用一个广告实时竞价平台向 OTT 设备提供视频广告。——译者注

情绪。尽管联网电视仍然是一个相对稚嫩的小众市场,你的目标观众开始小规模地参与其中。随着这一领域的持续发展,联网电视广告最终将进入兴盛阶段,那些准备好提供广告机会的应用平台已经开始尝试性地推出其产品定价。鉴于此,此刻正是你进入联网电视广告领域的最佳时机。

行动起来:联网电视

尽管我们已经列出大量举措帮助你的品牌从联网电视领域获取收益,但以下是我们想要特别强调的:

1. 向观众传达与他们相关的内容

联网电视所面对的用户群各有特色,你必须非常谨慎。例如,不要在以男性用户为主的应用平台上创造性地传递针对女性的内容。接近这一领域时你要持有这样的心态:联网电视的每一个改变都代表一个独一无二的机会,要采取相应的行动把握机会。

2. 强调"联网"功能

尽管联网电视中出现了"电视"两字,但是如果你仍然使用传统的广告模式,你将会给自身和观众带来伤害。从观众的参与性和互动性这两个角度来发挥你的创造性,这正是电视和网络相融合所产生的真正力量。

3. 创造独有内容

联网电视的应用程序就像是传统电视机的频道。如果你的品牌拥有扣人心弦的内容并能以连贯、连续的格式进行分享,那么你可以考虑(通过合作)建立自己的频道,在一系列联网电视上播出你的专属内容。

联网电视一定会持续发展

互联网实际上已经成为电视最好的朋友。联网电视代表着媒体频道融合重要的组成部分,它将观众带入一个全新的电视内容互动阶段,用一种让人无法抗拒的方式为品牌争取更多的顾客,而这只是电视漫长而又让人兴奋的进化史的开端而已。

扫一扫获取更多信息

使用你的手机扫描下方二维码获得本章所引用案例的相关视频信息。

手机上没有二维码识别软件？不用着急，请登录 http://www.socialtvbook.net/tagged/chapter9 直接获取相同内容。

第十章

不是结尾的结尾

将所有的点串起来

第 11 届黑人娱乐电视年度颁奖典礼(BET Awards)于 2011 年 6 月 26 日 8 点举行。BET 立志要成为最具"社交性质"的颁奖典礼节目,所以它充分发动所有社交电视资源,在直播开始之前就采取行动。

BET 充分利用了其麾下的音乐电视节目 106 & Park,基于其内置的超级主动式收看体验建立应用平台,推广颁奖典礼,提高收视率。在颁奖典礼电视直播前两周,106 & Park 宣布举办一个名为"我心中的大明星"的网络活动,其观众每天都会收到要求他们通过使用不同社交媒体向明星表达忠心的任务,其中包括流行巨星克里斯·布朗、Lady Gaga、妮琪·米娜和黑少正太组合。选择这四位音乐人作为重点在颁奖典礼上推出,说明 BET 颇具战略眼光,之所以选择他们,不外乎是因为他们在社交网络一直拥有极度活跃的粉丝。

他们巧妙地挖掘并激发了 BET 最富社交参与性的电视节目和艺人明星的粉丝群,这是这场在直播之前就开始的网络促销战的成功之处。产生一系列有价值的社交印象,以便增强观众对 BET 的了解,是设计每一个"我心中的大明星"任务的核心思想。例如,106 & Park 观众们所面对的第一个任务是登录 Facebook.com/TheBETAwards,给该页面点"赞",然后在四张照片中辨认出他们最喜欢的歌手,并给该照片点"赞"作为投票。当然,脸书上的每个参与活动都会产生印象,并对黑人娱乐电视年度颁奖典礼进行推广。"我心中的大明星"的其他任务则是利用推特、短信,以及 106 & Park 手机应用程序。这场网络促销还与主持人凯文·哈特合作,在颁奖典礼直播开始之前,凯文·哈特在 BET 社交媒体上独家发表数字化"桥梁内容"视频和其他的网络内容。

在颁奖典礼正式开始直播的时候,BET 采用了三个层面的推特策略来巩固和推动反馈平台讨论。包括贾斯汀·比伯在内的 7 位著名歌手加入这场网络推广

社交电视——运营商如何通过电视关联网络、社交媒体及手机来吸引并留住观众

活动,在颁奖典礼直播期间通过推特与观众进行实时互动。不仅这些歌手所发的推文会在直播屏幕下方显示,收看节目的观众所发布的内容也会在此得到体现。此外,当每个奖项的得主登台发表获奖宣言的时候,他们身后会显示出一幅由粉丝的祝贺推文构成的巨大的动态背景墙。

与 GetGlue 的合作使颁奖典礼的观众们有机会获得两枚独有的贴纸,每一枚都会推动大量社交印象的形成。在直播开始的前三天,观众们可以通过确定其将要收看该节目的意向而赢得一张贴纸,而另外一张则要等到在直播节目开始时进行收看才能获得。

以由六台幕后摄像头和一个实时的推特反馈平台组成的配套流媒体视频为特色,BET 网站向观众提供了第二屏幕体验。在电视机屏幕上不时闪烁的官方话题标签"♯黑人娱乐电视年度颁奖典礼",提醒观众们参与正在第二屏幕上进行的反馈平台讨论。

福特汽车公司作为颁奖典礼的主要赞助商,在节目中提供了一辆 2011 年的福特福克斯作为奖品。观众在节目直播之前登录 BET 网站报名参赛,在节目正式开始后收看,同时等待其中一个秘密话题标签的揭晓。参赛者们需要使用这个标签来完成他们的登录。最后胜出者将在由电视名人娜拉·安东尼主持的直播节目"福特福克斯社交媒体分会场"中现场公布,对大批著名博主的介绍是该节目的特色。

BET 策略性地选择在颁奖典礼开始的时候公布秘密话题标签,其社交媒体负责人 J.P. 莱斯皮纳斯解释说:"虽然我们想尽早地公布那个秘密话题标签,但是我们还是在首个广告时间将镜头转向在社交媒体分会场的娜拉,让她来公布这个秘密答案。从社交媒体的角度来说,我们想在节目正式开播之前尽量制造话题舆论。"

直播节目中话题被公布后的几分钟内,"♯黑人娱乐电视年度颁奖典礼福特福克斯"成为推特上最火爆的话题,然而这并不是因为福特公司向颁奖典礼提供了一辆汽车才得以获此殊荣。实际上,在历时三个半小时的直播期间里,与颁奖典礼相关的热门话题数量逾 95 个。总的来说,在颁奖典礼播出当天,推特上总共产生了 750 万条推文,其中三分之一发生在节目本身的推特反馈平台上。从社交电视收视排行的角度来看,Trendrr 报道称,BET 在 2011 年 6 月有线电视网络排名中名列前茅,而且其年度颁奖典礼也在节目排名中独占鳌头。尼尔森收视率同样支持上述结论,在黑人娱乐电视年度颁奖典礼播出期间,它成为有线电视中排名第一的颁奖典礼,也是 BET 历史上名列第二的电视节目。

融合了各方面努力、精心设计的社交电视执行方案,确保了直播节目的核心地位,再加上有吸引力的内容,这些造就了 2011 年黑人娱乐电视年度颁奖典礼的成功。BET 的莱斯皮纳斯的诠释极为精妙:"电视节目的编剧们时时刻刻都没有

忘记数字化媒体,而数字化媒体也认识到,不管能够提供多少有趣的噱头,最重要的是要记住这始终是个电视节目。我们要确信在制作这档高清电视节目时,在数字化领域所做出的努力不会适得其反,不会对电视产生不利因素。"

BET努力在主动式内容和被动式内容之间达到平衡,无论个体电视观众在社交平台上的投入有多大的差异,其节目收视体验的整体性和连贯性都能够得到保证。然而,随着每周新的应用程序、科技和战术的不断涌现(如果不是每天的话),社交电视领域变得越来越拥挤和分散。

社交电视让人们乐趣无穷还是疲于应付

我认为,社交媒体应用平台的分裂情况只会持续增强。尽管在这些不同平台上所收看的内容将表现出一致性,而且都源自电视屏幕,但是受众将以大量的不同方式参与其中。目前我认为暂时不具备能够融合所有这些方式的、统一无干扰的用户体验的可能性。

——NBC新闻社交媒体总监　瑞恩·奥斯本

想象一下这种尽管有些夸张但又完全可能的场景:

你在打开电视浏览了一下各个频道之后,觉得没找到有意思的内容,然后使用iPhone登录SocialGuide查看推荐的内容。当你正在滚屏查看分类的社交信息时,正巧收到BuddyTV发来的提示消息:你最喜欢的节目就要开始播出了。于是你拿出iPad登陆DirectTV应用程序,并进入相关的频道。(你也可以使用遥控器来完成上面的工作,但是你认为使用iPad来做这一切要更加有趣。)

你当前正在观看的节目向你提供机会,你可以借助这个机会获得由GetGlue提供的独家系列贴纸,而你有4种不同的连接方式来获得它们。尽管iPad上装有GetGlue应用程序,并且正在通过DirectTV进行收视,但你还是拿出iPhone并从SocialGuide切换到GetGlue,同时还额外花时间登录了Miso和IntoNow。这样做是因为你在不同的电视连接平台有着不同的粉丝们,你想让你的社交粉丝群了解你所收看的节目。

你使用的是雅虎联网电视,所观看的节目具有互动性,因此在节目中会提供一些以花絮和投票形式出现的提示信息,你可以通过使用遥控器来参与。这个电视剧还开发了其自身配套的iPad应用程序,这个应用程序你在几周前就已经下载了。因此,在你阅读发送到iPad上的配套内容的同时,你的iPhone也在接收Miso同步推送的信息(因为Miso与DirectTV达成了合作协议)。现在通过电视机屏幕、iPad和iPhone,你能获得你所喜爱的电视剧的各式各样的补充内容。每个屏幕所带来的内容都各有特色,因此你一直在各个屏幕间来回切换,不想错过任何一个有趣的事情。

你还使用该电视剧的官方话题标签加入推特反馈平台讨论。尽管这一功能已经并入 iPad 应用程序,在 SocialGuide 上也提供使用,但是你还是选择从推特的官网进入,以便能够查看最热门的话题,加入不同的反馈平台讨论群。剧中的名人在推特上实时发言,他们的部分推文被展现在电视屏幕的下方。

在广告时间你注意到一个带有 Shazam 标志的电视广告,所以你打开 iPhone 中的相关程序,使之倾听并识别了广告中的音乐,从而解锁了特殊的内容。下一支广告正好与 Shopkick 合作,于是你马上切换到另一个应用程序来挣得一个店内"即兑"优惠券。与此同时,雅虎联网电视的下一个广告提供的屏幕调查问卷需要你使用遥控器来进行回答。正在这时,广告商通过第二屏幕网络公司在电视剧的 iPad 配套应用程序上推出一个同步广告以进行问卷调查,而这一切发生的时间正好是这个品牌的电视广告播出的同一时间。在一小时的节目时间里,你一直都在持续进行这种主动式的媒体参与活动。那么,这一切看起来怎么样?

尽管电视正在成为一种越来越具有互动性的体验,但对于那些仅仅只想在电视机前得到放松的人来说,机会还是很多的。性格外向者通过与大批不同人士进行社交活动而神清气爽,他们能够参与社交电视互动并从中获得能量;性格内向者寻求的是安静的休闲时光,他们仍然能够拥有一个丰富的、更加传统的电视体验。这就是社交电视这种媒体的魅力所在——具有可选择性。

界限模糊使局面更复杂

社交电视领域正在变得日益拥挤,原因不仅仅在于新手持续加入,还在于现有的公司继续成长并且扩张其业务范围,从而带来了更多的交叉领域,这一切都使当前形势更复杂。尽管从这本书的章节安排来看,似乎每个公司都有其清晰的业务范围,但事实远远没有这么简单。

SocialGuide 并不只是一个社交电视指南,它还提供电视收视率。Yap. TV 既是社会指南也致力于第二屏幕体验。Trendrr 位于社交电视收视排名领域,同时也进行数字信息内容综合处理。以电视收视服务起家的 Miso,现在朝着第二屏幕内容传递应用程序领域飞速发展。IntoNow 通过发布其第二屏幕 iPad 应用程序,也紧跟其后。雅虎联网电视在其主屏幕和 iPad 第二屏幕上提供互动体验。Xfinity 的 iPad 应用程序不仅是一个频道指南、远程遥控器、数字录像机,而且是一个覆盖面广的电视应用平台。Xbox 最开始只是一个游戏应用平台,现在发展为成熟的联网电视。Roku 的情况则正好与之相反,它从联网电视设备供应商迅速成为休闲游戏供应商。以上只是社交电视大量相互交叉情况中的少数几个例子。

上述这一切都表明,当前社交电视正经历一个飞速发展的变革历程,各自为政,又不断地发生巨大的变化。尽管这一领域将会被整合统一,但是这种情况不会在短时间内发生。在消费者互动和反馈基础上的社交电视将走向何方,我们拭目以待。

最后要指出的是,只有电视观众才能决定社交电视竞争圈内孰去孰留,他们所喜爱并反复使用的社交电视应用程序和设备将代替我们进行最终"投票表决"。

那么广告商们该怎样做

除了在每一章的结尾处提供尽量实用的操作教程外,我们综合了访谈时四处搜集的大量信息,将它们作为本书的参考。我们认为,直接倾听这一领域的佼佼者们想要与你分享的经验教训,无疑是非常有帮助的。

在未来的电视领域中,广告商们将会面临困境。尽管将来的电视只会变得越来越强大,但观众对收视内容和广告模式所寄予的期望值也会随之水涨船高。众多的广告商为争夺观众的注意力而展开激烈竞争,只有那些将应用平台和互动技术正确结合在一起的少数竞争者能够杀出重围,创造令人难忘的品牌体验。

——佛瑞斯特研究公司副总裁及首席分析师　詹姆斯·迈克奎维

社交电视使品牌商们通过第二屏幕(手提电脑、平板设备或者手机)向观众提供数字化配套广告,它与观众在客厅的电视机上所收看到的广告完全同步,首次创造出一个双屏幕充分结合的、可地理定位的、可衡量的直接反应机会(想象一下优惠券、特价产品和经销商定位器之类的),与此同时,商品的"情感"信息也得到传递。

——社交电视峰会[①]总裁　安迪·巴特金

主动参与性是我们需要考虑的基础问题。什么是使观众采取行动的不可抗拒因素?为什么用户乐于进行主动式体验?当然,品牌商们可以抓住机会提供这一切,然而回报不一定是具体的东西。如果你给一个广告做上标记,一首MP3就出现在你的设备上,这是不是很棒的体验?你只是在两个不同屏幕间进行了转换,却产生了一种非常个性化的体验。

——影像猎手总裁　亚当·科恩

未来将会出现一种新的广告渠道,那就是第二屏幕。就像各品牌的广告在数码产品、手机和电视上进行分配一样,广告公司需要对第二屏幕的投入进行预算。

---

① 社交电视峰会是位于美国加利福尼亚州的一家有限责任公司,成立于2011年4月。

社交电视——运营商如何通过电视关联网络、社交媒体及手机来吸引并留住观众

这个新的渠道在某种程度上就像数码产品、手机和电视的综合体。人们在看电视的同时也会使用移动设备。如果广告商在电视上投入了大量金钱,那么他们也应该在第二屏幕上有所投入。

——Miso 总裁及创始人之一 姆拉特·尼若吉

要留意现在人们用来观看电视的所有设备。第二屏幕非常有趣的一个地方就在于,能够直接传递与正在播出的电视节目相关的品牌信息和广告,并得到观众更多的直接反馈,从而给广告媒体购买提供有效信息。

——GigaOM/NewTeeVee 博客撰稿人 杨科·罗格斯

广告商们比以前任何时候都更能锁定特殊的目标人群。对于"谁在看电视?他们对此有何评价?"这些问题,社交媒体使我们能够获得更多的直接反馈,广告商们因此能更加充分地了解这些观众,而在以往的传统方式下,这些信息都是无法获取的。

——全球之声娱乐编辑 克里斯汀娜·沃伦

商家应该考虑如何使自身成为与某个节目相关的社交讨论中的有意义的一分子。社交电视的受众已经存在,他们希望得到回报和优惠。这一切将围绕电视直播节目展开。

——社交指南创始人及总裁 肖恩·凯西

在如何进行经济投入这方面,广告商们越是持开放性的思维模式,越关注点击率或者夺人眼球的方式,他们就越了解人们是如何使用社交媒体和消费电视内容,从而成为这神奇的进化过程中的一分子。

——维亚康姆媒体公司社交部门负责人 雅各布·施瓦茨

目前社交电视这一领域前途未卜,该领域存在着大量各具特色的参与者,机会颇多。我的建议是进行尝试。如果你的品牌正在寻找进入联网电视应用平台的途径,那么你就要确保你所提供的内容能够跨平台播放。不要将自身局限于一个平台。

——Boxee 市场营销副总裁 安德鲁·基彭

面对当前各社交平台各自为政的情况,广告商们要比以往任何时候都更清楚地了解他们所面对的受众。借助脸书和推特的力量,对任何形式的收视行为予以回报,这些都会作用于不同的受众群体。尽管在这个激动人心的时刻,你想专注于挖掘自己的受众群,但是不要害怕尝试。

——NBC 新闻社交媒体总监 瑞恩·奥斯本

综合考虑一下,如果你是一名电视广告商,那么电视就是你所接触的营销活

第十章 不是结尾的结尾

动的中心。然后你使之辐射到不同的数字化应用平台。如果营销活动具有整体性和综合性,能够在所有平台上运行,那么其产生的效果一定会比大量的孤立渠道的组合强得多,因为后者相互间不沟通、不一致,其传达的品牌信息可能有差异。

——ABC 数字化媒体副总裁　瑞克·曼德勒

广告人拥有推动第二屏幕与广告融合发展的潜力。如果广告人能够推动改革,电视编剧们的参与就是必然的。但是从我的观点来看,电视编剧们正尽力让广告人参与进来。

——《综艺》杂志电视版编辑　安德鲁·华伦斯坦

广告商们应该跟随最佳网络和节目的创意,"最佳"是指最能够吸引观众。你可以从中选择一些例子然后将其简化为广告。30 秒的广告等于同样时长的故事。从 MTV 音乐录影带颁奖和美国好声音中,你学到了什么?你又如何将其形式简化,将其创意蕴含于广告之中?我们应该用对待电视的标准来同样要求广告。我总是急于找出我们植入节目中的所有创意和亮点,然后将之融入 15 秒、30 秒或者 1 分钟时长的广告中,创造出广告内部的小型互动机制。我认为那将是一种不错的关系。

——推特内容规划总监　克罗伊·斯拉登

正如你从上面的摘录中所看的那样,从我们开展的大量访谈中可归纳出如下一些具有普遍性的关键原则:从跨渠道的角度经营广告,寻找第二屏幕上的机会,最重要的是思想开放、乐于尝试和改革。

关于怎样才能在社交电视上取得最好效果这一问题,目前仍然没有答案,但是广告商不参与到其中则是完全说不通的,尤其是考虑到目标受众早已置身其中这个事实。

电视将只会继续改变

2011 年 9 月 27 日,夏普电器推出当时世界上最大的液晶电视,其图像尺寸就达到 80 英寸,其屏幕大小是 55 英寸平板电视的画面尺寸的两倍多。夏普 AQUOS 系列也是内置 Wi-Fi 的互联网电视机,提供包括 Netflix 和 Vudu 在内的流媒体视频内容。

电视机将会变得更大、更薄、更轻,然而同时也会像手机和平板设备那样,自觉朝体积小和便于携带的方向发展。电视高清画面质量将得到进一步提升,电视将提供越来越多的三维收视体验。电视也将与更多的网络设备相关联,更具互动性,更加智能化。

随着向我们传递电视内容的物理设备的持续进步,我们使用这些设备的行为也会随之变化。电视作为媒体,其生命力与实际播出的内容最息息相关,然后才是科技。没有声音和画面,电视仅仅只是一个空壳。正如大卫·沙诺夫在1939年写到的那样:"一流的艺术家制作的高质量的电视节目,将很有可能显著提高整个民族的艺术修养。"

73年后,内容仍然是评价和衡量电视成功与否的最重要的因素,而这一点将永远不会改变。美国广播公司的市场营销总裁格里·王的总结最精妙:"我觉得没有人会说'我收看这个电视节目是因为它使用了一个很棒的社交媒体软件'。吸引观众的第一点、第二点、第三点始终是内容和情节。"

如果《艾德苏利文秀》现在进行现场直播会发生什么

如果1964年2月9日的那些事情发生在今天,当甲壳虫乐队在台上演出的时候,我们会看到艾德苏利文在台下实时发推文与粉丝互动。#披头士热、#披头士和#艾德苏利文等话题将毫无疑问地成为全世界在推特上的热门话题。

配套的iPad第二屏幕应用程序将会推动关于鲍尔、林戈、乔治和约翰的个人信息、民意测验和花絮的传播,并给电视机前的观众带来更多关于约翰·列侬婚姻的细节信息。除了流媒体后台"独家"内容,观众们还能够立即下载《直到有你》以及甲壳虫乐队演唱会上的其他歌曲。

登陆GetGlue的用户将会解锁一个限时的"当《艾德苏利文秀》遇上甲壳虫乐队"贴纸,贴纸作为一个有形的社交货币,将永远提醒他们记住这个产生共鸣的历史性时刻,正是因为有社交电视这个神奇媒体的存在,他们才能有这一刻难忘的体验。

如果电视节目或者产品服务质量低劣,那么社交电视也无法拯救其命运。但是,相对于高质量作品而言,社交电视将毫无疑问地起到锦上添花的作用。将电视与网络、社交媒体以及手机相结合,接近受众并吸引他们的注意力,这些都会带给你机会。问题是,你会选择把握好机会吗?

待续……

第十章　不是结尾的结尾

扫一扫获取更多信息

使用你的手机扫描下方二维码获得本章所引用案例的相关视频信息。

手机上没有二维码识别软件？不用着急，请登录 http://www.socialtvbook. net/tagged/chapter10 直接获取相同内容。

第十一章

待续……

填补空白

很多人问我们是如何写出话题变化如此之大的一本书的。从一开始,这个问题对我们来说非常简单。这是因为电视和书籍正在与网络、社交媒体和手机相互交融。

鉴于此,我们一直等到这本书即将付印的前几天才进行最后一章的写作,就是为了带给你们最近的更新和最新的事件。如要下载第 11 章,请用手机扫描下面的二维码,或使用任何网络浏览器登录 www.socialtvbook.net/tagged/chapter11。

这并不是结尾

尽管第 11 章是本书的最后一章,但是它绝对不代表着社交电视(话题)的最终命运。我们将继续在本书的配套网址(www.socialtvbook.net)上发布相关的最新例子、案例和数据,社交电视和媒体频道相互融合,激动人心的传奇故事还在继续……

附录一

人名中英文对照

Adam Cahan 亚当·科恩
Adam Cahill 亚当·卡希尔
Adam Cutone 亚当·屈托纳
Adam West 亚当·韦斯特
Alex Iskold 阿历克斯·埃斯科尔德
Alex Nagler 阿历克斯·纳格勒
Alison Tarrant 艾丽森·塔兰特
Anderson Cooper 安德森·库珀
Andrew Kippen 安德鲁·基彭
Andrew Messina 安德鲁·梅西纳
Andrew Wallenstein 安德鲁·华伦斯坦
Andrew Ward 安德鲁·沃德
Andy Batkin 安迪·巴特金
Anita Proulx 阿尼塔·普罗克斯
Anjali Midha 安捷丽·米德
AnnMarie Thomas 安玛莉·托马斯
Arthur Orduna 亚瑟·奥尔杜纳
Ashley McCollum 艾希礼·麦科勒姆
Austin Gardner Smith 奥斯汀·加德纳·史密斯
Baba Shetty 巴巴·谢堤
Barney Stinson 巴尼·斯廷森
Ben Tatta 本·德达
Bill Gates 比尔·盖茨
Brandon Stratton 布兰登·斯特拉顿
Brian Doherty 布莱恩·多尔蒂
Brian Roberts 布莱恩·罗伯特

C. C. Chapman C. C.查普曼
Candice Accola 坎迪斯·阿科拉
Caroline Horner 卡罗琳·霍纳
Casey McDevitt 凯西·迈克戴维特
Chantay Black 仙缇·布莱克
Chloe Sladden 克罗伊·斯拉登
Chris Brown 克里斯·布朗
Chris Brum 克里斯·布拉姆
Chris Polous 克里斯·伯源
Christina Warren 克里斯汀娜·沃伦
Christine Moore 克莉丝汀·摩尔
Christy Tanner 克里斯蒂·谭纳
Chuck Bartowski 查克·巴特维斯基
Chuck DeSynder 查克·德桑德尔
Chuck Seiber 查克·赛贝尔
Cindy Stockwell 辛迪·斯托克维尔
Clark Fredricksen 克拉克·弗莱德里克森
Clark Kent 克拉克·肯邦
Claudio Marcus 克劳迪欧·马库斯
Cory Bergman 科里·伯格曼
Cybill Shepherd 斯碧尔·谢波德
Damon 达蒙
Dan Ambrosio 唐·安布罗西奥
Dana Robinson 黛娜·罗宾森
Darth Vader 达斯·维达
Dave Tice 戴夫·泰丝
David Grabert 大卫·格瑞伯特
David Jones 大卫·琼斯
David Lagana 大卫·拉格拉
David Levy 大卫·利维
David Markowitz 大卫·马柯维茨
David Sarnoff 大卫·萨诺夫
David Verklin 大卫·维克林
Deb Roy 德布·罗伊
Desi Arnaz Jr 小德思·阿娜兹

Dimitry Herman 迪米特里·赫尔曼
Don Draper 唐·德雷柏
Ed Sullivan 艾德·苏利文
Elijah Goldsworthy 以利亚·戈兹沃西
Elisabeth Diana 伊莉莎白·戴安娜
Elvis Presley 埃尔维斯·普雷斯利
Erica Sperry 艾瑞克·斯佩里
Erika Faust 艾瑞克·福斯特
Ezra Englebardt 埃兹拉·恩格尔巴特
Frank Barbieri 弗兰克·巴比里
Franklin D. Roosevelt 富兰克林·罗斯福
Fraser Kelton 弗雷泽·凯尔顿
Fred Flintstone 弗瑞德·夫林斯通
Gaetano Bavaro 卡尔坦诺·巴瓦罗
George Reeves 乔治·里维斯
George Sargent 乔治·萨尔金特
Geri Wang 格瑞·王
Homer Simpson 荷马·辛普森
Ilan Benatar 依兰·贝纳塔尔
J. P. Lespinasse J. P. 莱斯皮纳斯
Jacob Shwirtz 雅各布·施瓦茨
Jacob Shwirtz 雅各布·史威驰
James McQuivey 詹姆斯·迈克奎维
Jamie Scheu 杰米·舒澈
Janko Roettgers 杨科·罗格斯
Janko Roettgers 詹克·鲁特格
Jay Leno 杰·雷诺
Jerry Proulx 杰瑞·普罗克斯
Jesse Redniss 洁西·莱德尼斯
Jimmy Carter 吉米·卡特
Joe Greene 乔·格林
John Ewing Junior 小约翰·尤因
John Jock Ewing Senior 老约翰·乔克·尤因
John Lennon 约翰·列侬
John Wall 约翰·沃尔

Jon Gibs 乔恩·吉布斯
Julie DeTraglia 朱莉·德塔拉戈利亚
Julie Plec 朱莉·普莱克
Justin Bieber 贾斯汀·比伯
Karen Kaplan 凯伦·卡普伦
Kate Rose 凯特·罗斯
Katherine Pierce 凯瑟琳·皮尔斯
Kelly Clarkson 凯利·克拉克森
Kelly Ripa 凯莉·里帕
Ken Burns 肯·伯恩斯
Kevin Bacon 凯文·贝特
Kevin Hart 凯文·哈特
Kevin Williamson 凯文·威廉森
Kim Dayman 金·戴曼
Kristen Hawley 克莉斯滕·霍利
Kristin Shepard 克莉斯汀·谢波德
Kryssa Guntrum 克瑞莎·刚特朗
L. J. Smith L. J. 史密斯
La La Anthony 娜拉·安东尼
Lee Rich 李·瑞奇
Lenora Cushing 勒诺拉·库欣
Lil Mohan 利尔·穆罕
Lisa Hsia 丽莎·赫西亚
Lisa Phillips 丽莎·菲利普斯
Liz Colonto 莉丝·柯隆多
Lucille Ball 露西尔·鲍尔
Madeleine Norton 玛德琳·诺顿
Maile Marshall 梅勒·马歇尔
Margie Hendricks 玛姬·亨德瑞克斯
Mark Ghuneim 马克·甘奈姆
Mark Zuckerberg 马克·扎克伯格
Melissa Medori 梅丽莎·梅多莉
Michael Abbott 迈克尔·阿博特
Michael James 迈克尔·詹姆士
Michael Kubin 迈克尔·顾斌

Mike Flanagan 迈克·弗拉纳根
Mike Sheehan 迈克·席汉
Mitch Joel 米奇·乔尔
Natan Edelsburg 奈坦·艾德丝堡
Nicki Minaj 妮琪·米娜
Nina Perez 莉娜·佩雷斯
Olen Weaver 奥伦·韦弗
Paul Mccartney 保罗·麦卡特尼
Pete Chelala 皮特·策拉拉
Philip Carter 菲利普·卡帕斯
Philo Farnsworth 菲洛·法恩斯沃斯
Radha Subramanyam 拉达·苏布拉曼妍
Rakesh Mathur 拉克什·马图尔
Regis Philbin 里吉斯·菲儿宾
Rica Squires 瑞卡·史奎尔斯
Rich Bertodatti 瑞克·柏特塔提
Rick Mandler 瑞克·曼德勒
Ringo 林戈
Robin Scherbatsky 罗宾·舍巴斯基
Robin Sloan 罗宾·斯隆
Rudy Huxtable 卢迪·赫克斯特波尔
Rupert Murdoch 鲁伯特·默多克
Russ Schafer 鲁斯·舍费尔
Ryan Osborn 瑞恩·奥斯本
Sarah Personette 莎拉·彭森丽特
Saverio Mondelli 塞维里奥·孟德利
Scott Woolwine 斯科特·伍尔维恩
Sean Casey 肖恩·凯西
Seth Tapper 赛丝·塔伯
Shaquille O'Neal 沙奎尔·奥尼尔
Shiv Singh 希弗·辛格
Somrat Niyogi 姆拉特·尼若吉
Somrat Niyogi 萨瑞塔·尼尤基
Stefan Salvatove 斯特凡·萨尔风多
Steve Garfield 史蒂夫·加菲尔德

Steve Perlman 史蒂夫·帕尔曼
Suzanne McGee 苏珊娜·麦奇
Tara Maitra 塔拉·梅特拉
Thomas Peri 托马斯·波瑞
Thomas Straszewski 托马斯·史崔泽斯基
Tina Fey 蒂娜·费
Tom Colicchio 汤姆·克里希奇奥
Tom Thai 汤姆·泰
Tracy Brady 特蕾西·布雷迪
Tricia Mifsud 崔西亚·米夫萨德
Walter Annenberg 沃尔特·安纳伯格
Will Ferrell 威尔·法瑞尔
Will Richmond 威尔·瑞奇蒙
Zachary Levi 扎克瑞·莱维

附录二

主要电视剧、电影、电视节目名称的中英文对照

30 Rock《我为喜剧狂》
All My Children《我的孩子们》
American Idol《美国偶像》
Anderson Cooper 360°《安德森·库珀360度观点》
Batman Begins《蝙蝠侠：侠影之谜》
Battlestar Galactica《太空堡垒卡拉狄加》
Bethenny Getting Married《贝斯妮要结婚》
Boardwalk Empire《大西洋帝国》
Bob's Burgers《开心汉堡店》
Bones《识骨寻踪》
Charlie's Angels《霹雳娇娃》
Community《废柴联盟》
Dallas《豪门恩怨》
Deep Space Nine《星际迷航：深空九号》
Dexter《嗜血法医》
Entourage《明星伙伴》
Family Guy《恶搞之家》
Glee《欢乐合唱团》
Grey's Anatomy《实习医生格蕾》
Hawaii Five-0《天堂执法者》
How I met Your Mother《老爸老妈的浪漫史》
I Dream of Jeannie《太空仙女恋》
I Love Lucy《我爱露西》
Iron Chef America《美国铁人料理》
Jersey Shore《泽西海岸》

Karaoke Battle USA《全美K歌大赛》

Late Night with Jimmy Fallon《吉米晚间脱口秀》

Law and Order LA《法律与秩序（洛杉矶篇）》

MASH《风流医生俏护士》

Mad Men《广告狂人》

Meet the Press《会晤新闻界》

Mike & Molly《肥肥和胖胖》

Modern Family《摩登家庭》

Monday Night Football《周一足球夜》

My Generation《我们这一代》

Necessary Roughness《辣女队医》

New Girl《杰茜驾到》

Outlaw《法网恢恢》

Pan Am《泛美航空》

Private Parts《隐私部分》

Raising Hope《家有喜旺》

Roots《根》

Recess：School's Out《暑假历险》

Scrubs《实习医生风云》

Seinfeld《宋飞正传》

Sex and the City《欲望都市》

Shark Week《鲨鱼周》

So You Think You Can Dance《舞林争霸》

South Park《南方公园》

Star Trek《星际迷航》

Star Wars《星球大战》

Stargate《星际之门》

Survivor《幸存者》

The Beverly Hillbillies《豪门新人类》

The Big Bang Theory《生活大爆炸》

The Biggest Loser《减肥达人》

The Cosby Show《考斯比一家》

The Ed Sullivan Show《艾德苏利文秀》

The First 48《罪案现场之48小时》

The Flintstones《摩登原始人》

The Good Wife《傲骨贤妻》
Star Trek The Next Generation《星际迷航：下一代》
The Office《办公室》
Sesame Street《芝麻街》
The Terminal《幸福终点站》
The Vampire Diaries《吸血鬼日记》
The Voice《好声音》
The Walking Dead《行尸走肉》
The Wire《火线重案组》
The X Factor《英国偶像》
True Blood《真爱如血》
Undercovers《秘谍夫妻》
Star Trek Voyager《星际迷航：航海家号》
Weeds《单身毒妈》
WWE Monday Night Raw《肉搏星期一晚》

附录三

主要电视台、频道及传媒公司中英文对照

AKQA 雅酷公司
Al Jazeera 半岛电视台
Atari 雅达利公司
BET 黑人娱乐电视台
Bravo 美国精彩电视台
British Broadcasting Corporation 英国广播公司
Cable News Network 美国有线电视新闻网
Canoe Ventures 独木舟公司
Columbia Broadcasting System 哥伦比亚广播公司
Comcast Corporation 康卡斯特电信公司
Discovery Channel 探索频道
DISH Network 迪西网络
DuMont Television Network 杜蒙电视网
ESPN 娱乐体育节目电视网
Forrester Research 佛雷斯特研究公司
FOX 福克斯电视台
Home Box Office 美国家庭电影院
Interpublic Group 广告公司 IPG 集团
Lifetime Television 生活电视台
Magna Global 盟诺公司(又译为麦格纳环球公司)
MediaMind 魅媒思数字科技
MTV 全球音乐电视台(音乐电视网)
National Broadcasting Company 美国全国广播公司
NBC Universal 美国国家广播环球公司
News Corporation 新闻集团

PBS 公共电视网
Radian6 六度弧公司
Radio Corporation of America 美国无线电公司
ReelzChannel Reelz 频道
Rovi 乐威公司
SecondScreen Network 第二屏网络公司
Showtime 娱乐时间电视网
Stamen Design 花蕊设计公司
SyFy 美国有线科幻频道
TeenNick 尼克儿童频道
The CW CW 网络电视台
Tribune Media 论坛媒体公司
Turner Broadcasting 特纳广播公司
USA Network 美国有线广播网
Verizon Fios 威瑞森光纤服务公司
Viacom Media Networks 维亚康姆国际媒体网络
Yap.TV 雅浦电视